金融風險管理

（第四版）

鄒宏元 主編 文博、鄧小霞 副主編

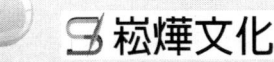
崧燁文化

第四版前言

自 2010 年 1 月《金融風險管理》(第三版)出版以來,全球金融業發生了一些大的變革,特別是《巴塞爾協議Ⅲ》的實施。此外,中國金融業也在不斷改革。為此,我們決定根據這些新的變化對第三版做出如下修改:

(1) 對第一章和第十章做了全面的修改,以反應中國金融業的最新發展和《巴塞爾協議Ⅲ》的實施情況。

(2) 在第四章中,加入了中國利率市場化的進程這個新內容。

(3) 在第十一章中,增加了《巴塞爾協議Ⅲ》和《商業銀行資本管理辦法(試行)》中有關市場風險管理的新內容。

(4) 在第六章中,更新了部分有關信用風險和管理的內容和圖表。

在第四版的修訂過程中,高櫻芳、鄧杰栗、張文彬和吳雨舟參加了部分章節的修訂工作。

(5) 刪除了第三版中部分過時的內容。

作者

目　　錄

第一章　中國金融業概論 ……………………………………………… (1)

第一節　中國金融業的發展過程 ………………………………… (2)
第二節　中國的金融體系和結構 ………………………………… (5)
第三節　加入 WTO 後中國金融業的改革與開放 ……………… (18)
第四節　當前中國銀行業的風險管理 …………………………… (27)
複習思考題 ………………………………………………………… (31)
參考文獻 …………………………………………………………… (32)

第二章　金融機構的財務報表 ………………………………………… (33)

第一節　金融機構的財務報表概論 ……………………………… (34)
第二節　銀行的資產負債表 ……………………………………… (36)
第三節　銀行的損益表 …………………………………………… (46)
第四節　其他主要非銀行金融機構的財務報表：與銀行報表的比較 …… (51)
第五節　不同會計計價原則的比較 ……………………………… (52)
複習思考題 ………………………………………………………… (65)
參考文獻 …………………………………………………………… (66)

第三章　金融機構的業績評價 ………………………………………… (67)

第一節　盈利比率 ………………………………………………… (68)
第二節　股權收益率模型 ………………………………………… (69)

第三節　金融機構業績的比較 …………………………………… (75)
　　第四節　綜合案例的分析——利用銀行業經營業績統一報表
　　　　　　分析銀行經營業績 …………………………………… (77)
　　第五節　金融機構的綜合評價——CAMEL 評級體系 ………… (90)
　　第六節　CAMEL 評級體系的應用 ……………………………… (96)
　　複習思考題 ………………………………………………………… (101)
　　參考文獻 …………………………………………………………… (102)

第四章　利率風險和管理（上） ……………………………… (103)

　　第一節　利率風險概述 …………………………………………… (104)
　　第二節　利率風險的識別與測定 ………………………………… (106)
　　第三節　中國銀行業的利率風險管理 …………………………… (119)
　　複習思考題 ………………………………………………………… (121)
　　參考文獻 …………………………………………………………… (124)

第五章　利率風險和管理（下） ……………………………… (127)

　　第一節　久期概述 ………………………………………………… (128)
　　第二節　運用久期模型進行免疫 ………………………………… (139)
　　複習思考題 ………………………………………………………… (148)
　　參考文獻 …………………………………………………………… (149)

第六章　信用風險和管理（上） ……………………………… (151)

　　第一節　信用風險概述 …………………………………………… (152)
　　第二節　貸款種類及特點 ………………………………………… (153)
　　第三節　貸款收益率的計算 ……………………………………… (158)
　　第四節　信用風險的衡量——信用分析法 ……………………… (163)
　　第五節　中國銀行個人住房貸款分析 …………………………… (176)
　　複習思考題 ………………………………………………………… (183)

參考文獻⋯⋯⋯⋯⋯⋯⋯⋯⋯⋯⋯⋯⋯⋯⋯⋯⋯⋯⋯⋯⋯⋯⋯⋯⋯⋯⋯⋯（186）

第七章　信用風險和管理（下）⋯⋯⋯⋯⋯⋯⋯⋯⋯⋯⋯⋯⋯⋯（187）

　　第一節　貸款集中風險的簡單模型⋯⋯⋯⋯⋯⋯⋯⋯⋯⋯⋯⋯⋯⋯（188）
　　第二節　現代資產組合理論與貸款組合多樣化⋯⋯⋯⋯⋯⋯⋯⋯⋯⋯（190）
　　第三節　信用度量方法與貸款組合風險度量⋯⋯⋯⋯⋯⋯⋯⋯⋯⋯⋯（196）
　　複習思考題⋯⋯⋯⋯⋯⋯⋯⋯⋯⋯⋯⋯⋯⋯⋯⋯⋯⋯⋯⋯⋯⋯⋯⋯（204）
　　參考文獻⋯⋯⋯⋯⋯⋯⋯⋯⋯⋯⋯⋯⋯⋯⋯⋯⋯⋯⋯⋯⋯⋯⋯⋯⋯（206）

第八章　表外業務風險和管理⋯⋯⋯⋯⋯⋯⋯⋯⋯⋯⋯⋯⋯⋯⋯⋯（207）

　　第一節　表外業務與金融機構的清償力⋯⋯⋯⋯⋯⋯⋯⋯⋯⋯⋯⋯⋯（208）
　　第二節　主要表外業務的收益與風險⋯⋯⋯⋯⋯⋯⋯⋯⋯⋯⋯⋯⋯⋯（210）
　　複習思考題⋯⋯⋯⋯⋯⋯⋯⋯⋯⋯⋯⋯⋯⋯⋯⋯⋯⋯⋯⋯⋯⋯⋯⋯（219）
　　參考文獻⋯⋯⋯⋯⋯⋯⋯⋯⋯⋯⋯⋯⋯⋯⋯⋯⋯⋯⋯⋯⋯⋯⋯⋯⋯（220）

第九章　外匯風險和管理⋯⋯⋯⋯⋯⋯⋯⋯⋯⋯⋯⋯⋯⋯⋯⋯⋯⋯（221）

　　第一節　金融機構國際業務簡介⋯⋯⋯⋯⋯⋯⋯⋯⋯⋯⋯⋯⋯⋯⋯⋯（222）
　　第二節　金融機構外匯風險的含義和種類⋯⋯⋯⋯⋯⋯⋯⋯⋯⋯⋯⋯（225）
　　第三節　金融機構外匯風險分析⋯⋯⋯⋯⋯⋯⋯⋯⋯⋯⋯⋯⋯⋯⋯⋯（229）
　　第四節　金融機構外匯風險的管理⋯⋯⋯⋯⋯⋯⋯⋯⋯⋯⋯⋯⋯⋯⋯（240）
　　複習思考題⋯⋯⋯⋯⋯⋯⋯⋯⋯⋯⋯⋯⋯⋯⋯⋯⋯⋯⋯⋯⋯⋯⋯⋯（241）
　　參考文獻⋯⋯⋯⋯⋯⋯⋯⋯⋯⋯⋯⋯⋯⋯⋯⋯⋯⋯⋯⋯⋯⋯⋯⋯⋯（242）

第十章　資本充足率⋯⋯⋯⋯⋯⋯⋯⋯⋯⋯⋯⋯⋯⋯⋯⋯⋯⋯⋯⋯（243）

　　第一節　資本概述⋯⋯⋯⋯⋯⋯⋯⋯⋯⋯⋯⋯⋯⋯⋯⋯⋯⋯⋯⋯⋯⋯（244）
　　第二節　資本的充足性與巴塞爾協議⋯⋯⋯⋯⋯⋯⋯⋯⋯⋯⋯⋯⋯⋯（249）
　　第三節　中國銀行業資本充足率的規定⋯⋯⋯⋯⋯⋯⋯⋯⋯⋯⋯⋯⋯（263）

複習思考題 …………………………………………………………（269）

　　參考文獻 ……………………………………………………………（272）

第十一章　市場風險和管理 ……………………………………………（273）

　　第一節　市場風險的概念以及測度的一般方法 …………………（274）

　　第二節　風險度量模型 ……………………………………………（278）

　　第三節　監管機構與市場風險 ……………………………………（286）

　　第四節　《巴塞爾協議Ⅲ》和中國銀行業對市場風險計量的要求 ………（293）

　　複習思考題 …………………………………………………………（297）

　　參考文獻 ……………………………………………………………（298）

　　附錄 1 ………………………………………………………………（299）

　　附錄 2 ………………………………………………………………（300）

第十二章　操作風險和管理 ……………………………………………（301）

　　第一節　操作風險概述 ……………………………………………（302）

　　第二節　《巴塞爾協議Ⅱ》對操作風險管理的建議 ………………（307）

　　第三節　操作風險管理的度量方法 ………………………………（310）

　　第四節　中國對操作風險的計量監管要求 ………………………（317）

　　複習思考題 …………………………………………………………（322）

　　參考文獻 ……………………………………………………………（322）

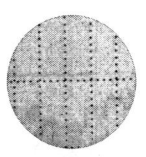

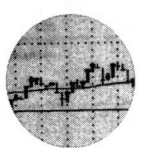

第一章　　中國金融業概論

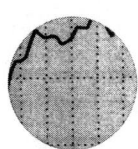

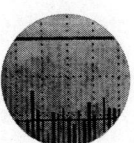

自 1979 年以來，中國的經濟改革取得了巨大的成功，國內生產總值年平均增長率達到了 9% 左右。大量的國有企業被改造成為股份制企業，新的私人企業迅速地崛起，外資企業大量進入中國，這些都給中國經濟帶來了活力。

與此同時，以銀行為主導的金融業也進行著廣泛而深入的改革，從過去大一統的中央銀行模式，到今天多元化的金融體系，已初步建立起包括銀行、保險、證券的分業經營和分業監管體系。在本章裡，我們將回顧中國金融業的發展過程，並介紹中國金融體系和結構、中國金融業的改革和開放，以及當前中國銀行業的風險管理概況。

第一節 中國金融業的發展過程

一、1979 年以前中國銀行業的概況

中國人民銀行成立於 1948 年。1949 年中華人民共和國成立以後，中國人民銀行接管了國民黨政府時期的所有官方金融機構，包括其中央銀行、中國銀行、交通銀行和農業銀行等。

在 1954—1978 年期間，按照蘇聯的單一的、統一的銀行模式，中國政府只保留了兩家銀行，一家是中國人民銀行，另一家是中國人民建設銀行。中國人民銀行負責全國幾乎所有的金融活動。全國所有的信貸資金，由中國人民銀行統一管理，各級銀行吸收的存款上繳總行統一使用；銀行的各種貸款，則由總行按計劃指標下達，各級銀行在其指標範圍內發放貸款。而中國人民建設銀行成為財政部的一個分支機構，只負責提供基本建設資金的撥款和進行財務上的管理。這樣形成了一個以中國人民銀行為中心的大一統的銀行體系。

二、金融機構的多元化

1979—1993 年期間，為了適應改革開放的新局面，中國進入了多元化金融體系的建設時期。在這一時期裡，中央銀行和專業銀行相分離；新的銀行、證券公司和保險機構相繼成立，中國金融體系開始了第一個轉型時期。

如前所述，1979 年以前，中國人民銀行既是中央銀行，又是商業銀行，在執行中央銀行貨幣政策職能的同時也經營所有的存款和貸款業務。為了適應經濟發展的

需要，1979年起，中國政府對銀行採取了一系列的改革措施，其主要措施是中央銀行和專業銀行分離。

1979年2月，重新組建了中國農業銀行。它主要是負責農業部門的貸款和領導管理農村信用合作社。同年4月，中國銀行從中國人民銀行中分離出來，專門從事外匯和國際清算的貸款和存款業務。1979年以後，中國人民建設銀行逐漸從財政部獨立出來，發展成為中長期投資信用銀行。從1983年起，中國人民建設銀行正式成為國有專業銀行，負責全國基本建設的撥款和貸款。1983年9月，國務院決定中國人民銀行專門行使中央銀行職能，不再從事國內工商信貸業務和儲蓄業務，另外成立了中國工商銀行，承辦原來由中國人民銀行從事的工商信貸業務和儲蓄業務。1984年1月，中國工商銀行在北京正式成立，其主要業務是為城市工商企業提供營運資本貸款和結算服務，同時吸收工商企業、機關團體以及城鎮居民存款。至此，就形成了工農中建四大銀行分攬全國不同專業信貸服務的局面。在四大銀行從事全中國的信貸業務同時，它們還要按照中央和地方政府的要求，從事各種政策性貸款的業務，這樣它們並沒有成為真正意義上的商業銀行。由於它們分別從事不同的專門業務，所以被稱為四大專業銀行。

在這一段時期，沿海地區和特區經濟迅速發展。為了支持這些地區的經濟發展，在1986—1993年期間，中國人民銀行先後批准成立多家全國性和地區性股份制商業銀行[①]。其中新成立的全國性商業銀行有：1986年成立的交通銀行，1987年成立的中信實業銀行，1992年成立的中國光大銀行和華夏銀行，1995年成立的民生銀行。而新成立的地區性商業銀行有：1986年成立的中國招商銀行，1987年成立的深圳發展銀行，1988年成立的廣東發展銀行和福建興業銀行，1992年成立的上海浦東發展銀行、菸臺住房儲蓄銀行和蚌埠住房儲蓄銀行。

值得一提的是，在此期間成立的區域性商業銀行一共有9家，到了2004年，保留下7家。海南發展銀行於1998年關閉，1999年3月，中國光大銀行兼併了中國投資銀行。目前，一些區域性商業銀行開始逐漸發展成為全國性商業銀行。

三、建立雙重銀行體制

1993—1997年是中國金融體系的第2個轉型時期。在這一個時期，中國的市場經濟已經基本上形成。為了使中國金融體系適應這一市場經濟的需要，1993年中國

---

① 全國性和地區性商業銀行之間的不同僅是區域上的限制。

國務院發布了關於金融體制改革和外匯體制改革的兩個重要文件，開始了中國新一輪的金融體制和銀行體制的改革。

這一時期的金融和銀行改革有如下幾個方面：①把中國人民銀行轉型為在國務院領導下執行貨幣政策和金融監管職能的現代中央銀行；②把國有專業銀行轉變為國有商業銀行；③銀行、證券和保險實行分業經營；④建立銀行間統一的拆借市場、債券市場和外匯市場；⑤在城市信用社的基礎上開始組建城市商業銀行。

為了使四大專業銀行變成真正的國有商業銀行，1994年中國政府批准成立了三家政策性銀行，目的是把政府直接指導下的政策性借貸業務從商業銀行經營業務中分離出去。這三家政策性銀行分別是：國家開發銀行，它負責對國家基礎建設進行融資；中國進出口銀行，負責國際貿易融資；中國農業發展銀行，負責對農業發展提供融資。

1995年，全國人民代表大會頒布了《人民銀行法》《商業銀行法》《保險法》等。這些法律文件為中國金融改革和銀行改革提供了一個法律上的框架。同時也確立了中央銀行和商業銀行分離的雙重銀行體制。《人民銀行法》正式確定了中國人民銀行作為中央銀行的兩大職責：即在國務院的領導下制定和實施貨幣政策，和對金融業（包括商業銀行、證券公司和保險公司）實施金融監管。銀行、證券和保險開始分業經營。原來隸屬於人民銀行和商業銀行的各個證券公司從銀行體系中分離出來，獨立進行經營。

此外在金融市場方面，1994年中國實現了匯率並軌，建立起統一的全國性銀行間外匯市場。1996年，形成了統一的全國性貨幣市場，即銀行間拆借市場和債券市場。

四、防範金融風險

1998—2001年是中國銀行體制轉型的第3個時期。發生在1997年7月的東南亞金融危機，對中國的經濟和對外貿易產生了重大影響。在這樣一種背景下，中共中央於1997年年底召開了中央金融工作會議，這次會議確立了這一時期金融體制和銀行體制改革的目標——防範金融風險。

為了加強對金融機構和銀行的監管，從1998年起，中國人民銀行不再承擔對證券業和保險業的監管職能。證券監督管理委員會和新成立的保險監督管理委員分別承擔對證券業和保險業的監管。至此，中國正式形成了銀行業、證券業和保險業的分業經營和分業管理的金融體制。

為了增強國有商業銀行的競爭力，1998 年中國政府發行了 2,700 億元人民幣特別國債，專門用於補充國有商業銀行的資本金。針對四大國有商業銀行存在的大量不良資產，1999 年成立了信達、東方、華融和長城四家資產管理公司，專門收購和處置四大國有商業銀行的不良資產。到 2000 年年底，這四家金融資產管理公司共接收四大國有銀行 1.4 萬億元人民幣的不良貸款。

　　此外，為了使中央銀行的分支機構擺脫地方政府的行政干預，中國人民銀行也作了重大的結構性調整。1998 年人民銀行撤銷了 31 家省級分行，新組建了 9 大跨省的大區分行和兩個營業管理部，使中央銀行能獨立地實施貨幣政策並進行金融監管。加入 WTO 後，為了使人民銀行專注於貨幣政策的制定和實施，2003 年 4 月 8 日中國銀行業監督管理委員會正式成立，新的銀監會分擔了原來人民銀行的監管職能，將所有的銀行納入了銀監會的監管範圍。這樣就形成了以人民銀行為中心實施貨幣政策，銀監會、證監會、保監會分業監管的新的政府金融宏觀調控和監管體系。

　　2001 年年底，中國加入世界貿易組織（WTO），中國金融業進入新的發展時期。對於這一發展時期的分析，參見本章第三節。

第二節　中國的金融體系和結構

一、中國銀行業

　　銀行業在中國金融體系中處於主導地位。根據最新統計，到 2015 年年底，中國銀行業資產總額達到 119.35 萬億元人民幣，保險業為 12.36 萬億元人民幣，證券業為 4.40 萬億元人民幣，中央銀行為 31.78 萬億人民幣。從上可知，銀行業資產佔中國全部金融機構資產的 83%。從這樣一種意義上講，中國金融體系實際上是一種以銀行業為主導的金融體系。中國的銀行大體上分為六種類型：商業銀行、政策性銀行、外資銀行、信用合作社、非銀行金融機構和新型農村金融機構。

　　截至 2015 年年底，中國銀行業金融機構包括 3 家政策性銀行、5 家大型商業銀行、12 家股份制商業銀行、133 家城市商業銀行、5 家民營銀行、859 家農村商業銀行、71 家農村合作銀行、1,373 家農村信用社、1 家郵政儲蓄銀行、4 家金融資產管理公司、40 家外資法人金融機構、1 家中德住房儲蓄銀行、68 家信託公司、224 家企業集團財務公司、47 家金融租賃公司、5 家貨幣經紀公司、25 家汽車金融公司、12 家消費金融公司、1,311 家村鎮銀行、14 家貸款公司以及 48 家農村資金互助社。截至 2015 年年底，中國銀行業金融機構共有法人機構 4,262 家，從業人員 380

萬人。

（一）商業銀行

1. 大型商業銀行

中國有 5 家大型商業銀行：中國工商銀行、中國建設銀行、中國農業銀行和交通銀行。到 2016 年年底，這 5 家銀行總資產佔到了銀行業總資產的 37.29%。它們的正常運行直接決定著金融業的發展方向和中國經濟改革的進程。工、農、中、建四大銀行在其建立初期都有特定的專業貸款方向，因此在過去它們也被稱為「專業銀行」，其專業方向分別是：

（1）中國工商銀行：為城市的工業和商業部門提供流動資金貸款。

（2）中國農業銀行：為農業和農村提供貸款。

（3）中國銀行：從事國際業務，如外匯服務和貿易信用。

（4）中國建設銀行：為建築和基礎項目提供貸款（通常是長期貸款）。

專業方向的確定使四大行在很長一段時期內承擔了大量的政策性貸款的責任。為了建立現代銀行制度，1994 年中國正式成立了三大政策性銀行，直接接管了原來由四大銀行所從事的政策性貸款業務。從此，四大商業銀行從政策性貸款職能轉向商業貸款的職能，信貸的投向也開始多元化。

2. 股份制商業銀行

中國有 12 家股份制商業銀行：中信銀行、中國光大銀行、華夏銀行、廣東發展銀行、平安銀行、招商銀行、上海浦東發展銀行、興業銀行、中國民生銀行、恒豐銀行、浙商銀行、渤海銀行。到 2016 年年底，這 12 家股份制商業銀行總資產佔到了銀行業總資產的 18.72%。這種商業銀行是按照《中華人民共和國公司法》的規定以股權聯合的方式設立的。它們被允許從事廣泛的銀行業務，如接受存款、發放貸款、提供外匯和國際結算服務。由於它們的規模不大，公司文化更傾向於私人部門，因此它們比國有銀行更靈活，在同樣的成本下，能夠贏得更多的市場份額。它們在中小企業貸款市場上尤其活躍，因此股份制商業銀行往往具有更高的資產收益率。

3. 城市商業銀行

城市商業銀行是由城市信用合作社組建而成的。由於歷史上的原因和資本的不足，城市商業銀行的經營範圍主要集中在它所在的城市。和股份制銀行不同，它們的經營範圍過於狹窄，這對於它們以後的發展比較不利。到 2016 年年底，城市商業銀行總資產佔到了銀行業總資產的 12.16%。不過最近幾年，一些城市商業銀行

開始向區域性銀行模式發展，甚至把自己的分支機構和經營業務擴展到全國。

4. 農村商業銀行和農村合作銀行

農村商業銀行和農村合作銀行是在農村信用合作社基礎上組建的，它主要局限於某一特定的農村區域。農村商業銀行是由轄內農民、農村工商戶、企業法人和其他經濟組織共同入股組成的股份制的地方性金融機構。農村合作銀行是由轄內農民、農村工商戶、企業法人和其他經濟組織入股，在合作制的基礎上，吸收股份制運作機制組成的股份合作制的社區性地方金融機構。股份合作制這種產權制度，既不是傳統意義上的合作制，也不是現代意義上的股份制，而是合作制與股份制的有機結合。合作制的特點是「社員入股、一人一票、服務社員」，適合於分散、弱小的個體勞動者的經濟互助，是一種勞動的聯合；股份制的特點是「大股控權、一股一票、商業經營」，適合於市場經濟發達、商業化程度高的地區，是一種資本的聯合。在股權設置上，農村商業銀行的股本劃分為等額股份，同股同權、同股同利；農村合作銀行股權分為資格股、投資股兩種股權，資格股實行一人一票，投資股每增加一定額度就相應增加一個投票權。最早的三家農村商業銀行於 2001 年 11 月在江蘇的張家港、常熟和江陰建立。2003 年 3 月，首家農村合作銀行——寧波鄞州農村合作銀行正式開業。農村商業銀行和農村合作銀行的建立，是未來在農村地區改造農村信用合作社和發展農村地區銀行的一個主要途徑。

5. 郵政儲蓄銀行

1986 年 1 月，郵電部和中國人民銀行在北京、上海、廣州等 13 個地方試點郵政儲蓄業務。同年 4 月，將郵政儲蓄的業務在全國推廣。郵政局把收到的存款存入當地人民銀行的分支機構。當時郵政儲匯局的收益來源於人民銀行支付給它們和它們支付給儲戶的利差。2004 年 5 月，《郵政儲蓄機構業務管理暫行辦法》實施，國家將郵政金融正式納入銀行業管理範圍。2005 年 7 月，《郵政體制改革方案》明確了「加快設立郵政儲蓄銀行」的要求，郵政儲蓄業務將與郵政業務分離，進行獨立經營，組建單獨的郵政儲蓄銀行。2006 年 12 月 31 日，銀監會批准郵政儲蓄銀行開業，同意中國郵政集團公司以全資方式出資組建中國郵政儲蓄銀行。

6. 民營銀行

當前學術界對民營銀行的分類大致可分為產權結構論、資產結構論和治理結構論三種。產權結構論認為由民間資本控股的就是民營銀行；資產結構論認為民營銀行是主要為民營企業提供資金支持和服務的銀行；治理結構論則認為凡是採用市場化運作的銀行就是民營銀行。建立民營銀行，主要是為了打破中國商業銀行的國有

壟斷，實現金融機構多元化。

民營銀行試點始於 2014 年，首批批准設立五家，分別是深圳前海微眾銀行、上海華瑞銀行、天津金城銀行、溫州民商銀行和浙江網商銀行。到 2016 年年底，共有 8 家民營銀行開業，總資產 1,800 多億元。

（二）政策性銀行

中國政府在 1994 年建立了三大政策性銀行來解決四大行的政策性貸款職能。它們是：

（1）中國農業發展銀行，主要接管農業銀行的政策性貸款職能。

（2）國家開發銀行，主要是接管建設銀行和工商銀行的一部分政策性貸款職能。

（3）中國進出口銀行，主要是接管中國銀行的政策性貸款職能，尤其是貿易融資任務。

政策性銀行的資金主要是來源於發行債券，也吸收少量存款。政策性銀行的資產增長非常快，截至 2015 年年底，政策性銀行資產達到銀行業金融機構總資產的 9.67%。目前，政策性銀行除了從事政策性業務外，也開始從事商業銀行貸款業務等。

（三）外資銀行

在中國的外資銀行，主要可分為外國銀行的分支機構，中外合資銀行和外商獨資銀行。合資銀行是最近幾年發展起來的。部分外資銀行根據在中國經營的經驗，開始以向中資股份制商業銀行註資的投資方式取代設立獨立分行的方式，這樣成立合資銀行的方式成了外國銀行進入中國金融業的主要渠道之一。而外商獨資銀行特指總行設立在中國境內的外資銀行。

截至 2016 年 12 月末，外資銀行已在華設立了 39 家法人機構（下設分行 315 家）、121 家母行直屬分行和 166 家代表處，機構數量持續增加，營業性機構總數達到 1,031 個，分佈在 70 個城市。此外，外資銀行在銀團貸款、貿易融資、零售業務、資金管理和衍生產品、外匯等業務方面的服務優勢進一步顯現。

（四）信用合作社

信用合作社指由個人集資聯合組成，以互助為主要宗旨的合作金融組織。信用合作社主要為中小企業和私人提供信貸，可以分為城市信用合作社和農村信用合作社。截至 2015 年年底，全國有 1,373 家農村信用社，農村信用社資產占銀行業金融機構總資產的 4.08%；城市信用社在 2012 年退出了歷史舞臺。農村信用合作社

最初是由農業銀行監管，後來改為由中央銀行（中國人民銀行）監管。2003 年，新的監管機構——中國銀行業監督管理委員會接管對農村信用合作社和城市信用合作社的監管。由於農村信用合作社受地區政府的控制，因此它們的信貸決策受到地區政策的影響。

（五）非銀行金融機構

目前，中國屬銀監會管理的非銀行金融機構主要有 7 種類型：信託投資公司、企業集團財務公司、金融租賃公司、汽車金融公司、貨幣經紀公司、消費金融公司和 4 家金融資產管理公司。

1. 信託投資公司

1979 年中國國際信託投資公司的設立，標誌著停辦 20 年的中國信託業的恢復。在隨後的由計劃經濟向市場經濟轉軌的時期，信託公司在建立中國證券市場、改革建設資金和金融資源配置方式、國際融資等方面發揮了重要作用，同時也付出了沉重代價。

經過 1999—2002 年的清理整頓，信託公司停止了存款、結算業務，剝離了證券經紀與承銷資產業務。2007 年，銀監會修訂並頒布了《信託公司管理辦法》和《信託公司集合資金信託計劃管理辦法》，推動信託公司功能從「融資平臺」向專業理財機構轉型。

2. 企業集團財務公司

企業集團財務公司是中國經濟體制和金融體制改革的產物，也是 20 世紀 80 年代國家實施「大公司、大集團」戰略的配套政策之一。1987 年 5 月 7 日，東風汽車工業財務公司成為中國首家由中國人民銀行批准設立的企業集團財務公司，標誌著有中國特色的實業資本和金融資本開始結合。

隨著財務公司的發展，政府對其職能定位進行了數次調整。2004 年 7 月，中國銀監會頒布了新的《企業集團財務公司管理辦法》，將其職能定位為「以加強企業集團資金集中管理和提高企業集團資金使用效率為目的，為企業集團成員單位提供財務管理服務的非銀行金融機構」。

3. 金融租賃公司

起源於改革開放初期的融資租賃業，經歷了初創、迅速發展、清理整頓、發展與問題並存等多個發展階段。2007 年，銀監會頒布了修訂後的《金融租賃公司管理辦法》，規定只有符合資質要求的商業銀行、租賃公司、大型設備製造商及其他銀監會認可的金融機構，才能成為主要出資人，並鼓勵金融租賃公司為企業設備銷

售及技術改造提供金融支持。

4. 汽車金融公司

汽車金融公司是從事汽車消費信貸業務並提供相關汽車金融服務的專業機構。2003年10月銀監會頒布了《汽車金融公司管理辦法》，在中國正式引入了汽車金融制度。2004年8月，銀監會批准中國首家汽車金融公司——上海通用汽車金融有限責任公司成立。

5. 貨幣經紀公司

2003年，中國銀監會提出建立貨幣經紀制度的試點方案。2005年8月，銀監會頒布《貨幣經紀公司試點管理辦法》。根據管理辦法，貨幣經紀公司可從事境內外外匯市場交易、境內外貨幣市場交易、境內外債券市場交易、境內外衍生產品交易，以及其他經銀監會批准的業務。同年9月，中國第一家貨幣經紀公司——上海國際貨幣經紀公司由中國外匯交易中心和英國毅聯匯業貨幣經紀公司合資設立。

6. 消費金融公司

所謂的消費金融公司是指經中國銀行業監督管理委員會批准，在中華人民共和國境內設立的，不吸收公眾存款，以小額、分散為原則，為中國境內居民個人提供以消費為目的的貸款的非銀行金融機構。

2010年，國內首批3家消費金融公司於1月6日獲得中國銀監會同意籌建的批覆，首批獲批的消費金融公司發起人分別為中國銀行、北京銀行和成都銀行，這3家公司將分別在上海、北京、成都三地率先試點。

7. 金融資產管理公司

在1999年，東方、信達、華融、長城四大金融資產管理公司相繼成立，分別負責收購、管理、處理相對應的中國銀行、中國建設銀行和國家開發銀行、中國工商銀行、中國農業銀行所剝離的不良資產。金融資產管理公司已經完成歷史使命，正在轉型業務多元化。目前，它的核心業務定位是，逐步發展成為以處置銀行不良資產為主業、具備投資銀行功能和國有資產經營管理功能的全能型金融控股公司。

（六）新型農村金融機構

2006年12月21日，銀監會印發《中國銀行業監督管理委員會關於調整放寬農村地區銀行業金融機構准入政策，更好支持社會主義新農村建設的若干意見》，按照「低門檻，嚴監管」的原則，調整和放寬農村地區銀行業金融機構准入政策，先期在四川、內蒙古、甘肅、青海、吉林和湖北等6省（自治區）進行新型農村金融機構試點，然後擴大到全國31個省（自治區、直轄市）。

1. 村鎮銀行

村鎮銀行是由境內外金融機構、境內非金融機構企業法人、境內自然人出資，在農村地區設立的，主要為當地農民、農業和農村經濟發展提供金融服務的銀行業金融機構。村鎮銀行最大股東或唯一股東必須是銀行業金融機構，最大銀行業金融機構股東持股比例不得低於村鎮銀行股本總額或股份總額的20%；單一非銀行金融機構及其關聯方持股比例不得超過村鎮銀行股本總額的10%。

2. 貸款公司

貸款公司是由境內商業銀行或農村合作銀行（包括境外銀行業金融機構）在農村地區設立的專門為縣域農民、農業和農村經濟發展提供貸款服務的非銀行金融機構。貸款公司不得吸收公眾存款，主要業務範圍包括：辦理貸款業務、辦理票據貼現、辦理資產轉讓業務、辦理因發放貸款而派生的結算業務等。

3. 農村資金互助社

農村資金互助社是由鄉（鎮）、行政村農民和農村小企業自願入股組成，為社員提供存款、貸款、結算等業務的社區互助性銀行業金融機構。農村資金互助社可以吸收社員存款，並接受社會捐贈資金或向其他銀行業金融機構融資作為資金來源；但不得向非社員吸收存款、發放貸款及辦理其他金融業務，不得以該社資產為其他單位或個人提供擔保。

二、中國的保險業

新中國的保險業起步於新中國成立初期。1949年10月20日，經中國人民銀行報政務院財經委員會批准，成立了中國人民保險公司，作為國有保險企業經營各類保險業務。與此同時，國家採取了一系列措施對舊保險業進行改造和整頓。1951年全部中資私營保險公司合併成國家參與大部分股份的「太平洋保險公司」和「新豐保險公司」，1956年又進一步合併成為專營海外保險的「太平洋保險公司」。從1952年開始，新中國成立前在華的64家外資保險公司逐步撤離中國保險市場。

然而由於在計劃經濟體制下，保險發揮作用的空間不斷萎縮，1959年5月，中國人民保險公司全面停辦了國內業務，只保留涉外保險業務繼續經營。20世紀60年代國民經濟開始好轉，1964年在廣州、天津等地先後恢復了國內保險業務。1967年，文化大革命正式爆發，國內保險業務全部停辦，國外業務除可以吸收外匯的出口業務被保留之外，其餘的都被停辦。

1978年12月，黨的十一屆三中全會召開，1979年4月，在國務院批轉的《中

國人民銀行分行行長會議紀要》中，明確提出要開展保險業務。11 月，中央召開全國保險工作會議決定從 1980 年起恢復停辦的國內保險業務，並要求發展涉外保險業務。在 1980—1985 年這段時間裡，中國人民保險公司的國內業務逐步恢復並快速發展，1984 年人保公司從中國人民銀行分離出來，作為國務院直屬的經濟實體在國內保險市場上實行獨家經營。1986 年新疆建設兵團保險公司成立，平安、太平洋股份制保險公司也在 1988 年 3 月和 1991 年 4 月相繼成立，打破了國內保險市場由人保公司獨家經營的格局。

1992 年中國在上海進行了開放保險市場的試點，同年 9 月，美國友邦保險有限公司在上海成立分公司，被允許經營人壽保險業務和財產保險業務。隨著改革開放的不斷深入，大批中外資保險公司相繼成立，保險仲介也從無到有，得到了較快的發展。2001 年，中國成立了第一家政策性保險公司——中國出口信用保險公司，專門從事出口信用保險業務。截至 2014 年年底，全國共有保險公司 149 家，其中，中資保險公司 93 家、外資保險公司 56 家。至此，中國的保險市場初步形成了以國有商業保險公司和股份保險公司為主體、政策性保險公司為補充、中外保險公司並存、多家公司競爭發展的新格局。

三、中國的金融市場

（一）股票市場

隨著中國在 1978 年以後的經濟轉軌和企業的股份制改造，直接融資的途徑（例如股票和債券市場）出現了。為了促進資本市場的發展，上海證券交易所和深圳證券交易所分別成立於 1990 年 12 月和 1991 年 7 月。

在它們建立以後的二十多年，與銀行貸款相比，股票市場融資仍舊扮演著一個比較小的角色。從表 1.1 可知，在 2015 年末，非金融企業境內股票融資占全年社會融資規模增量的 5.2%。

表 1.1　　　　　　　　　2015 年社會融資規模結構分佈

資金結構項目	融資量（萬億元人民幣）	比重（%）
全年社會融資規模增量	15.40	100.00
人民幣貸款	11.12	72.2
外幣貸款（折合人民幣）	−0.69	−4.5
委託貸款	1.62	10.5

表1.1(續)

資金結構項目	融資量（萬億元人民幣）	比重（％）
信託貸款	0.05	0.3
未貼現的銀行承兌匯票	-1.05	-6.8
企業債券	2.96	19.2
非金融企業境內股票融資	0.80	5.2
其他	0.59	3.8

數據來源：中國人民銀行。

從1990年早期股票出現起，中國股票市場有了長足的發展。上市公司的數目從1990年的10家增加到2016年末的3,032家，市值從1990年的109億元人民幣上升到2016年末的54.72萬億元人民幣。

（二）債券市場

中國從1981年起恢復了國債的發行，不過此時的債券市場只是簡單的實物券①場外櫃臺交易。20世紀90年代初以上海證券交易所的成立為代表，出現了集中交易。在實物券託管結算系統出現風險後轉變為記帳式債券，但並沒有廢止憑證式債券的發行。1994年中國實行了財稅體制改革，財政部不得向中央銀行透支，發行國債成為彌補財政赤字的最主要的手段。與此同時，三家政策性銀行成立，國家開發銀行於1994年4月首次發行了金融債券。1997年6月，銀行間債券市場應運而生，中國場外債券市場開始成型。近年來，人民銀行、財政部、證監會以及滬深兩家交易所為了激活債市，都做了大量的工作。2002年3月25日，滬深證券交易所實行國債淨價交易，並對國債利息收入免徵所得稅。淨價交易的全面實施，成為中國債券市場與國際接軌的重要一步。2002年4月4日，中國人民銀行和財政部共同頒布實施了《商業銀行櫃臺記帳式國債交易管理辦法》，拓寬了個人和企業等各類投資人購買國債的渠道。投資人可以在商業銀行的櫃臺隨時購買記帳式國債，也可以在需要資金時通過商業銀行賣出國債，大大提高了投資人債券資產的流動性。至此，中國債券市場形成了銀行間債券市場、交易所債券市場、銀行櫃臺交易市場三分天下的局面。而交易品種主要是國債和政策性銀行發行的金融債券。除此之外，交易品種還包括企業債、公司債、可轉債、短期融資債、資產支持證券、可分離交易公司債等。

---

① 國債實物券即憑證式國債。

（三）貨幣市場

就目前來講，同業拆借市場、證券回購市場和短期融資市場是中國貨幣市場體系最主要的三個組成部分。現在，貨幣市場已成為中國貨幣政策的重要傳導渠道。

1. 同業拆借市場

同業拆借市場是為金融機構之間相互短期融通資金需要服務的市場。1984年，中國同業拆借市場開始起步，經過30多年的發展，初步形成了全國統一的同業拆借市場以及由市場供求所決定的統一的同業拆借利率（Chibor）。

2. 債券回購市場

債券回購是一種以債券作為擔保的融資方式，其債券回購期限通常在1年之內，它是貨幣市場的重要工具。1991年，全國證券交易自動報價系統（STAQ系統）最早推出中國國債回購業務。1997年，為防止信貸資金進入股市，人民銀行要求商業銀行全部退出證券交易所。同年6月，銀行間債券市場成立，並推出了銀行間債券市場債券回購制度。目前，中國債券回購主要在證券交易所和銀行業債券回購市場上進行。從回購交易量來看，銀行間債券市場債券回購交易量從1997年的307億元增加到2015年的463.15萬億元，從占國內回購總交易量的比重從2.5%上升至78.73%。同期，交易所從1997年的1.2萬億元增加到2015年的125.1萬億元左右，占國內回購總交易的比重從97.5%下降到21.27%。由此可見，銀行間債券市場的債券回購已成為中國債券回購市場的主體。

3. 短期融資券市場

短期融資券是企業的主動負債工具，為企業進入貨幣市場融資提供了渠道。在中國，短期融資券的發展經歷了20世紀80年代的初步嘗試和推廣、90年代推出市場、2005年重新推出三個階段。不同於以前的短期融資產品，2005年以後面向銀行間機構投資者發行的短期融資券實質就是發達國家貨幣市場上的融資性商業票據，是一種以融資為目的、直接向貨幣市場投資者發行的無擔保的商業本票。

（四）外匯市場

1979年，為促進對外開放，擴大對外貿易，鼓勵出口，實行了外匯留成與上繳制，產生了外匯調劑市場。1980年10月開始辦理外匯調劑業務，在企業間調劑留成外匯。當時外匯調劑業務由中國銀行辦理，並採取行政手段限制外匯調劑價格。1985年11月，深圳經濟特區率先設立外匯調劑中心。1987年，為配合外貿體制改革，國務院擴大外貿企業的外匯留成比例。從1988年3月起，各地相繼成立外匯調劑中心，在北京成立了全國外匯調劑中心。1988年9月，上海成立了中國第一家

公開化的外匯調劑中心，實行會員制與競價交易方式。同時，開放了外匯調節市場匯率，按市場供求狀況浮動。

1994年，中國進行了匯率制度改革，建立了全國統一的銀行間外匯市場（即中國外匯交易中心），實行銀行對客戶的結售匯制度。人民幣匯率基本上由市場供求決定。中國人民銀行只是根據銀行間外匯市場交易情況公佈匯率，規定銀行間市場的匯率浮動幅度及銀行掛牌匯率的浮動幅度，並通過央行外匯公開市場操作，適時入市買賣外匯，平抑市場供求。1997年4月，中國人民銀行和國家外匯管理局批准中國銀行試點對客戶遠期結售匯業務，正式開始了國內人民幣對外幣的衍生品交易。2005年7月21日，中國進行了人民幣匯率機制改革。2005年8月15日，中國推出了銀行間人民幣外匯遠期交易。2006年4月24日，中國正式推出了銀行間人民幣外匯掉期交易。2011年4月1日，中國推出了人民幣對外匯的普通歐式期權交易。

（五）金融衍生品市場

20世紀70年代起，西方國家放鬆了對金融的管制，實行了利率、匯率市場化，金融衍生品應運而生。2006年9月，中國金融期貨交易所成立，有力地推動了中國金融衍生產品的發展，完善了中國資本市場體系結構。

從目前來看，中國的金融衍生品市場主要包括信貸資產證券化市場、利率衍生產品市場和外匯衍生產品市場、股指期貨市場。

1. 信貸資產證券化市場

2005年12月，國家開發銀行和中國建設銀行首次分別在全國銀行間市場發行了信貸資產支持證券和個人住房抵押貸款支持證券，其基礎資產只包括企業貸款和個人住房抵押貸款。隨後在2006年，將資產管理公司的不良貸款納入了基礎資產範圍，2008年又擴大到汽車抵押貸款和商業銀行的不良貸款。

2. 外匯衍生產品市場

2005年7月21日，中國開始實行以市場需求為基礎，參考一籃子貨幣進行調節，有管理的浮動匯率制度。為了加強對匯率波動和風險管理，2005年8月10日，中國人民銀行允許符合條件的銀行間外匯市場參與主體開展銀行間遠期外匯交易；2006年4月24日，銀行間外匯市場正式推出了人民幣與外匯掉期交易。2011年4月1日，中國推出了人民幣對外匯的普通歐式期權交易。

3. 利率衍生產品市場

2005年6月，中國人民銀行率先推出債券遠期。2006年2月推出了人民幣利

率互換。2007 年 9 月推出了遠期利率協議。2007 年 10 月，經中國人民銀行授權，為了加強對金融衍生產品交易的規範，中國銀行間市場交易商協會發布了《中國銀行間市場金融衍生產品交易主協議》，它覆蓋了所有場外金融衍生產品，成為市場參與者從事金融衍生產品交易的基本準則。2012 年 9 月 6 日，國債期貨正式在中國金融期貨交易所上市交易。

4. 股指期貨市場

2010 年 2 月，證監會正式批覆中國金融期貨交易所滬深 300 股指期貨合約和業務規則，至此股指期貨市場的主要制度已全部發布。2010 年 4 月 16 日，滬深 300 股指期貨合約正式上市交易。2015 年 4 月 16 日，中國金融期貨交易所推出了上證 50 股指期貨、中證 500 股指期貨。

四、監管機構

（一）中國人民銀行

雖然如上面提到的，大部分對銀行類金融機構的監管職能已經從中國人民銀行的職能中分離出來，但是應當指出，於 2004 年 2 月 1 日起正式生效的《中華人民共和國銀行監督管理法》（已有 2007 年最新修正案）、《中華人民共和國人民銀行法》（已有 2004 年最新修正案）和《中華人民共和國商業銀行法》（已有 2015 年最新修正案）明確了人民銀行和銀監會的權力和義務。其中，《中華人民共和國人民銀行法》規定，人民銀行仍保有 6 項監管職能：

(1) 監督管理銀行間拆借市場。
(2) 監督管理銀行間債券市場。
(3) 監督管理銀行間外匯交易市場。
(4) 監督管理黃金市場。
(5) 維護銀行機構支付清算體系的正常運行。
(6) 執行存款準備金的管理。

同時，由於監管職能和宏觀調控職能的分離，中國人民銀行將專注於對宏觀經濟走勢的研究、預測，並制定相適應的貨幣政策來行使管理的職能。

中國人民銀行制定存貸款基準利率、存款準備金率和其他比率指標來影響銀行流動性。同時中國人民銀行還能夠監控借貸，通過授權指定銀行來控製信貸規模的擴張。簡言之，中國人民銀行雖然保留了部分監管職能，但是主要集中於制定政策，這種政策是從經濟增長和物價穩定的角度出發，關注貨幣環境和金融系統流動

性；而銀監會則關注金融機構的抗風險能力、資本充足率問題和銀行部門的重組等。

(二) 國家外匯管理局

外匯管理局成立於1979年，主要對金融機構的外匯活動進行監管。外匯管理局的職能包括了：負責國際收支、對外債權債務的統計和監測，按規定發布相關信息，承擔跨境資金流動監測的有關工作。負責全國外匯市場的監督管理工作；承擔結售匯業務監督管理的責任；培育和發展外匯市場。負責依法監督檢查經常項目外匯收支的真實性、合法性；負責依法實施資本項目外匯管理，並根據人民幣資本項目可兌換進程不斷完善管理工作；規範境內外外匯帳戶管理。負責依法實施外匯監督檢查，對違反外匯管理的行為進行處罰。承擔國家外匯儲備、黃金儲備和其他外匯資產經營管理的責任等。

(三) 中國銀行業監督管理委員會

銀監會是於2003年4月新成立的機構，它接管了中國人民銀行對銀行部門的監督職能，目的在於使人民銀行專注於貨幣政策事務。

銀監會的主要目標是保護存款人和其他銀行債權人的合法權益，它的監督管理目標是使銀行業能夠合法、穩健地運行，維護公眾對銀行的信心。

為了使中資銀行能夠順利地與國際接軌，當前銀監會的主要任務是減少銀行的不良貸款以及使銀行的資本充足率達到《巴塞爾協議Ⅲ》的要求。其次，銀監會也致力於參照《巴塞爾協議Ⅲ》為中國銀行制定一些新標準，以減少中外銀行之間的差距。此外，銀監會也正在進行使管理各種銀行機構的規則和條例更加科學和規範的工作。

除此之外，銀監會也負責和領導中國銀行業的改革，它正在著手準備包括國有銀行、農村信用合作社和其他銀行部門更深層次的改革。改革的內容會在本章第三節中詳細說明。

(四) 中國證券監督管理委員會

中國證券監督管理委員會成立於1997年，並於1999年成為中國證券市場（包括股票和債券）唯一的監督和管理機構。證監會主管證券公司，執行對上市公司的監管，批准股票發行申請。

(五) 中國保險監督管理委員會

保監會成立於1998年。保監會授權監管保險公司，以及準備向國外參與者開放保險部門。和銀監會、證監會一樣，保監會也是由國務院直屬管理的。

第三節　加入 WTO 後中國金融業的改革與開放

2001 年 12 月 1 日，中國正式宣布加入世界貿易組織（WTO），按照世貿組織的市場准入和國民待遇這兩條基本原則，中國政府承諾將在 5 年內全面開放金融業。隨著外資金融機構的進入，必然促使中國的金融機構進行深層次的改革，這樣才能在激烈的競爭中求得一席之地。在本節中，我們將分別介紹入世後中國金融業的改革和開放。

一、加入 WTO 後中國金融業的改革

（一）銀行業的改革

加入 WTO 後，為了一個穩定的金融環境，首先就要求建設一個安全、健全的銀行業。這種銀行業的改革可以歸納成三個亟待解決的問題。

1. 重組國有商業銀行

2003 年年底，中國政府決定重組和改革四大國有商業銀行。首先選擇中國銀行和中國建設銀行進行重組和改革的試點。改革的目標是在 2006 年年底（即加入世界貿易組織的過渡時期內）把大多數國有商業銀行改造成為資本充足、內控嚴密、運營安全、服務和效益良好、具有國際競爭力的現代股份制商業銀行。

改革方案總體上分為三個步驟：首先是財務重組，這是國有銀行股份制改革的前提和基礎；其次是公司治理改革，它是國有銀行股份制改革的核心；最後是資本市場上市，它是國有銀行股份制改革的深入。下面我們分別加以介紹。

（1）財務重組

前面已經介紹，改革試點的兩家銀行是中國銀行和中國建設銀行。這兩家試點銀行通過財務重組，要降低不良資產比率，提高資本充足率，不僅是為了滿足境內外有關法律法規對於股份制商業銀行財務狀況的基本要求，更是兩家試點銀行順利實施引入戰略投資者、公開上市等的必要保障。

此次改革的財務重組措施，一是兩家試點銀行接受中央匯金公司注入的 450 億美元外匯資金，同時對外匯註資進行封閉式、專業化管理；二是兩家試點銀行用準備金、未分配利潤、當年淨收入以及原有資本金等財務資源核銷了全部損失類貸款和非信貸資產損失，累計核銷 4,070 億元；三是將全部可疑類貸款 2,790 億元向四家資產管理公司招標拍賣，信達資產管理公司中標，累計劃轉 2,787 億元；四是啟

動次級債的發行，中、建兩行分別發行 260 億元和 233 億元。目前兩家試點銀行主要財務重組工作已基本結束，並已取得顯著成效。截至 2004 年末，中、建兩行不良貸款比率分別為 5.09% 和 3.70%，資本充足率分別為 8.62% 和 11.95%。上述指標均已達到或接近國際先進銀行的平均水平。

(2) 公司治理

傳統上，國家是國有商業銀行的唯一所有者，政府代表國家對銀行行使所有權和控製權。但是實踐中並沒有對政府行使這些權力進行有效的規範和制約。這一因素正是導致國有商業銀行經營機制落後、經營風險積聚、經營績效差的根本原因。另一方面，從世界範圍看，以股權多元化為基礎的股份公司已成為現代商業銀行主要的組織形式。因此，把國有商業銀行改造為股份制商業銀行是公司治理的核心。

例如，中國銀行整體上改造成中國銀行股份有限公司，並採取中央匯金公司獨家發起的方式設立。中國建設銀行以分立重組的方式設立中國建銀投資有限責任公司和中國建設銀行股份有限公司。其中，中國建設銀行股份有限公司承繼原建設銀行經營的商業銀行業務，中國建銀投資有限責任公司則定位於管理和處置原建設銀行中不滿足《商業銀行法》規定的資產和業務。此外，兩家股份制銀行還在進行引入戰略投資者的工作。

戰略投資者是指與發行股票公司業務聯繫緊密且欲長期持有發行公司股票的機構投資者。對於戰略投資者選擇的原則是：①長期持有原則。戰略投資者持股一般在銀行上市 2～3 年後才可拋售。②優化治理原則。戰略投資者應帶來先進的公司治理經驗，從長期看有利於改善銀行的公司治理機制。③業務合作原則。戰略投資者能夠促進業務的高效合作，引進銀行急需的管理經驗和技術，解決銀行發展的薄弱環節。④競爭迴避原則。鑒於業務合作難免會涉及部分商業機密，因此戰略投資者在相關領域與銀行不存在直接競爭。

中國銀行成立時引入中央匯金公司作為發起人股東，而中國建設銀行股份有限公司成立時引入了中央匯金公司、中國建銀投資有限公司、寶鋼集團、長江電力和國家電網等 5 位發起人股東，率先實現了股權多元化。

從戰略投資者方面來看，中國商業銀行不光引進了境內的戰略投資者，而且引進了境外戰略投資者。到 2005 年 10 月底，中國國內 17 家商業銀行引入了境外戰略投資者。例如，美洲銀行出資 25 億美元入股中國建設銀行，蘇格蘭皇家銀行和淡馬錫分別出資 31 億美元各購得中國銀行 10% 的股份，高盛集團和安聯保險等出資 30 億美元購得中國工商銀行 10% 的股份，德意志銀行出資 1.1 億美元入股華夏

銀行，匯豐控股收購交通銀行19.9%的股份，等等。

從目前這種公司治理的初步結果來看，政府不再在這些國有股份制商業銀行中擁有全部股份，而是實行股權多元化，包括引入國內非國有部門和外國的投資者入股。但政府明確表示，不會將國有商業銀行私有化，而是把其改造成國有控股的合資商業銀行，其股權結構中允許私人部門的參與。

(3) 資本市場上市

2005年10月，建行率先在香港上市；2006年6月和7月，中行分別在香港和上海上市；10月27日，工行在港滬兩地同時上市；2007年9月，建行迴歸A股市場。

2. 改革農村信用社

當中國城市的經濟發展迅速的時候，人們開始寄希望於廣大的農村地區，想讓它們成為中國經濟增長的另一個熱點。而這一切都依賴於農村金融機構運行的良好程度。在2003年下半年，國務院決定改革農村信用社，並在8個省市進行試點改革，而在2004年便會進入全面的改革時期。農村信用社的改革集中在其所有權的轉變以及管理效率和經營機制的改善。總的來講，農村信用社新的模式主要有以下三種形式：①各省級政府組建省級聯社；②組建統一法人的農村商業銀行（如北京市、上海市）；③組建市、區（縣）兩級法人的農村合作銀行（如天津市）。

這些新組建的農村銀行可自行決定採用股份制、合作制、股份合作制三種制度形式的任意一種。此外，還可自行決定採用農村商業銀行、農村合作銀行、以縣（市）為單位統一法人、縣鄉兩種法人等四種組織形式的任意一種形式。到2008年年底，全國共組建了22家農村商業銀行，163家農村合作銀行。

對於農村信用合作社這樣一種新的管理模式，中央政府給出的指導方針是「國家宏觀調控、加強監管，省級政府依法管理、落實責任，信用社自我約束、自擔風險」。換句話講，從某種意義上說，就是把管理權限和所負責任下放給了省級和地方政府。

3. 重組小型銀行和困難銀行

銀監會將強制對小型銀行和困難銀行進行全面的評估，在3~5年裡將有計劃地對這些銀行進行清算和重組。在改革的過程中還要注意輕重緩急，如果改革得過快反而對金融體系是一種破壞。相反，如果改革得太慢，成本又是高昂的。同時，公司治理的改善以及信用文化的建立應該成為改革過程中的附帶產品。

(二) 保險業的改革

1979年2月召開的中國人民銀行分行行長會議決定恢復國內保險業務。同年6

月，中國人民保險公司先後推出企業財產保險、貨物運輸保險、和家庭財產保險3個條款，並在上海、重慶、南昌等地區率先開始經營國內保險業務。而一直延續下來的涉外保險的進出口貨運險業在穩步增加的同時，陸續發展起了來料加工、建築工程等新險種業務。這標誌中斷多年的中國保險業進入了全面恢復時期。

1986—1992年，新疆建設兵團農牧業生產保險公司、平安、太平洋等保險公司的相繼成立，初步改變了保險市場由中國人民保險公司完全壟斷經營的格局。此後，永安財險、華泰財險等股份制保險公司相繼成立，進一步促進了市場競爭。

1992年，友邦保險在上海設立分公司，一種全新的保險行銷模式——個人行銷代理制開始進入中國。隨後，這一模式被國內各壽險公司普遍採用。這一保險行銷模式的引入也推動了中國保險產品的創新，各壽險公司逐步將業務發展重點向個人業務轉移，開發了一大批針對個人需求的壽險產品和健康險產品，壽險產品結構發生了很大的變化，由從簡單人壽保險、團體意外傷害保險及養老年金保險為主逐步變為以生存和養老風險保障為主的傳統人身險。

1995年《中華人民共和國保險法》頒布實施，以法律的形式確立了產、壽險分業經營的原則。1996年，中國人民保險公司改建成集團公司，下轄三個子公司，而後更名為中國人民保險公司、中國人壽保險公司和中國再保險公司。2000年，新疆兵團完成分業經營體制改革，改名為新疆兵團財產保險公司，隨後，太平洋保險和平安保險業相繼完成了分業經營體制改革。

1998年11月，中國保險監督管理委員會成立，並統一監管職能，集中管理全國保險市場。

加入WTO以後，保險業於2003年完成了國有公司股份制改造上市，並建立了較為規範的公司治理結構框架。初步形成了償付能力、公司治理結構和市場行為監管三支柱的現代保險監管框架。

（三）證券業的改革

1999年以來，國內大型企業境外上市量逐年上升，目前，H股、紅籌股已成為香港資本市場的重要組成部分。

2004年1月，《國務院關於推進資本市場改革開放和穩定發展的若干意見》的發布，明確地把發展中國資本市場提高到國家戰略任務的高度，提出了9個方面的綱領性意見，為資本市場的進一步改革與發展奠定了堅實的基礎。

在此基礎上，中國證監會推出了旨在完善市場基本制度和恢復市場功能的改

革，包括啟動股權分置改革，全面提升上市公司質量，實施證券公司綜合治理，推進股票發行體制改革，推動基金業市場化改革和機構投資者發展等，並取得了一系列的進展。

2005年4月，中國證監會發布了《關於上市公司股權分置改革試點有關問題的通知》，啟動股權分置改革試點工作，股權分置改革後A股進入全流通時代，大小股東利益趨於一致。

2006年2月，中國允許外國投資者對已完成或股權分置改革的上市公司通過具有一定規模的中長期戰略性併購投資者取得該公司A股股份。

中國建立了QFII制度、RQFII制度和銀行間投資機制，投資者依靠這三種渠道投資在滬、深交易所上市的股票、債券以及場外交易債券、投資基金等。2002年，中國建立了合格境外機構投資者（QFII）機制，通過QFII機制，投資者可以使用在中國以外的地方獲得的外幣（通常是美元）投資中國國內資本市場。2006年5月，中國實施允許經批准的境內機構投資境外證券市場的QDII制度，使中國投資者有機會投資國際資本市場。2011年，中國開始實施人民幣合格境外投資者（RQFII）制度，這種制度是對QFII機制的補充。在該機制下，外國投資者可以用從中國大陸以外的地方籌集的人民幣投資中國市場。2010年9月，中國建立了銀行間市場投資機制，該機制允許外國投資者直接進入在岸銀行間債券市場進行投資。

離岸人民幣債券主要是指在香港發行並以人民幣計價的債券。2007年，中國人民銀行和國家發改委批准內地金融機構在香港發行人民幣債券。同年，國家開發銀行發售了首批人民幣債券，自此，離岸人民幣債券市場正式形成。2008年12月，在內地擁有大量業務的非金融企業也獲准在香港發行離岸人民幣債券。2009年離岸人民幣債券發行主體進一步擴寬，中國財政部獲准在香港發行人民幣債券。2010年7月，國外非金融公司獲准在中國以外的資本市場發行以人民幣計價的債券。2012年起，倫敦、臺灣和新加坡等離岸人民幣市場也發行了規模不等的人民幣債券。

滬港通、深港通分別指上海和香港、深圳和香港證券市場之間的交易及結算互聯互通機制，兩地投資者可以通過當地券商買賣在對方交易所上市的股票。2014年4月10日正式批覆開展互聯互通機制試點，2014年11月，滬港通正式開通。2016年12月，深港通正式開通。

隨著多層次資本市場體系的建立和完善，中國證券市場逐步走向成熟，證券市場為中國經濟提供投融資服務等功能將日益突出和體現。2004年5月，經國務院批

准，中國證監會批覆同意深圳證券交易所在主板市場內設立中小企業板塊。中小企業板的建立是構築多層次資本市場的重要舉措，也是增設創業板的前奏。2009年10月，中國創業板正式上市，旨在為高新技術企業或者成長型中小企業提供更方便的融資渠道。2010年3月，中國融資融券業務正式啓動，融資融券交易是指投資者向具有融資融券業務資格的證券公司提供擔保物，借入資金買入證券（融資交易）或借入證券並賣出（融券交易）的交易。2010年4月，中國股指期貨正式推出，為資本市場提供了雙向交易機制。2012年8月、2013年2月轉融資、轉融券業務分別推出，有效地擴大了融資融券發展所需的資金和證券來源。2013年12月，新三板准入條件進一步放開，新三板市場正式擴容至全國，新三板為中小微型企業提供了一個全國性的非上市股份有限公司股權交易平臺。

二、加入WTO後中國金融業的開放

外資金融機構一直以來是中國金融業發展中一個重要的組成部分，早在20世紀70年代末期，一些外資金融機構開始進入中國。2001年12月1日，中國正式宣布加入世界貿易組織。在不久的未來，將會有更多的外資金融機構進入中國市場。在此，我們將回顧外資金融機構進入中國的步伐並簡要地介紹中國政府關於入世後開放金融業的承諾。

（一）外資銀行進入中國的步伐以及入世後對銀行業的開放

外資銀行是最早進入中國的外資金融機構，它進入中國的歷史要追朔到20世紀70年代末期。外資銀行進入中國銀行經歷了五個不同的歷史階段：

（1）20世紀70年代末期到80年代初。以日本東京銀行在北京設立代表處為開端，中國開始允許外資銀行在中國設立代表處。截至1982年年底，共有31家外資金融機構在華設立了代表機構。

（2）20世紀80年代中期到90年代初期。外資銀行可以在中國的幾個經濟特區中建立營業性的分支機構。最先，有少數香港的銀行在深圳設立了分行，接著，中國批准了外資銀行在上海設立營業性分行的要求，之後又逐步擴大了金融開放的領域。大連、天津、青島、南京、寧波、福州和廣州等八個沿海城市都先後對外資銀行開放。

（3）20世紀90年代中期。這是外資銀行發展最為迅速的一個時期，針對新的開放形勢，中國加強了對外資金融機構的監管。1994年中國人民銀行頒布實施了第

一版的《中華人民共和國外資金融機構管理條例》，標誌著中國政府對外資金融機構監管的正式開始。同一時期，開放的城市增加到23個。

（4）1996年到加入WTO之前。從1996年開始，外資銀行逐漸被允許在中國所有的城市裡設立分行。上海浦東成為外資銀行開辦人民幣業務的試點地區。不久，中國放寬了對外資銀行經營業務的一些限制，上海和深圳的外資銀行都開始從事更廣泛的業務。

（5）加入WTO後。2001年年底，中國正式加入世貿組織，按照對世貿組織的承諾，中國宣布在5年間將逐步取消所有對外資銀行的限制。為此，在2006年前，外資銀行在中國經營仍然會受到來自地域和業務領域方面的限制。

按照中國對世貿組織承諾的時間表，在地域方面，天津、大連、珠海包括已開放的上海和深圳成為第一批開放的城市；2002年中國又開放廣州、青島、南京和武漢；2003年開放濟南、福州、成都和重慶；2004年昆明、北京、廈門成為第四批開放的城市；2005年汕頭、寧波、瀋陽、西安相繼開放；2006年全面開放所有城市。在業務領域方面，中國承諾了將逐步取消對外資銀行所從事的業務領域的限制。這些承諾包括：加入時取消外資銀行辦理外匯業務的地域和客戶限制，允許外資非銀行金融機構提供汽車消費貸款；加入WTO後5年內取消外資銀行辦理本幣業務的客戶限制和地域限制。因此在中國加入WTO後，外資銀行將逐漸以與中資銀行同等的身分進入激烈競爭的中國銀行業，這將是外資銀行進入中國的第五個階段。

（二）中國保險業對外開放情況以及加入WTO後的開放承諾

從20世紀80年代開始，外國保險公司獲準在中國設立代表處。1980年10月，美國國際集團率先在上海設立代表處。1992年9月，美國友邦保險公司經中國人民銀行批准在上海開設分公司，標誌著中國保險業市場對外開放。1994年日本的東京海上火險保險公司被批准在上海設立分公司。1995年11月份，中國第一家中外合資的人壽保險公司——中宏人壽保險有限公司在上海成立。同年，中國又將保險開放的試點範圍擴大到廣州。截至2002年年底，外資保險公司已經達到16家，中外合資保險公司有15家。

2001年11月22日，中國保監會正式公布中國保險業加入WTO對外開放的承諾。

在外國保險企業進入形式和合資比例方面，中國承諾：對外國非壽險公司，加

入時允許設立分公司或合資公司，合資公司外資比例可達51%，加入後2年內允許設立獨資子公司；對壽險公司，加入時允許設立合資公司，但外資比例不超50%，外方可自由選擇合資夥伴；對再保險公司，加入時允許設立合資公司、分公司和子公司；對保險經紀公司，加入時允許設立合資公司，比例可達50%，3年內不超過51%，5年內允許設立獨資子公司；以上各類保險機構，在地域限制取消後，允許在華設立分支機構。

在地域限制和開放時間上，中國加入WTO後立即開放上海、廣州、大連、深圳、佛山；此後兩年內，開放北京、成都、重慶、福州、蘇州、廈門、寧波、沈陽、武漢和天津；三年內取消地域限制。

在開放的業務範圍方面，對外國非壽險公司，加入時允許跨境從事國際海運、航空和運輸險及再保險業務；允許在華非壽險公司從事沒有地域限制的「統括保單」和大型商業保險業務，允許提供境外企業的非壽險業務、在華外商投資企業的財產險、與之相關的責任險和信用險服務；加入後2年內，允許向中國和外國客戶提供所有的非壽險服務。對壽險公司，加入時允許向中國公民和外國公民提供個人（非團體）壽險服務，3年內允許合資壽險公司向中國公民和外國公民提供健康險、團體險和養老金/年金險服務；對保險經紀公司，加入時允許跨境或來華設立機構，從事大型商業保險經紀業務和國際海運、航空、運輸險業務以及再保險經紀業務。對在華外國再保險公司，加入時允許開展壽險和非壽險的再保險業務，且無地域或發放經營許可的數量限制。對20%的法定再保險，加入後每年降低5個百分點，直至取消。

(三) 加入WTO前和加入WTO後證券業的開放

從1991年下半年滬深B股市場成立以來，中國證券業經歷了十幾年的開放歷程。B股市場的建立是中國證券市場開放的第一步。1991年11月29日，上海真空電子器材股份有限公司成功發行B股，這是境外投資者直接投資中國證券市場股票的開始。

1998年5月，人民銀行正式批准了5家在上海經營人民幣業務的外資銀行進入全國銀行同業拆借市場。截至2002年年底，已有53家外資銀行在銀行間債券市場上從事債券交易。

此外，中國證券監管部門還允許外資企業在國內證券市場進行融資。早在行政審批實行期，就有個別外資企業在中國境內上市，如閩燦坤B於1993年6月30日

在深圳 B 股市場上市，成為第一家上市的外資企業。2002 年 3 月 28 日，證監會公布了《公開發行證券的公司信息披露編報規則》第 17 號通知，明確允許外資企業在中國境內直接上市融資。

1995 年，日本五十鈴和伊藤忠會社一次性購買了占北旅公司總股本 25% 的非國有法人股，首開了外資併購中國上市公司的先河。2002 年 11 月 4 日，證監會、財政部和國家經貿委聯合發布《關於向外商轉讓上市公司國有股和法人股有關問題的通知》，允許外資受讓上市公司非流通股股權並對外資受讓上市公司非流通股股權進行了規範。2002 年統計的結果顯示，外資企業持股比例 25% 以上的 A 股公司有 29 家（不包括同時在境外上市的 A 股公司）。另外，具有外資法人股的 B 股上市公司有 23 家。

2001 年 12 月 11 日中國正式加入世貿組織。在同一天，中國證監會公布了中國加入 WTO 後證券業開放的承諾，主要包括以下四個方面的內容：

（1）外國證券機構可以不通過中方仲介，直接從事 B 股交易。

（2）外國證券機構駐華代表處，可以成為中國所有證券交易所的特別會員。

（3）允許設立中外合資的基金管理公司，從事國內證券投資基金管理業務，外資比例在加入 WTO 時不得超過 33%，加入 WTO 後三年內不超過 49%。

（4）加入 WTO 後三年內，允許設立中外合資證券公司，從事 A 股、B 股和 H 股、政府和公司債券的承銷和交易以及發起設立基金，外資比率不得超過 1/3。

加入 WTO 後，中國政府履行了承諾。2002 年 6 月 3 日，中國發布了《外資參股證券公司設立規則》《外資參股基金管理公司設立規則》。這兩項規則自 2002 年 7 月 1 日起實施。湘財證券與法國里昂證券率先向證監會遞交申請成立了華歐國際證券公司。2002 年 10 月 15 日，證監會批准國泰君安證券股份有限公司和德國安聯集團發起設立中外合資基金管理公司，即國安基金管理公司，成為中國加入 WTO 後的第一家獲準組建的中外合資基金管理公司。

2002 年 11 月 8 日，證監會和人民銀行聯合發布了《合格境外機構投資者（QFII）境內證券投資管理暫行辦法》，允許符合條件的境外機構投資者進入中國 A 股市場進行證券投資。此後，中國還分別建立了 RQFII 制度和銀行間投資機制，推出了離岸人民幣債券、滬港通、深港通等產品，投資者投資範圍擴大。

第四節　當前中國銀行業的風險管理

20世紀90年代，中國的銀行業面臨巨大的信用風險，主要風險在於國有企業和集體企業的倒閉、重組、改制以及部分企業缺少信用等原因，使得銀行難以收回貸款。在隨後20世紀90年代末到21世紀初，銀行為了避免這樣的信用風險，轉向大量購買國債。2004年，由於石油和初級產品的價格上升，以及預期利率上升使得國債價格下降，銀行蒙受利率風險帶來的損失高達上千億元人民幣。

當前，中國銀行監管當局和銀行也都意識到風險管理的重要性。但是，中國銀行業卻面臨這樣一個難題：整個中國銀行業還處於一個轉型過程之中，同時不同類型商業銀行在公司治理和管理水平方面還存在著相當大的差異。為此，對於中國銀監會來講，既要有對所有商業銀行風險管理的統一標準，又要有對處在不同公司治理環境和管理水平的銀行制定不同的風險管理標準；同時還要對不同類型風險和不同類型產品制定不同的風險管理標準。

下面，我們將討論中國銀行業的資本充足率和風險管理。

一、銀行的資本充足率

在20世紀80年代中期，當中國四大國有專業銀行成立後，其隨後的一個較長時期內，無論從會計概念還是經濟概念方面看，都沒有對銀行資本作一個明確的定義。1994年7月1日公司法正式施行，這才第一次出現通過法律形式對公司的資本要求加以確定。1995年，中國商業銀行法頒布並施行，這一法律正式提出了所有商業銀行的資本充足率不得低於8%。1996年，根據《巴塞爾協議Ⅰ》，中國人民銀行頒布了「商業銀行資產負債比率管理」的條例，對商業銀行資本作了更明確和詳細的規定。由於沒有任何有效手段來對商業銀行進行約束，這些法律和條例所規定的資本充足率並沒有得到較好的實施。

2004年2月27日，中國銀行業監督管理委員會頒布了《商業銀行資本充足率管理辦法》。該辦法適應於在中華人民共和國境內的商業銀行，包括中資銀行，外國獨資銀行和中外合資銀行。該辦法參照了《巴塞爾協議Ⅱ》的三大核心組成：資本充足率要求、金融監管和市場約束。其內容包括了資本充足率的計算、監督檢查、信息披露及附則等內容。

2012年6月8日，中國銀監會發布了《商業銀行資本管理辦法（試行）》，並

於 2013 年 1 月 1 日起實施。該辦法借鑑了 2010 年發布的《巴塞爾協議Ⅲ》，對銀行的資本充足率和管理進行了更嚴格的要求。關於這些內容，將在第十章進行充分的討論。

二、風險管理

由於不同類型商業銀行在公司治理和管理水平方面存在著相當大的差異，為此，銀監會對不同類型銀行和不同類型貸款制定了不同的風險管理水平的要求和標準，具體規定見表 1.2。

表 1.2　　　　　中國銀監會有關金融風險管理的主要法規

規章名稱	實施時間
商業銀行集團客戶授信業務風險管理指引	2003 年 10 月 23 日、2007 年 7 月 3 日修改
股份制商業銀行風險評級體系（暫行）	2004 年 2 月 22 日
商業銀行資本充足率管理辦法	2004 年 3 月 1 日、2007 年 7 月 3 日修改
商業銀行不良資產監測和考核暫行辦法	2004 年 3 月 25 日
商業銀行房地產貸款風險管理指引	2004 年 9 月 2 日
商業銀行市場風險管理指引	2005 年 3 月 1 日
商業銀行個人理財業務風險管理指引	2005 年 11 月 1 日
商業銀行風險監管核心指標（試行）	2006 年 1 月 1 日
關於進一步加強外匯風險管理的通知	2006 年 2 月 28 日
商業銀行合規風險管理指引	2006 年 10 月 25 日
商業銀行操作風險管理指引	2007 年 6 月 1 日
商業銀行併購貸款風險管理指引	2008 年 12 月 9 日
商業銀行信息科技風險管理指引	2009 年 6 月 1 日
關於進一步加強銀行業金融機構與機構客戶交易衍生產品風險管理的通知	2009 年 7 月 31 日
商業銀行聲譽風險管理指引	2009 年 8 月 25 日
商業銀行流動性風險管理指引	2009 年 9 月 28 日
商業銀行銀行帳戶利率風險管理指引	2009 年 11 月 25 日
商業銀行資產證券化風險暴露監管資本計量指引	2009 年 12 月 23 日
銀行業金融機構國別風險管理指引	2010 年 6 月 8 日

(一)《商業銀行集團客戶授信業務風險管理指引》

該指引共分 4 章。在第一章裡，定義了商業銀行的授信對象即集團客戶、授信業務的範圍。第二章是授信業務的風險管理。第三章為信息管理和風險預警。第四章為附則。

(二)《股份制商業銀行風險評級體系》（暫行）

該評級體系於 2004 年 2 月 22 日頒布並施行，主要針對目前 11 家股份制商業銀行。股份制商業銀行是目前在中國銀行業中公司治理和管理水平相對完善的銀行，因此，對它們的風險管理要求最為嚴格。其風險評級主要是對銀行經營要素的綜合評價，包括資本充足情況、資本安全狀況、管理狀況、盈利狀況、流動性狀況和市場風險敏感性狀況等方面進行定量和定性的評估，並在以上各項評估的基礎上進行加權匯總後，給出總體評估。其總體評估結果作為股份制商業銀行評級和監管的基本依據，同時也作為股份制商業銀行市場准入和高級管理人員任職資格的重要參考。

(三)《商業銀行資本充足率管理辦法》

該辦法共分為 5 章。第一章為總則，規定了商業銀行資本充足率不得低於 8%，核心資本充足率不得低於 4%，並明確了商業銀行資本應抵禦信用風險和市場風險。第二章為資本充足率的計算。第三章為監督檢查辦法。第四章為信息披露。第五章為附則，包括有：具體的資本定義，表內資產風險權重計算，表外項目的定義和信用轉換系數，市場風險資本要求的標準法，以及信息披露的具體內容等。

在很大程度上，該辦法參照了《巴塞爾協議Ⅰ》和《巴塞爾協議Ⅱ》的有關文件，同時也考慮了中國銀行業的具體情況。

(四)《商業銀行不良資產監測和考核暫行辦法》

該辦法適用於銀監會對所有商業銀行的監測和考核。商業銀行不良資產和考核包括對不良資產、非信貸資產和表外業務風險的全面監測和考核。不良貸款嚴格按照五級分類標準執行。非信貸不良資產標準另行規定，制定前參照五級分類標準執行。

對商業銀行不良資產的監測和考核包括下面幾個方面：不良資產的監測、分析、考核、數據來源和分析，以及管理和明確監管責任等內容。

(五)《商業銀行房地產貸款風險管理指引》

該指引於 2004 年 9 月 2 日頒布並施行。該指引對商業銀行土地儲備貸款、房

地產開發商貸款、個人購買住房貸款作了明確的風險管理和控製的規定。

(六)《商業銀行市場風險管理指引》

該指引共分為 4 章，其主要內容包括：市場風險的定義，市場風險的管理，市場風險的監管等。

(七)《商業銀行個人理財業務風險管理指引》

該指引共分為 5 章，主要內容包括個人理財顧問服務的風險管理，綜合理財服務的風險管理，和個人理財業務產品的風險管理。

(八)《商業銀行風險監管核心指標（試行）》

該指標共分為 4 章，適用於國內中資商業銀行。核心指標涵蓋了流動性風險、信用風險、市場風險和操作風險在風險水平、風險轉移和風險對沖方面的內容。第二章介紹了核心指標，第三章涉及檢查和監管，這兩章是主要部分。

(九)《關於進一步加強外匯風險管理的通知》

在該通知中，要求銀行業評估人民幣新匯率機制與銀行間外匯市場發展可能帶來的風險，準確計算外匯風險的敞口頭寸，加強對外匯交易的限額管理，提高價格管理水平和外匯交易報價能力，加強交易、信息和風險管理系統的建設，制定並完善交易對手信用風險管理機制，有效防範外匯交易中的操作風險，加強對外風險的內部審計，嚴格控製外匯衍生產品風險，配備合格外匯交易人員和外匯風險管理人員等。

(十)《商業銀行合規風險管理指引》

該指引強調合規風險管理。合規風險是指商業銀行因沒有遵循法律、規則和準則可能遭受法律制裁、監管處罰、重大財務損失和聲譽損失的風險。

(十一)《商業銀行操作風險管理指引》

該指引界定了操作風險，要求商業銀行建立操作風險管理體系，有效地識別、評估監測和控製/緩釋操作風險。

(十二)《商業銀行併購貸款風險管理指引》

該指引界定了併購和併購貸款，強調了併購貸款的風險評估和風險管理。

(十三)《商業銀行信息科技風險管理指引》

該指引界定了信息科技和信息科技風險，提出了建立對商業銀行信息科技風險的識別、計量、監測和控製的有效機制。

(十四)《關於進一步加強銀行業金融機構與機構客戶交易衍生產品風險管理的通知》

該通知要求銀行業金融機構制定或完善對相關的客戶的衍生產品交易的適合度評估制度。

(十五)《商業銀行聲譽風險管理指引》

該指引界定了聲譽風險和聲譽事件,並建立其聲譽風險管理政策和管理體系。

(十六)《商業銀行流動性風險管理指引》

該指引強調了商業銀行要建立流動性風險管理體系,運用流動性管理方法和技術的重要性。

(十七)《商業銀行銀行帳戶利率風險管理指引》

該指引將商業銀行的帳戶分為交易帳戶和銀行帳戶,並要求商業銀行應對銀行帳戶利率風險的四種類型進行計量和檢測。

(十八)《商業銀行資產證券化風險暴露監管資本計量指引》

該指引對資產證券化中的信用風險轉移和監管資本計量,資產證券化標準法,以及資產證券化內部評級法等作出了規定。

(十九)《銀行業金融機構國別風險管理指引》

該指引對國別風險的主要類型、評估因素,以及風險分類標準作了規定和說明。

復習思考題

1. 請簡要回答中國金融業的發展過程。
2. 請簡要回答中國銀行業的分類情況。
3. 什麼是銀行業改革三個亟待解決的問題。
4. 外資銀行進入中國的五個步驟是什麼?
5. 請簡要回答中國監管當局當前關於資本充足率的規定。
6. 請回答銀監會對不同類型銀行的風險管理有什麼樣的規定。

參考文獻

[1] 吳定富. 中國保險業發展改革報告（1979—2003 年）[M]. 北京：中國經濟出版社，2004.

[2] 中國證券業協會. 中國證券業發展報告（2003）[M]. 北京：中國財政經濟出版社，2003.

[3] 喬桂明. 中國保險業發展戰略研究 [M]. 上海：復旦大學出版社，2003.

[4] 梁維和. 入世後中國金融業改革與開放 [M]. 北京：中國社會科學出版社，2003.

[5] 中國銀監會. 中國銀監會2008年年報 [R]. 2009.

[6] 吳曉靈. 中國金融體制改革30年回顧與展望 [M]. 北京：人民出版社，2008.

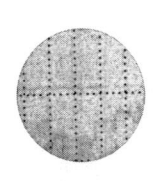

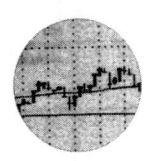

第二章　金融機構的財務報表

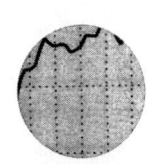

財務報表是金融機構進行財務分析、業績評估、風險管理的基礎，同時它也是投資者、債權人、監管當局做出各種決策的依據。只有理解了金融機構的財務報表，才能夠對金融機構的盈利能力、風險暴露做出全面而客觀的評價。

第一節　金融機構的財務報表概論

資產負債表和損益表是反應金融機構財務信息的兩個最基本的報表。它們也可以看成是記錄金融機構的資金投入和產出的財務報表，如表2.1所示。資產負債表反應了在給定時點上金融機構有多少資金資源可以用於發放貸款和進行其他投資（投入），以及有多少資源已經用於貸款、證券或其他用途（產出），如表2.1所示。損益表與資產負債表不同，它記錄的投入和產出反應了在兩個資產負債表結算日之間金融機構吸收存款和其他資金所耗費的成本以及銀行利用這些資金創造了多少收入的財務業績。這些成本包括支付給存款者和其他機構債權人的利息成本、雇用管理層和工作人員的費用、購買和使用辦公設備所耗費的管理成本以及支付給政府的稅款。損益表所記錄的金融機構為社會提供服務所產生的收入包括貸款、租賃和為客戶提供帳務服務的收入，以及其他形式的利息收入、投資收入和服務費收入，如表2.1所示。最後，用所有的收入減去所有的成本支出便可以得到淨利潤，金融機構可以將這些淨利潤用於再投資，也可以作為現金股利發放給金融機構的股東。

表2.1　　　　在資產負債表、損益表中所記錄的資金投入和產出表

資產負債表	
資金產出（金融機構的資金使用或資產）	資金投入（金融機構的資金來源或負債加所有者權益）
現金及同業存放	公眾存款
證券投資	非存款形式的借款
貸款和租賃	股東的權益資本
在任意一個金融機構的資產負債表中，資金的來源必然等於資金的用途，即資產＝負債＋所有者權益	

表 2.1（續）

損益表	
資金產出	資金投入
貸款收入	存款成本
證券收入	非存款形式的其他借貸成本
同業存放的利息收入	雇員成本
各種服務的手續費收入	管理費用
	稅款
在任意一個金融機構的損益表中，總收入減總成本必然等於淨利潤	

除此之外，現金流量表和所有者權益表也是財務分析中經常使用的會計報表。現金流量表也被稱為資金來源和使用的報表，與資產負債表的時點概念不同，它綜合反應了一定時期內金融機構的經營活動、投資活動和籌資活動對其現金流入和流出的影響。該報表的編制是建立在如圖 2.1 所示的關係上的。

在給定時期內金融機構的資金來源 = 在給定時期內金融機構的資金使用

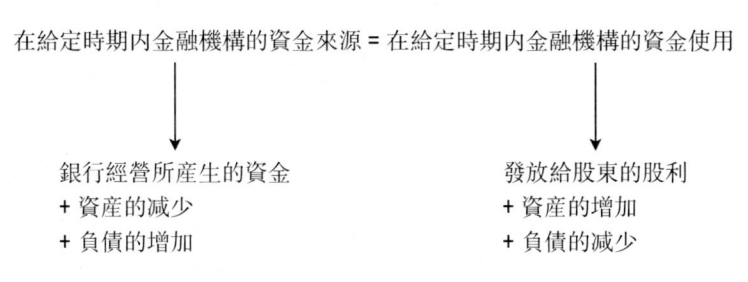

銀行經營所產生的資金
＋資產的減少
＋負債的增加

發放給股東的股利
＋資產的增加
＋負債的減少

圖 2.1　現金流量表的編制原理圖

雖然監管當局一般沒有強制要求金融機構報送現金流量表，但是在絕大多數金融機構的年報中都能夠看到現金流量表。

所有者權益表也是常見的一種財務報表。該報表記錄了所有重要資本帳戶的變動，通過它可以知道股東對金融機構索償權變動的原因。由於所有者權益的變動反應了金融機構吸收貸款損失以及保護存款人和其他債權人利益的能力，因此監管機構和金融機構的債權人都會非常仔細地審查所有者權益表的變化情況。

以上四種報表構成了金融機構完整的財務報表體系，但是現金流量表和所有者權益表都是可以從資產負債表和損益表中推導出來的次級財務報表，並且金融監管當局也不強制金融機構報送現金流量表和所有者權益表，因此它們只是作為資產負

債表和損益表的補充說明在金融機構的年報中出現。所以在本章中，我們只著重考察金融機構最基本的報表——資產負債表和損益表。

第二節　銀行的資產負債表

一、理解資產負債表恒等式

同一般工商企業的資產負債表一樣，銀行的資產負債表綜合記錄了一個銀行在某一特定時點上資產、負債和所有者權益的財務狀況。由於銀行只是出售特殊金融產品的企業，因此基本的資產負債表恒等式「資產＝負債＋所有者權益」對銀行也是成立的。雖然各國的銀行法規不同，銀行所處的經濟背景和開辦的業務種類不同，不同國家的銀行甚至同一國家的銀行在具體科目的設置上也有所區別，但總體上還是一致的。如表2.2所示，資產負債表所記錄的銀行的資產可以分為四種類型：①庫存現金和在其他金融機構的存款(C)，由於金融機構的客戶都會有提取存款、獲取貸款以及其他各種無法預期的現金需求，因此銀行通常都需要保有一定量的現金資產用於滿足流動性；②在公開市場購買的政府和企業的各種有息證券(S)，證券被認為是滿足銀行流動性的備用資金來源，同時它也提供了另一種形式的收入；③貸款和租賃(L)，它們是銀行主要的收入來源；④其他形式的資產(MA)，通常為銀行所擁有的設備、房產等以及對分支機構的投資。同樣，在表2.2中負債也被分為兩類：客戶的存款(D)以及從資本市場、貨幣市場中取得的非存款形式的借款(NDB)。存款(D)是銀行資金的主要來源，非存款形式的借款(NDB)補充了銀行存款的不足，當現金資產和證券不能提供足夠的流動性時，非存款形式的借款能為銀行提供額外的流動性。最後，所有者權益(EC)為銀行提供了穩定發展所依賴的長期並相對穩定的資金支持，同時當發生非常損失時，它還可以用於彌補銀行的損失。因此銀行資產負債表的恒等式可以改寫成：

$$C + S + L + MA = D + NDB + EC$$

另一種對資產負債表的解釋是將銀行的負債和所有者權益理解為累計的資金來源，它為銀行取得資產提供足夠的支付能力。另一方面，銀行的資產被理解為累計的資金使用，用於為銀行的股東賺取利潤、向存款人支付利息以及為雇員的勞動和技能支付報酬。顯然，每一筆資金的使用必須有相應的一筆資金來源予以彌補，因此累計的資金使用一定要等於累計的資金來源。這樣，資產負債表的恒等式可以簡化為如下的公式：

$$\begin{matrix}累計的資金使用\\(資產)\end{matrix} = \begin{matrix}累計的資金來源\\(負債+所有者權益)\end{matrix}$$

表 2.2　　　　　　　　銀行資產負債表的核心科目表

資產負債表	
資產 (累計的資金使用)	負債和所有者權益 (累計的資金來源)
現金（一級儲備）	存款
證券投資	活期
流動性部分（二級儲備）	NOW 帳戶
盈利性部分	貨幣市場
貸款	儲蓄
消費	定期
房地產	非存款性借貸
商業	所有者權益
農業	股票
金融機構	資本溢價
其他形式的貸款和租賃	留存收益
其他形式的資產（房產、設備等）	（未分配利潤）

在現實生活中，資產負債表的每一個科目通常都是由若干個帳戶構成的，因此真實的銀行資產負債表遠比上述的表述複雜。下面我們將引用美國東部一家大型銀行——國民城市有限公司（NCC）的資產負債表（表2.3）來進一步認識資產負債表的主要構成部分。

表 2.3　　　　　　NCC 2001 年度和 2002 年度資產負債表[①]　　　　單位：千美元

	12/31/2002	12/31/2001
總資產	134,982,014	118,468,882
現金及同業存放	4,251,967	4,605,576
證券	8,284,705	8,588,292
出售的聯邦資金和逆回購協議	3,905,950	6,726,421
總貸款和租賃	109,733,683	90,850,415
（減去）貸款損失準備	1,098,588	997,329

---

① 雖然該表提供了 2001 年和 2002 年的數據，但我們僅分析 2002 會計年度的數據。

表2.3（續）

	12/31/2002	12/31/2001
交易性帳戶資產	299,705	515,289
銀行建築及固定資產	957,791	1,032,236
其他自有的房地產	114,507	64,134
商譽和其他無形資產	1,596,130	2,135,175
所有其他資產	6,936,164	4,948,673
總負債和資本	134,982,014	118,468,882
總負債	125,610,394	110,186,939
總存款	66,324,088	63,879,592
購買的聯邦資金和回購協議	8,839,291	18,681,781
交易性負債	0	41,053
其他借入款項	43,378,774	21,867,607
次級債務	1,796,099	1,654,855
所有其他負債	5,272,142	4,062,051
總所有者權益	9,371,620	8,281,943
永久性優先股	0	0
普通股	277,324	277,324
資本溢價	3,871,354	3,266,023
未分配利潤	5,222,942	4,738,596

二、理解資產負債表

（一）資產

1. 現金及同業存放

通常資產負債表中列示的第一個科目就是「現金及同業存放」。該科目包含銀行的庫存現金、銀行放置在其他儲蓄機構的存款（一般稱為聯行存款）、在途資金（主要是還沒有結算的支票）以及在中央銀行的存款準備金帳戶。由於該科目的資金是銀行應付客戶提取存款的第一道防線，也是銀行為客戶提供貸款服務的第一資金來源，因此被稱為「一級儲備」（表2.2）。另外，由於現金帳戶的利息收入很低甚至沒有，銀行總是力圖使該帳戶的規模盡量小。例如，在表2.3中，NCC現金及同

業存放帳戶中的金額僅為 42.52 億美元，還不到總資產（1,349.82 億美元）的 4%。

2. 證券

銀行對證券的投資分為兩個部分：流動性部分和盈利性部分。流動性部分是銀行持有的流動性強的證券資產(在資產負債表中表示為「可出售的」)，它是用於滿足現金需求和提供服務所需資金的快速資金來源渠道，稱為「二級儲備」（表 2.2）。該科目主要包括短期政府證券和私人部門發行的貨幣市場證券(包括存入其他銀行的有息的定期存款和各種商業票據)。二級儲備的流動性和盈利性介於現金資產和貸款之間，它可以賺取收入，但是持有它是為了能夠通過金融市場迅速地變現。在表 2.3 中，有 82.85 億美元的資金是以證券形式持有的，它作為二級儲備幫助應付流動性需求。與持有流動性證券的目的相反，銀行持有部分盈利性證券是為了取得預期收益，其中包含債券、票據以及其他所有品種的「投資性證券」（在監管當局的報表中稱為「持有至到期日」）。該科目的證券常常又分為「應稅證券」和「免稅證券」。比如，美國政府的長短期債券、聯邦各機構發行的證券、公司債券和票據等，按照美國稅法的規定，這些證券都需要交納一定的所得稅(注意：中國的政府證券主要是國債，它是免稅的)，而免稅證券主要是美國州政府和地方政府發行的債券。

在進行會計處理時，證券是採用原始購買成本和市場價格孰低的原則進行記錄的。顯然，當市場利率上升時，證券的市場價格必然要低於其原始購買成本，因此即使證券在資產負債表中以歷史成本來記錄，銀行也需要在資產負債表的附錄中特別說明證券的市場價格。但是新的會計準則的發展趨勢是以市場價格為基礎的計價方式取代以歷史成本為基礎的計價方式。

3. 交易性帳戶資產

為從證券價格的短期波動中獲得短期收益而持有的證券不應記入資產負債表的「證券」科目中，而應記入「交易性帳戶資產」。在表 2.3 中，大約有 3 億美元的「交易性帳戶資產」餘額。如果銀行是證券的做市商，購買用於轉售的證券也包含在該科目中。這裡要注意的是，該科目所記錄的金額是以證券的市場價格為計價標準的。

4. 出售的聯邦資金和逆回購協議

該科目是一種貸款形式的科目，但沒有記入資產負債表的「貸款」科目中。它主要是指銀行為其他儲蓄機構、證券做市商或大公司提供的臨時性貸款(通常是隔夜拆借)。由於這種臨時性的借貸資金來源於銀行在當地聯邦儲備銀行的存款準備金，因此該科目名稱中含有「聯邦資金」的表述。其中的一部分資金是以逆回購

（轉售）協議的形式存在的，要求借款者將其證券的所有權暫時抵押給銀行直到還清借款（通常為幾天）為止。

5. 貸款和租賃

銀行資產中最大的部分仍然是貸款和租賃，通常占到銀行資產總值的一半或一半以上。銀行的貸款帳戶還會被進一步劃分。比如，按照借款的用途進行劃分是銀行貸款最常用的一種劃分方法。按照這種方法，資產負債表的銀行貸款可以劃分為：①工商業（企業）貸款；②消費（個人）貸款；③房地產（財產支持的）貸款；④金融機構貸款；⑤國外（國際）貸款；⑥農產品貸款；⑦證券貸款；⑧租賃①。

在本書的第六章中我們還可以看到，銀行可以根據期限（即長期和短期）、抵押品（即擔保的和不擔保的）或定價條款（浮動利率的和固定利率的）來劃分貸款的種類。

銀行資產負債表中一般都會有「總貸款和租賃」以及「淨貸款和租賃」的數據。其中「總貸款和租賃」是所有借款者對銀行借款的總和。在表2.3中，NCC總貸款和租賃達到1,097.34億美元，占銀行總資產的81%。

6. 貸款損失

現實的和預期的貸款損失都要從銀行總貸款中扣除。許多國家的稅法都允許銀行和其他金融機構為未來的貸款損失建立準備金，稱為「貸款損失準備（ALL）」，這種準備金是根據銀行以往的貸款損失程度從銀行的收入中扣除的。貸款損失準備是一個資產的備抵帳戶，它反應的是銀行長期累積的用於貸款無法收回時衝銷貸款帳目金額的準備金。因此一旦貸款發生損失，會計部門只是用ALL沖抵貸款的帳戶金額，而一般不會影響到銀行的收入。不過這種做法卻減少了總資產中「貸款」項的金額，繼而減少了總資產。

為可能發生的貸款損失所提取的準備金是每年從當期收入中扣除而來的。這個每年扣除的金額作為一種非現金的支出反應在損益表中，科目名稱為「貸款損失備用金（PLL）」。如果監管機構發現銀行需要核銷的壞帳超過了ALL帳戶中的金額，就會要求銀行增加每年從收入中提取的PLL（這樣做會減少銀行的淨利潤），從而使ALL恢復到一個安全的水平上。另外，當貸款組合規模擴大，任何一筆大額貸款被判斷為全部或部分不可收回以及任何一筆沒有準備金支持的貸款遭受到未預計到

---

① 租賃指銀行為企業客戶購買設備，在約定的時間內企業分期支付給銀行租賃費。事實上租賃的功能和一般貸款的功能是一樣的。

的違約行為時，銀行都需要增加額外的 ALL。所要求的會計分錄的處理就是增加備抵帳戶 ALL 和費用帳戶 PLL 的計提金額。將 ALL 帳戶的金額從總貸款中扣除，就會得到另一個新的會計帳戶——「淨貸款」，它測度的是銀行當期能夠收回的所有未償付的貸款的總價值。在表 2.3 中，用總貸款和租賃科目中的 1,097.34 億美元減去貸款損失準備項下的 10.99 億美元，就得到了 1,086.35 億美元的淨貸款。

7. 銀行建築及固定資產

銀行資產還包括銀行建築和設備的淨值（扣除了折舊）。銀行一般都只會為日常辦公所需的建築和設備投入相對較少的資金，通常為總資產的 1%～2%。在表 2.3 中，NCC 建築和固定資產帳戶的餘額還不足總資產的 1%。事實上，從資產負債表中可以發現，銀行多數的資產都是債權（貸款和證券投資）而不是固定資產。但是，固定資產卻產生了以折舊費用、財產稅等形式存在的固定的營業成本。如果銀行可以從固定資產的使用中創造更多的收入且收入的總和高於使用固定資產所產生的成本的總和，銀行就可以增加自身的營業收入，這樣，固定資產就為銀行提供了「營運槓桿」。然而，由於固定資產相對於其他金融資產而言只占銀行資產中很小的一部分，因此銀行不可能過分依賴於營運槓桿來增加自己的收入。事實上，銀行主要依靠「財務槓桿」，即使用借入款項來提高銀行的盈利能力並在吸引投資方面保持與其他行業競爭的能力。

8. 其他自有的房地產（OREO）

該資產科目包含了銀行對房地產業的直接投資和間接投資。銀行 OREO 的主要組成部分是各種用於補償銀行不良貸款的商業用房和住宅用房。但是銀行家都不願意看到 OREO 帳戶的規模太大，而是希望將貸款發放給最優質的客戶，從而不必依靠拍賣借款者的房地產所得來彌補不能歸還的貸款。

9. 商譽和其他無形資產

大多數銀行都會購入一些非實物形態的資產。當一個公司併購另一家公司時，如果所支付的金額高於被收購企業的淨資產的市場價值，高出的部分就是收購企業所願意接受的被收購企業的商譽。其他無形資產包括了能夠提供按揭服務的法定權利和信用卡聯行服務的專利等等。在表 2.3 中，商譽和其他無形資產只占到了銀行資產的 1% 多一點。

10. 所有其他資產

「所有其他資產」科目的金額只占到了表 2.3 中 NCC 總資產的 5% 多一點。該帳戶包含了對子公司的投資、客戶未償付的票據、非貸款收入、淨遞延稅務資產、

應收的住宅按揭貸款服務的手續費和其他資產等。

（二）負債

1. 存款

「存款」是銀行最重要的負債，它代表企業、居民、政府對銀行的債權。當銀行破產進行清算時，出售銀行資產的收入首先要用於歸還存款者的本息，剩下的部分才用於補償其他債權人和銀行股東。存款主要有五種類型：

（1）無息的活期存款。它還包括了一般的支票帳戶（不限制開票額度①）。美國的法律都不允許銀行對活期存款和支票帳戶支付利息，但是銀行會通過客戶提供郵資和其他免費服務的方式，使活期存款客戶仍然能夠在活期存款中得到隱含的收益。

（2）儲蓄存款。客戶可以將任意一筆款項（多數銀行都會規定儲蓄存款的最小資金要求）作為儲蓄存款存入銀行，同時客戶也能夠在任意時刻提取存款。但是儲蓄存款是銀行存款中利率最低的存款品種。

（3）NOW 帳戶。只有個人和非營利組織才能在銀行開立 NOW 帳戶，NOW 帳戶使客戶在享受利率收益的同時，也可以開立支票，通過銀行向任意的第三方付款。

（4）貨幣市場存款帳戶（MMDA）。銀行通過 MMDA 帳戶可以支付給客戶它所認為的有足夠競爭力的利率，同時客戶還享有有限的開列支票的權利。雖然銀行有權要求客戶在提款的前七天事先通知銀行，但是法律沒有具體規定該帳戶的最小資金要求和到期日。

（5）定期存款（主要為存單 CD）。它有固定的期限和約定的利率，但是存款金額、期限以及利率都取決於銀行和存款者訂立的協議。定期存款中還包含了「大額（10 萬美元以上）可轉讓定期存單」——這是銀行以有息存款的方式從它們最優質的客戶處籌集到的資金。

銀行的主要存款是由企業和個人持有的，但是政府也會有相當數量的存款，即公共資金帳戶。比如某一個地區政府發行債券以籌資興建一所新的學校，發行債券的收入就會記入當地銀行的公共資金帳戶。同樣當美國財政部收取稅款或出售證券時，其所獲得的資金就會流入財政部在美國各地所開立的數千個公共資金帳戶。跨國銀行也會利用國外分支機構來吸收存款，並將存款資金簡單地記為「在國外分行

---

① 雖然銀行不限制客戶開票的額度，但是法律上規定只有當客戶在銀行的支票帳戶中存有與開出金額相符或高於開出金額的存款時，銀行才對支票的持有人有付款的義務。

的存款」。

銀行極大地依賴於它的存款，通常總資產的 70%～80% 都是由存款來支持的。在表 2.3 中，NCC 存款達到了 663.24 億美元，相當於總資產的 49%。由於公眾對銀行的債權通常都不太穩定，並且它們與銀行的自有資金的投入高度相關，因此銀行面臨著相當大的破產風險。同時銀行還必須時刻保持其流動性以滿足客戶的提款要求。這樣，風險和流動性的雙重壓力迫使銀行在選擇其貸款和其他資產時十分謹慎。如果做得不好，銀行就會在客戶提款的金額達到某一額度時徹底崩潰。

2. 非存款形式的借款

雖然存款是銀行最大的資金來源，但是仍然有相當數量的資金來源於其他各種負債帳戶。當其他條件不變時，銀行越大，就越會偏重於從非存款形式的借貸中籌集資金。最近幾年非存款形式的借款業務發展非常迅速，原因之一是這些資金絕大多數都不需要存款準備金或保險費，從而降低了使用它們的成本。此外，通過貨幣市場籌集資金只需要幾分鐘就能安排妥當，繼而資金通過電信網路迅速地劃撥到需要資金的銀行的帳戶上去。但是不足之處是，非存款形式的資金的利率波動十分劇烈，即使借款的銀行的財務出現一些很小的問題，也會使借款的成本迅速提高，甚至貸款者會拒絕為該銀行提供更多的信貸支持。

美國銀行業最重要的非存款資金來源是記錄在資產負債表中的「購買的聯邦資金和回購協議」。該帳戶跟蹤記錄了銀行從貨幣市場中取得的臨時性借款，其主要來源有兩個：一是其他銀行將其在聯邦儲備系統中多餘的存款準備金貸給缺少存款準備金的銀行（購買的聯邦資金）；二是通過將某些銀行的一些證券抵押給其他銀行或大型的非銀行公司以取得資金的回購協議。銀行可以利用的其他借入資金包括短期借款和長期借款。短期借款一般由中央銀行的貼現貸款、發放的商業票據或在歐洲貨幣市場上從跨國銀行或該銀行海外分支機構取得的借款所組成。在國際銀行系統裡，「歐洲貨幣借款」（即用非借款來源國貨幣計價的可交易的定期存款）是銀行短期借款的最重要的來源。許多銀行還發行「長期債券」，如銀行為修建新的辦公樓或更新設備等發放的房地產抵押債券。另外，次級債券（票據和債券）也是反應在銀行的資產負債表中的另一種籌資渠道。該科目包括了「有限期限的優先股」（即最終會到期的優先股）以及其他非抵押性的借款。最後，「所有其他負債」帳戶記錄了銀行其他所有種類的負債，比如遞延的稅收負債和對銀行承兌匯票的持有者的付款義務等。

(三) 所有者權益

資產負債表中的所有者權益（權益資本帳戶）反應了股東持有銀行的股份。監

管機構要求銀行股東首先對每一個新設立的銀行都投入一定的自有資本，然後才能從社會籌集資金，利用財務槓桿進行經營。事實上，銀行和其他非銀行金融機構是所有企業中財務槓桿比例最大的。通常情況下，銀行的資本帳戶金額只占總資產價值的10%左右。而在表2.3中，所有者權益為93.72億美元，只占銀行總資產價值的6.9%。

　　銀行的所有者權益帳戶和其他公司的所有者權益帳戶基本上是一致的。首先，在資產負債表中都會列示所有普通股的總面值。當發行的股票的市值高於其面值時，超過的部分就形成了「資本溢價」帳戶。所有者權益帳戶中還有「優先股[①]」科目。所謂優先是指銀行在普通股股東獲得任何分紅之前為優先股股東發放年分紅。然而發行永久性優先股在銀行體系中的成本是相當高的，主要是因為它的年分紅不是課稅減免[②]的科目。其次，分配優先股股利是將本應該屬於普通股股東的收益分給了優先股股東，容易造成普通股股東對公司管理層的不滿；而普通股股東擁有投票權，因此損害普通股股東的行為會造成股東和管理層的對立，不利於銀行的經營和決策。不過最近幾年為了開闢新的融資渠道，大的銀行持股公司也發行了大量的優先股。

　　在資本帳戶中最大的部分是留存收益（未分配利潤），它反應了銀行每年分配給股東紅利後累積下來的淨利潤。同時它也作為「應急開支準備金」用於保護銀行免受不可預見的損失和贖回庫存股票時所產生的衝擊。

三、銀行表外業務科目的發展

　　銀行將一些為客戶提供的服務轉變成了產生手續費的交易，而這些交易並沒有在資產負債表中得到完全的披露，因此被稱為表外業務。主要的表外業務科目包含：

　　（1）備用信用協議：銀行為第三方擔保償還第三方貸給客戶的款項。

　　（2）利率互換：銀行承諾與另一方交換債務證券的利息支付。

　　（3）金融期貨和期權利率合同：銀行同意以協議的價格出售和購買另一方的證券。

　　（4）貸款承諾：銀行保證在貸款協議到期之前，為客戶提供一定的貸款額度。

---

　　① 需要指出的是，上面提到有限期限的優先股作為負債中的一項反應在資產負債表中，而永久性優先股是所有者權益的組成部分。
　　② 課稅減免指計算所得稅時可以從納稅所得收入總額中扣除的款項。

（5）外匯匯率合同：銀行同意購買和出售外匯。

在傳統的金融財務報表中，這些表外業務都沒有完全詳細地披露出來，但是它們卻會使銀行暴露在額外的風險中，尤其是在備用信用協議中，如果客戶無法歸還第三方的貸款，銀行必須為它償還所有對第三方的債務。另外，如表2.4所示，表外業務發展如此之快，以至於它們超過了銀行的總資產。這些服務合同在總資產高於10億美元的大型銀行中尤其突出，它們的名義價值已經比總資產的8倍還要多。

表2.4　　　　　　美國上市銀行的2002年度表外業務項目表　　　　單位：10億美元

表外業務科目	美國所有上市銀行	資產規模在1億美元以下的美國上市銀行	資產規模在1億~10億美元之間的美國上市銀行	資產規模在10億美元以上的美國上市銀行
備用信用協議(信用證)	268.0	0.4	3.6	264.0
利率互換（名義價值）	31,189.5	0.0*	2.9	31,186.6
信用衍生工具	641.5	0.0	0.1	641.4
金融期貨和遠期協議	7,379.5	0.0*	1.0	7,378.5
購買的期貨合約	4,660.0	0.0*	1.3	4,658.7
貸款承諾（未使用的）	5,315.0	93.5	618.1	4,603.4
外匯合約	6,271.5	0.0	0.0*	6,271.5
其他表外業務項目	1,009.2	0.0*	0.1	1,009.1
表外業務項目合計	56,734.2	93.9	627.1	56,013.2
美國上市銀行的總資產	7,075.2	211.3	869.5	5,994.4
表外業務相當於總資產的百分比	801.9%	44.4%	72.1%	865.4%

＊表示低於5,000萬美元。

考慮到表外業務越來越大的風險暴露，美國財務會計標準委員會（FASB）於2000年頒布並實施了專門針對衍生金融工具和套期保值業務的第133號文件。新的規則要求所有進行衍生金融工具交易和套期保值業務的公司必須在財務報表中清楚地披露交易細節，同時還要求披露該交易對公司收入的影響。衍生金融產品合同一旦產生就必須以市場價格作為衡量盈利和損失的標準，因此可能增大銀行收入的波動性，從而影響到銀行的損益表。更進一步，為了保證公眾的利益，銀行必須受到

嚴格的監管，在經營過程中衍生金融工具只能用於規避現實的風險暴露（即不允許銀行用衍生金融工具進行投機）。

第三節　銀行的損益表

一、損益表的作用——淨利潤的計算

損益表記錄了一定時間段裡銀行獲取的收入和產生的費用。由於資產負債表中的資產是銀行營業利潤的主要來源，而負債產生了主要的營業費用，因此，銀行資產負債表和它的損益表有非常緊密的聯繫。與資產負債表相比，銀行的損益表反應了一段時期內資金流量的情況，而資產負債表卻反應的是某一時點上資產、負債和所有者權益的存量。因此，我們可以將損益表視為記錄資金流入和流出的報告，如表2.5所示。

表2.5　　　　　　　　損益表所顯示的資金流入和流出表

損益表	
資金流入	資金流出
貸款和投資的利息收入	存款成本
信託業務收入	非存款形式借款的成本
服務費收入	工資和獎金費用
交易帳戶收入和手續費收入	其他各種費用
其他各種收入	稅款費用
總資金流入－總資金流出＝淨利潤 （總收入）　　　（總支出）	

銀行最重要的利潤來源是通過「盈利性資產」——貸款和投資所實現的利息收入。銀行也可以通過對特定的服務收取「手續費」來賺取收入。相反，銀行主要的費用發生在產生收入的同時，包括支付給存款者的利息，支付給其他非存款形式借款的利息，股權成本，支付給銀行雇員的工資、獎金及其他福利，與銀行有形固定資產相關的管理費用，為貸款損失預留的資金，應付的稅款和其他各種費用。

總收入和總費用之間的差額就是淨利潤，因此「淨利潤＝總收入－總費用」。結合總收入和總支出的構成部分，圖2.2展示了淨利潤的計算過程。

$$收入項目$$
$$\downarrow$$
$$現金資產 \times 現金資產的平均收益率$$
$$+$$
$$證券投資 \times 證券投資的平均收益率$$
$$+$$
$$貸款 \times 貸款的平均收益率$$
$$+$$
$$其他各種資產 \times 其他各種資產的平均收益率$$
$$-$$
$$費用項目$$
$$\downarrow$$
$$總存款 \times 存款的平均利息成本$$
$$+$$
$$非存款性借款 \times 非存款性借款的平均利息成本$$
$$+$$
$$自有資金 \times 自有資金的平均成本$$
$$+$$
$$支付給雇員的工資、獎金以及其他福利開支$$
$$+$$
$$管理費用$$
$$+$$
$$可能貸款損失的備用金$$
$$+$$
$$其他各種費用$$
$$+$$
$$應付稅款$$
$$=$$
$$淨利潤$$

圖2.2 淨利潤的計算過程圖

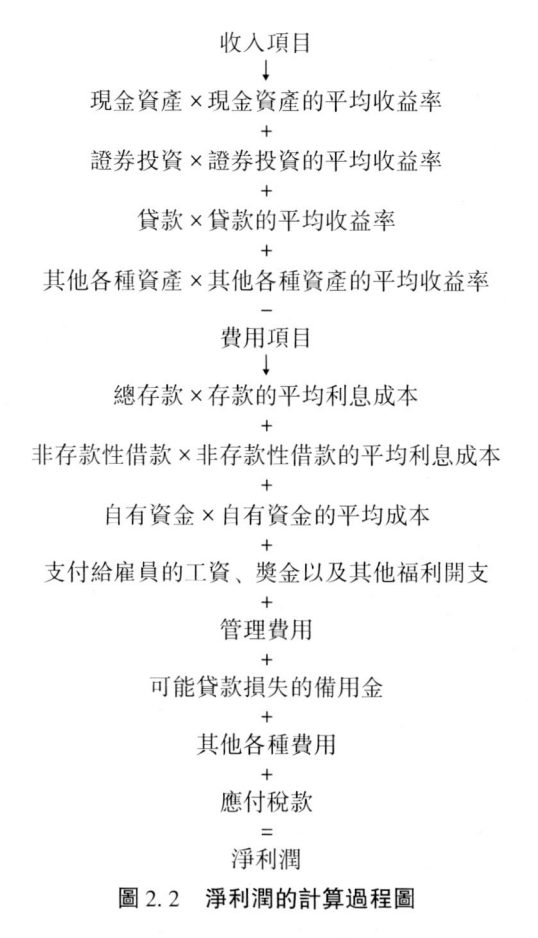

　　從圖2.2中我們可以知道，銀行和其他金融機構如果要提高其淨利潤將面臨多種選擇：①提高每一項資產的淨收益率；②重新組合盈利性資產，將更多資金投入到收益率高的資產項目中去；③增加能夠產生手續費收入的服務項目；④提高所有服務項目的手續費率；⑤以更低的成本來籌集資金；⑥設法降低各種營業費用；⑦採取合理合法的避稅措施減少應付稅款。

　　顯然，銀行管理層不能完全控製和影響銀行淨利潤的所有項目。從長期來看，社會公眾是決定銀行出售何種金融產品、提供何種服務的主要因素。不同資產的收益率、提供服務的手續費收入以及為存款和其他非存款形式借款所支付的利率都將最終取決於市場供求的力量。雖然銀行面臨著市場的競爭、監管當局的監督以及社會公眾需求對銀行的外部壓力等問題，但是管理決策仍然是決定銀行貸款、證券、現金、存款以及收入和費用各部分規模和比例的決定性因素。

二、理解損益表

表 2.6 是一張真實的銀行損益表,它是我們學習資產負債表時所研究的國民城市有限公司 2001 年度和 2002 年度的損益表。絕大多數銀行的損益表的科目設置都與表 2.6 所示相同。我們可以將它分為利息收入、利息支出、非利息收入、非利息支出等幾個主要的部分。

表 2.6　　　　　　　　NCC 2001 年度和 2002 年度損益表①　　　　　　單位：千美元

	12/31/2002	12/31/2001	
總利息收入	6,107,245	6,714,097	資金流入
總利息支出	2,043,003	3,188,188	資金流出
淨利息收入	4,064,242	3,525,909	
貸款和租賃損失備用金	681,917	605,291	資金流出（非現金形式）
非利息總收入	2,656,643	2,556,444	
信託業務	282,024	331,491	資金流入
存款帳戶手續費收入	507,978	465,037	
交易帳戶收入和手續費收入	44,021	5,088	
額外的非利息收入	1,822,620	1,754,828	
非利息總支出	3,612,002	3,527,287	
工資和福利	1,695,181	1,506,614	資金流出
建築和設備費用	374,398	371,296	
額外的非利息支出	1,542,423	1,649,377	
稅前淨營業利潤	2,426,966	1,949,775	
證券收益(損失)	4,275	21,445	資金流入
應納稅收入的所得稅支出	847,478	683,289	資金流出
非常項目②前的淨利潤	1,583,763	1,287,931	
非常項目淨收入	0	-1,059	資金流入
淨利潤	1,583,763	1,286,872	

（一）利息收入

由貸款帳戶產生的利息和手續費收入是銀行收入中最大的部分（通常為總收入的 2/3 或更多）。在我們的例子中，銀行的貸款收入為 61.07 億美元，占到利息收

---

① 雖然該表提供了 2001 年和 2002 年的數據，但我們僅分析 2002 會計年度的數據。
② 非常項目：一般交易不會發生的，也不是每年都出現的，分別於稅後反應在損益表中的收入和支出項目。

入和非利息收入總和的70%。貸款收入幾乎總是銀行首要的利息收入來源。其次是銀行投資於免稅證券和應稅證券的盈利、聯邦資金貸款和回購（轉售）協議的利息收入以及在其他儲蓄機構的定期存款的利息收入，這些收入對銀行來說也是十分重要的。但是它們對銀行利潤的相對重要性卻因為利率和貸款需求的變動而不斷變化。然而必須指出的是，貸款收入和非利息收入（即所謂的手續費收入）對銀行利潤的相對重要性正在發生著重大的變化。由於銀行家近年來都致力於發展以賺取手續費為基礎的服務業務，手續費收入的增長遠高於基於貸款的利息收入的增長。

（二）利息支出

銀行財務中最大的費用項目通常就是存款的利息支出。就我們所考察的銀行而言，在表2.6中，NCC針對存款利息的支出占到了銀行總利息成本的60%。而最近幾年來貨幣市場短期借款的利息支出增長極為迅速，其中主要包括從其他銀行或公司拆借的聯邦資金、證券的回購協議以及所有已經發生了的長期借款（包括以銀行資產作為抵押的借款以及未償付的次級債務和票據）。

（三）淨利息收入

總利息收入減去總利息支出就可以得到一個新的科目──「淨利息收入」。這個重要的項目通常也被稱為「利差收入」，即銀行貸款和投資證券的利息收入與籌資的利息成本之間的差額。它是銀行利潤的決定因素。當利差收入下跌的時候，銀行的股東將會看到損益表底線上方「稅後淨利潤」的下降以及每股分紅的減少。

（四）貸款損失費用

如我們在本章前面部分介紹的那樣，另一個需要從當期收入中扣除的項目稱為「貸款和租賃損失備用金」。該備用金帳戶實際上是一個非現金形式的費用帳戶。設立它的目的是從稅前的利潤中提取一部分資金用於補償貸款的帳面損失。每年在納稅前，銀行可以提取一定比例的資金作為貸款損失的準備，提取的比例取決於銀行的收入。

由於貸款損失備用金是在銀行納稅前提取的，可以抵扣稅款，所以稅法中對銀行提取貸款損失準備的方法和數量都做出了明確的規定。美國現行的稅法允許銀行可以用兩種方法提取貸款損失準備：第一種方法叫「經驗法」，它是用最近六年來貸款損失占總貸款的平均比率乘以當期的總貸款作為當期的損失準備計提金額；第二種方法稱為「特定沖銷法」，它要求銀行每年稅前提取的貸款損失備用金的數量不得超過該年度實際註銷的不可收回貸款的數量。美國稅法還明確規定大型銀行只能採取特定沖銷法，而小型銀行（資產在5億美元以下）可以選擇採用上述兩種計

提方式中的任何一種。

(五) 非利息收入

銀行會計中將不是由貸款和證券投資所獲得的收入都記入「非利息收入」中，包括提供信託服務、存款帳戶服務的手續費收入，交易性帳戶的盈利或損失以及其他各種手續費收入。近年來銀行都瞄準非利息收入，廣泛地開展各種各樣的服務，手續費收入也在迅速增長。可以預見，手續費收入將在未來成為銀行收入的幾大支柱之一。更進一步說，通過出售服務，例如證券經紀、保險、信託服務，銀行發現大力發展金融服務不僅能夠提高銀行的淨利潤，還可以將利潤的來源分散化，同時可以使銀行能夠充分地免疫於過度的利率波動。在表2.6中，NCC非利息收入達到26.57億美元，超過了2002會計年度其總收入的30%。

(六) 非利息支出

主要的非利息支出包括工資、獎金和雇員的其他福利費用。最近幾年銀行一方面在尋求最優秀的大學畢業生來充實銀行的管理層隊伍，另一方面又要支付足夠高的工資和保證一定的福利以吸引有經驗、有資歷的高級管理人員，因此工資、福利的支出迅速增加。金融機構房產的維護費用、房租的費用反應在損益表中的「建築和設備費用」中。同時，辦公家具、設備的費用（包括維修費、清潔費等等）也列入了非利息支出中，但是金額通常都很小。

(七) 淨利潤

淨利息收入（利息收入－利息支出）加上非利息淨收入（非利息收入－非利息支出）就構成了「稅前淨營業利潤」。美國聯邦和州的稅法規定用稅前淨營業利潤加上證券收益或損失得到「非常項目前的收入」。銀行每個會計年度中都會購買、出售或回購一些證券，由於市場價格一般都會低於或高於證券的原始購買價格，這樣就會產生相應的證券收益或損失。證券收益（損失）科目的金額一般都較少，但是對一些銀行來說卻是非常重要的。因此監管當局明確規定銀行要將證券的投資收益或損失作為一個單獨的科目，而其他公司的會計報表中證券投資收益只是作為非利息收入的一個組成部分。銀行可以用這些證券收益或損失在多個會計年度中調整自己的淨利潤，以達到利潤穩定或利潤穩定增長的目的。如果貸款的收入下降了，證券收益可以抵消全部或部分的下降；相反，如果貸款收入上升了，由於貸款的收入需要繳納全額的稅款，證券投資的損失可以減少應稅的收入。另一種穩定銀行利

潤的措施是通過「臨時①出售資產」來完成的。這種一次性的交易反應在「非常項目淨收入」科目中，通常涉及金融資產的出售，比如股票、作為貸款抵押的房產等等。這樣的交易會對銀行當期的收入產生重要的影響，特別是當貸款者無法歸還貸款、銀行出售用於貸款抵押的財產時尤其如此。用於抵押的財產通常以最低的價格計入銀行的帳戶中，但是當出售它的時候，價格一般都會變得非常高。

在任何一家金融機構損益表的底線上都記錄了一個關鍵的科目——「淨利潤」。在表2.6所考察的銀行案例中，NCC 2002年度的淨利潤達到了15.84億美元。淨利潤被分成兩個部分：一小部分淨利潤會以現金股利的形式發放給銀行股東；而另一個較大的部分會計入銀行資產負債表資本帳戶的「留存收益」科目（也可以稱為「未分配利潤」），作為銀行未來發展的支持資金。

第四節　其他主要非銀行金融機構的財務報表：與銀行報表的比較

雖然銀行的資產負債表、損益表和其他財務報表都具有其特殊性，但是近年來，非銀行金融機構，特別是非銀行的儲蓄機構——包括信用社和儲蓄協會的報表越來越接近於我們通常所看到的銀行財務報表。儲蓄機構的資產負債表與銀行的一樣，主要包括貸款（特別是住房按揭貸款和分期付款的消費者貸款）、客戶的存款以及貨幣市場的借款。同時，儲蓄機構的損益表也與銀行的一樣，貸款的收入是其主要的收入來源（通常占到總收入的2/3或更多），而為存款和貨幣市場借款所支付的利息是儲蓄機構的主要利息支出。

其他的非銀行金融機構，比如財務公司、財產和人壽保險公司、投資公司、共同基金、證券經紀和經銷公司，由於金融服務的功能不同，其財務報表也不同。例如，財務公司的資產負債表，雖然其資產中也包含了相當部分的貸款性質的資產，但是這些信貸資產通常都被冠以「應收帳款」的名字，包含了企業應收帳款、消費者應收帳款、房地產應收帳款，它們都反應了不同的信貸投向。在財務公司的負債方面，財務公司籌資的主要途徑並不是存款，而是來自於貨幣市場的借款（商業票據）和銀行的借款，如果財務公司是由大型企業控股的話，它還可以從母公司獲得借款。

---

① 臨時指該帳目所記錄的交易並不是經常發生的，企業一般只會在年終進行結算時，出於提高收入或其他目的進行此交易，這種交易在一個會計年度一般只會出現一次。

財產和人壽保險公司經常也會為客戶特別是企業客戶貸款，但是這些貸款都是以持有股票、債券、抵押契約和其他債券的形式反應在保險公司的資產負債表中的，而這些證券大多數都可以從公開市場上購得。保險公司的主要資金來源是被保險人購買保險的保費、投資收益以及保險公司從貨幣市場和資本市場取得的借款。但是絕大部分保險公司的收入來源於投資的收益，而並非被保險人的保費。需要注意的是，中國保險公司的主要收入來源是保費收入。

　　共同基金是最近幾年來銀行最有力的競爭對手之一，它主要通過向公眾發行基金股份和常規的借款渠道進行融資，繼而投資於企業股票、債券、資產支持的證券和貨幣市場金融工具。證券經紀和經銷公司也是銀行的一個有力的競爭對手。它的資金主要來源於公司股東的自有資本以及資本市場、貨幣市場的融資，同時它將資金投資於各種股票和債券。另外，證券經銷商還可以通過各種方式賺取大量的收入，包括為自己的客戶買入和賣出證券，為客戶提供諮詢服務，為企業客戶發行新股提供必要的幫助（承銷證券收入）。但是需要指出的是，越來越多的銀行也開始為自己的客戶提供與上述非銀行金融機構相同的服務，因此合併的銀行財務報表也開始與這些競爭對手的報表趨於一致。

第五節　不同會計計價原則的比較

　　在本章的第二節裡，我們提到了關於歷史成本和市場價值的兩種不同的會計計價原則。在這一節裡我們將簡單地介紹這兩種不同的計價原則，並通過一個計提貸款損失準備的例子來說明它們之間的區別和聯繫。

一、歷史成本計價原則的不足以及市場價值計價原則的發展

　　近年來，越來越多的銀行家、投資者、金融分析師和監管機構開始關注金融機構在報告資產和負債時所採用的計價原則。按照慣例，金融機構在報告資產和負債時，都是以取得或受讓時的原始成本作為計價標準的。但是，這種被稱為歷史成本、帳面價值成本或原始成本的會計計價原則開始受到越來越多的批評。歷史成本的計價原則假設金融機構會持有貸款和其他資產負債表中的項目直至到期日。因此，當利率的變化和違約風險的變化影響到貸款、證券以及債務等科目的價值和現金流時，歷史成本並不能夠反應這種變化對資產負債表的衝擊。

　　例如，如果1年期政府債券的市場利率為10%，並且銀行持有一份面值為1萬

元、票面利率為10%的債券，在當前的市場上便可以以10,000元的價格將該債券賣出。然而，如果市場利率上升到12%，債券的價格會下跌到9,800元左右，而此時投資於該債券的資產收益率也約為12%。

同樣，借款者違約風險暴露的變化也可能影響到貸款當前的價格。顯然，如果貸款被償還的可能性減小，其市場價值必然會降低。例如，如果銀行貸給借款人一筆利率為10%的1年期貸款，當借款者的財務狀況惡化時，或者當他們更傾向於投資於高風險的行業時，該貸款的市場價值一定會下降。假設銀行應用於同風險級別借款者的貸款利率為12%，10,000元1年期貸款的市場價值就會下跌到9,820元。金融機構以歷史的成本來記錄資產和負債，而且不改變其數據來反應真實的市場條件，這樣沒有為有意購買該公司發行的股票或債券的存款人、股東和其他投資者提供一個真實的公司財務情況的說明，投資者往往輕易地就被欺騙了。

在以歷史成本計價的會計系統中，由於利率的變化不會影響到以成本計價的資產和負債，因此也不會影響到金融機構的資本。更進一步地說，在傳統的會計實務中，只有已實現的資本收益和損失才會影響到資產負債表中的帳面價值。這樣銀行和其他金融機構就能夠通過出售已增值的資產來提高他們的收入和資本，忽略帳簿中其他減值資產對財務報表的影響，從而達到粉飾財務報表的目的。

1992年的夏天，美國財務會計標準委員會（FASB）頒布了第115號準則，它主要針對銀行持有的可在市場交易的證券，並對此做出了詳細而又簡明的規定。它要求銀行將所持有的證券分為兩類：準備持有至到期日的證券和可能在到期日之前就交易的證券。前者可以以歷史的成本來計價，而後者就需要以當前的市場價格來計價。同一個時期，美國證券交易委員會（SEC）要求活躍在證券交易領域的主要銀行將所有的準備用於交易的證券作為一個單列項目列在資產負債表中「可出售的證券」科目裡。此外，由於在過去的會計實務中，金融機構的管理人員都會通過出售增值的資產來獲得資本收益，而持有價格下降的證券仍然以較高的歷史成本來反應已經減值的證券。FASB和SEC為了根除這種「盈利交易」，要求銀行採用市場價格和歷史成本孰低的計價原則來記錄這些重新分類的資產。

進入21世紀以來，對市場價值計價原則的爭論達到了白熱化的程度。美國和國際的會計標準化組織，特別是FASB和國際會計準則委員會（IASC），提出了採用新的「公平價值規則」的建議，要求銀行持有的所有金融資產以它們在金融市場中的價格作為計價的標準，而不是以它們的票面價值計價。而對於其他無法在市場上交易的資產和負債，要求銀行在不強制變現的條件下，以買賣雙方自願商定的價

格作為計價的標準。資產價值的減少不但會減少銀行資產負債表中的累計價值，還會導致銀行收入的減少。特別是在銀行沒有提取足夠的資本準備來應對資產價值減少時，銀行的資本還有可能遭受部分損失。

而其他的一些組織，比如一些國家的貿易協會和美國的聯邦儲備委員會都反對FASB和IASC的提議。它們認為採用公平價值會面臨諸如銀行盈利的波動性增強、股票價格更加不穩定、部分銀行資本緩衝金損失、商業銀行的投資業務擴張放慢、貸款成本上升以及缺乏可供銀行出售多種資產的活躍的零售市場等問題。然而，許多專家認為採用這種新的市場定價規則已經成為必然的趨勢。事實上，歐盟已經要求所有歐盟的上市公司從2005年起必須採用IASC的會計準則。同樣在美國，SEC要求購買銀行貸款作為投資的共同基金要以市價值而不是歷史成本來計量這些貸款。

二、不同計價原則的比較——不同計價原則下貸款損失準備的提取

近年來，貸款損失準備已經成為銀行盈利能力和衡量銀行資本的一個重要的決定因素。貸款損失準備的測定和計提對全球金融系統的穩定有著十分重要的意義。下面我們將通過提取貸款損失準備的例子來說明上述歷史成本計價原則和市場價值計價原則的區別和聯繫。首先我們就計提貸款損失準備的基本原理做一個簡單的說明。

（一）貸款分類

貸款分類是指銀行的信貸分析人員和管理人員或監管當局的檢查人員，綜合所獲得的全部信息，根據貸款的風險程度對貸款質量做出評價，並按照評價的結果對貸款進行的分類。根據國際銀行業的經驗，貸款通常可以分為五類[①]，包括：

（1）正常類：借款者能夠履行合同，有充分把握按時足額償還本息。

（2）關注類：儘管借款者目前有能力償還貸款本息，但是存在一些可能對償還產生不利影響的因素。

（3）次級類：借款者的還款能力出現了明顯的問題，依靠其正常經營收入已無法保證足額償還本息。

（4）可疑類：借款者無法足額償還本息，即使執行抵押或擔保，也肯定要造成一部分損失。

---

① 注意，各國銀行對貸款的分類存在差異。

（5）損失類：在採取所有可能的措施和一切必要的法律程序之後，本息仍然無法收回，或只能收回極少部分。

表 2.7 是中國人民銀行根據各國銀行的經驗，對具體劃分五類貸款標準的規定以及各類貸款發生本息損失概率的總結。

表 2.7　　　　　五級分類的標準以及發生貸款本息損失的概率表

	逾期時間（天）	貸款本息損失的概率（％）
正常類	—	—
關注類	90～180	＜5
次級類	181～360	30～50
可疑類	361～720	50～75
損失類	720 以上	95～100

（二）計提貸款損失

根據貸款分類的結果，我們以不同的風險權數加權就可以得到風險貸款的價值。[①] 風險貸款的價值與貸款帳面價值的差額，就是對銀行所面臨的信用風險量化的結果。這種風險或損失雖然還沒有實際發生，但是已經客觀存在了。根據審慎的會計準則，銀行應該針對每筆貸款風險計提專項的貸款損失準備金，用於彌補和抵禦已經識別了的信用風險。表 2.8 給出了美國、中國香港和匈牙利對計提不同風險級別貸款損失準備金比例的規定。

表 2.8　　　　　　　貸款損失準備金的計提比例　　　　　單位：％

	美國	中國香港	匈牙利
正常	0～1.5	0	0
關注	5～10	2	0～10
次級	20～35	25	11～30
可疑	50～75	75	31～70
損失	100	100	71～100

對於可以認定為無法收回的貸款，銀行在經過所有必要的程序之後，如果仍然無法收回，就需要將其予以核銷。但是需要注意的是，核銷貸款損失只是銀行內部的管理決策，不等於放棄債權，銀行仍然不能放棄催收的努力。核銷的貸款損失一

---

① 本書第十章會對該問題進行詳細說明。

旦收回，就要計入當期的損益。

在理想的狀況下，計提貸款損失準備和核銷貸款的過程應該是動態的（如圖2.3 所示）。貸款質量下降，貸款損失準備金就增加；貸款質量改善，貸款損失準備金就減少。核銷貸款也是一樣，認定了損失就予以核銷，收回了再入帳。

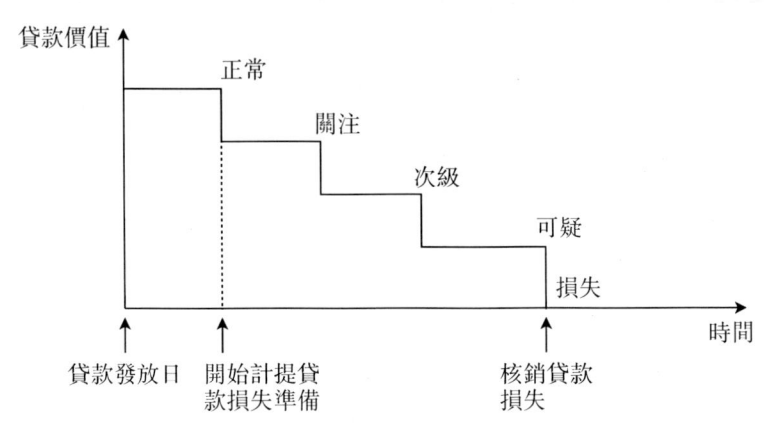

圖2.3　貸款的生命週期與計提貸款損失準備和核銷貸款損失圖

因此，銀行只要能夠遵守這一動態過程的客觀規律，就能夠準確地把握貸款損失的情況，並通過建立準備金帳戶來減少甚至避免貸款損失對銀行淨值（資產－負債）和利潤的影響。由於對每一類別的貸款進行了分類，並按照要求計提了損失金，當發生危機的時候，銀行便能夠妥善地應對，不必讓政府動用政府資金來補充銀行的資本金。

現在我們注意到，計提貸款損失準備金的關鍵就在於確定貸款的價值（圖2.3 的縱軸），這樣如何計算貸款的價值就成了計提貸款損失準備金的核心問題。如前面講到的，按照不同的會計計價原則，貸款的價值是不同的，這樣就會產生不同的會計處理方法。下面我們將通過案例來說明不同計價原則下貸款損失準備的提取，以及它對利潤、貸款損失準備和淨貸款價值的影響。

三、案例分析

假設銀行與借款者簽訂了一筆 5 年期的貸款合同，貸款金額為 1,500 萬元，利率為 10%，要求借款者每年支付一次利息，並於貸款到期時償還所有的本金。

（一）市場價值計價原則下

當貸款合同簽訂時，銀行就知道貸款合約中約定的還款金額，並能夠對貸款的

償還情況做出合理的預計，同時還能夠計算出合同約定的和預期的貸款資產的現值。假設借款者能夠完全按照貸款合同履行義務，銀行也預期借款者能夠償還所有的本金和利息，從銀行的角度，當把貸款作為一項可交易的資產時，它的現值為1,500萬元，如表2.9所示。

表2.9　　　　　　　　　　　貸款的現金流表　　　　　　　　　　單位：萬元

年份	貸款合同約定的還款金額		銀行預期的還款金額	
	絕對值	貼現值	絕對值	貼現值
1	150	136	150	136
2	150	124	150	124
3	150	113	150	113
4	150	102	150	102
5	1,650	1,025	1,650	1,025
總計	2,250	1,500	2,250	1,500

假設在第1年末，借款者沒有支付150萬元貸款合同約定的利息，此時銀行的管理者決定重新評估能夠收回的本金以及利息。我們假設銀行評估的結果如表2.10所示。

表2.10　　　　　　　可疑貸款第1年年末的現金流表　　　　　　　單位：萬元

年份	貸款合同約定的還款金額		銀行預期的還款金額	
	絕對值	貼現值	絕對值	貼現值
2	150	136	0	0
3	150	124	80	66
4	150	113	80	60
5	1,650	1,127	1,100	751
總計	2,100	1,500	1,260	877

由於借款者在第1年年末時沒有支付任何利息，銀行管理者重新評估了貸款利息的支付和本金的償還情況，預期的貸款償還總額的現值調整到877萬元，這樣就發生了623萬元（1,500萬元－877萬元）的貸款現值損失。這時銀行必須確定有多少貸款損失需要作為「不可收回貸款」予以立即核銷，而剩下的部分則作為貸款損失準備處理的內容。比如有300萬元是應予以核銷的，銀行就會用稅前利潤衝銷這300萬元被認定為不可收回的貸款損失。同樣，銀行也會用一部分稅前利潤為剩

下的 323 萬元（623 萬元 – 300 萬元）可能發生的貸款損失建立「貸款損失備用金」，並在期末時轉入資產負債表中的「貸款損失準備」科目[①]（如表 2.11 所示）。因此，在第 1 年年末時，損益表中沒有獲得利息收入，同時有 300 萬元的利潤被用於核銷貸款損失，還計提了 323 萬元的貸款損失備用金，如表 2.11 所示。而另一方面，在資產負債表中，由於採用了市場價值計價的會計原則，貸款的價值下降為 1,200 萬元（1,500 萬元 – 300 萬元），同時由損益表中「貸款損失備用金」轉入的 323 萬元的「貸款損失準備」必須從貸款價值中扣除，得到的「淨貸款」為 877 萬元，如表 2.11 所示。

表 2.11　　　　　　　　　　第 1 年年末的財務報表　　　　　　　　　　單位：萬元

損益表	利息收入		0	
	用於核銷貸款損失的利潤		-300	
	貸款損失備用金		-323	
資產負債表	資產	貸款	1,200	
		減：貸款損失準備	323	877
		現金餘額		-1,500
	所有者權益	累計的損失		-623

現在假設在第 2 年年末時，借款者仍然無法支付任何利息，而銀行對貸款本息償還的預期沒有改變。表 2.12 總結了該筆貸款在第 2 年年末時貸款合同約定的還款金額、銀行預期的還款金額以及它們的現值。

表 2.12　　　　　　　　可疑貸款第 2 年年末的現金流表　　　　　　　　單位：萬元

年份	貸款合同約定的還款金額		銀行預期的還款金額	
	絕對值	貼現值	絕對值	貼現值
3	150	137	80	73
4	150	124	80	66
5	1,650	1,239	1,100	826
總計	1,950	1,500	1,260	965

在這一年裡，預期的貸款現金流的現值增加了 88 萬元（965 萬元 – 877 萬元）。

[①] 相關內容請參看本章第二節。

因此，雖然借款者並未向銀行支付任何利息，但是在損益表中，銀行仍然確認了88萬元（877萬元×10%）的利息收入，如表2.13所示。這樣，這88萬元就需要從「貸款損失準備」帳戶中轉出，因此新的準備金帳戶餘額就為235萬元（323萬元－88萬元）。相應地，淨貸款增加到965萬元（1,200萬元－235萬元），如表2.13所示。

表2.13　　　　　　　　　　第2年年末的財務報表　　　　　　　　　　單位：萬元

損益表	利息收入		88	
資產負債表	資產	貸款	1,200	
		減：貸款損失準備	235	965
		現金餘額		－1,500
	所有者權益	累計的損失（－623＋88）		－535

我們進一步假設，在第3年年末，借款者支付了100萬元的利息而不是銀行預期的80萬元，銀行對貸款償還的預期仍然不變，如表2.14所示。

表2.14　　　　　　　　可疑貸款第3年年末的現金流表　　　　　　　　單位：萬元

	貸款合同約定的還款金額		銀行預期的還款金額	
年份	絕對值	貼現值	絕對值	貼現值
4	150	137	80	73
5	1,650	1,363	1,100	909
總計	1,800	1,500	1,180	982

貸款的現值從965萬元增加到982萬元，增加了17萬元。儘管借款者實際償還了100萬元，但損益表中銀行仍然按照10%的利率確認了97萬元（965萬元×10%）的利息收入，如表2.15所示。該利息收入從準備金帳戶中轉出，而借款者新近支付的100萬元轉入該帳戶。因此新的「貸款損失準備」帳戶餘額為238萬元（235萬元＋100萬元－97萬元）。由於借款者比銀行的預期多支付了20萬元的利息，它反應了一筆貸款損失的收回，而銀行已經為該筆貸款損失計提了準備金，因此需要從準備金帳戶中予以扣除，並將這20萬元反應在損益表中「釋放的貸款損失備用金」帳戶中作為利潤損失的收回。最後，銀行貸款損失準備金從238萬元下降到218萬元，而相應的，貸款的價值變為982萬元（1,200萬元－218萬元），如

表 2.15 所示。

表 2.15　　　　　　　　　第 3 年年末的財務報表　　　　　　　　　單位：萬元

損益表	利息收入		97	
	釋放的貸款損失備用金		20	
資產負債表	資產	貸款	1,200	
		減：貸款損失準備	218	982
		現金餘額		-1,400
	所有者權益	累計的損失（-535+97+20）		-418

我們繼續假設在第 4 年年末時，借款者向銀行支付了 50 萬元的利息，而不是銀行預期的 80 萬元。銀行管理者決定提高對第 5 年年末借款者還款額的預期，如表 2.16 所示。

表 2.16　　　　　　　可疑貸款第 4 年年末的現金流表　　　　　　　單位：萬元

	貸款合同約定的還款金額		銀行預期的還款金額	
年份	絕對值	貼現值	絕對值	貼現值
5	1,650	1,500	1,400	1,273
總計	1,650	1,500	1,400	1,273

第 3 年年末淨貸款現值 982 萬元的 10%（98 萬元）作為第 4 年的利息收入記入損益表中。由於銀行對借款者到期還款較樂觀的估計，貸款的現值增加了 291 萬元，達到 1,273 萬元。與銀行在第 3 年年末時的會計處理一樣，98 萬元名義利息收入需要從貸款損失準備中扣除，而銀行實際獲得的 50 萬元記入準備金帳戶，那麼此時，「貸款損失準備」帳戶餘額減少到 170 萬元（218 萬元 -98 萬元 +50 萬元）。雖然銀行對借款者預期的還款金額增加了 300 萬元（現值 273 萬元），但同時卻遭受了 30 萬元（80 萬元 -50 萬元）未預期到的貸款損失。這樣，銀行可以確認的增值總額為 243 萬元（273 萬元 -30 萬元）。因此，貸款資產的增值不僅能夠完全軋平準備金所有 170 萬元的頭寸，還能夠衝銷 73 萬元（243 萬元 -170 萬元）先前已核銷的貸款損失，它們分別通過「釋放的貸款損失備用金」和「已核銷貸款損失的收回」反應在損益表中，如表 2.17 所示。

表 2.17　　　　　　　　　　第 4 年年末的財務報表　　　　　　　　單位：萬元

損益表	利息收入		90
	釋放的貸款損失備用金		170
	已核銷貸款損失的收回		73
資產負債表	資產	貸款	1,273
		現金餘額	-1,350
	所有者權益	累計的損失 （-418+98+170+73）	-77

最後，假設借款者如銀行的預期一樣償還了貸款的本金和利息共計 1,400 萬元。第 4 年年末貸款淨值 1,273 萬元的 10%（127 萬元）作為利息收入記入損益表中，如表 2.18 所示。同時在資產負債表中，由於銀行收到了借款者支付的現金，第 5 年年末的現金餘額為 50 萬元（1,400 萬元 - 1,350 萬元），而貸款的帳目金額也恰好得以衝銷：

借：現金　　　　　　　　　　　　　　　　　　　　　14,000,000
　貸：貸款　　　　　　　　　　　　　　　　　　　　　12,730,000
　　　利息收入　　　　　　　　　　　　　　　　　　　　1,270,000

表 2.18　　　　　　　　　　第 5 年年末的財務報表　　　　　　　　單位：萬元

損益表	利息收入		127
資產負債表	資產	貸款	0
		現金餘額	50
	所有者權益	累計的利潤（-77+127）	50

下面我們將整個貸款期限中利潤、貸款損失準備、淨貸款的數據總結在表 2.19 中，以使讀者能夠更清楚地理解使用市場價值計價原則時貸款損失準備的計提方法。

表 2.19　　　　使用市場價值計價的利潤、貸款損失準備以及淨貸款表　　　單位：萬元

年份	利潤	貸款損失準備金	貸款淨值
1	-623	323	877
2	88	235	965
3	117	218	982
4	341	0	1,273
5	127	0	0
總計	50	—	—

(二) 歷史成本計價原則下

下面我們將使用歷史成本計價原則來分析上面的例子。在第 1 年年末，銀行預期本金會損失 400 萬元（1,500 萬元 - 1,100 萬元）。同樣，銀行決定核銷 300 萬元的貸款，並為可能發生損失的可疑貸款建立貸款損失準備金，我們假定為 100 萬元。假設銀行預期在第 1 年年末借款者不會支付任何利息，由於貸款的會計處理並不是以權責發生制的原則而是以收付實現製作為記錄的基礎的，因此當銀行沒有實際獲得利息時就不能夠在損益表確認收入，如表 2.20 所示。

表 2.20　　　　　　　　第 1 年年末的財務報表　　　　　　　　單位：萬元

損益表	利息收入			0
	用於核銷貸款的利潤			-300
	貸款損失備用金			-100
資產負債表	資產	貸款	1,200	
		減：貸款損失準備金	100	1,100
		現金餘額	-1,500	
	所有者權益	總損失	-400	

第 2 年年末，借款者仍然沒有支付任何利息，銀行的資產負債表沒有發生變化，如表 2.21 所示。而第 3 年年末時，借款者支付了 100 萬元的利息，因此在損益表中銀行確認了 100 萬元的利息收入，如表 2.22 所示。

表 2.21　　　　　　　　　　　第 2 年年末的財務報表　　　　　　　　　單位：萬元

損益表		利息收入		0
資產負債表	資產	貸款	1,200	
		減：貸款損失準備金	100	1,100
		現金餘額	-1,500	
	所有者權益	累計的損失		-400

表 2.22　　　　　　　　　　　第 3 年年末的財務報表　　　　　　　　　單位：萬元

損益表		利息收入		100
資產負債表	資產	貸款	1,200	
		減：貸款損失準備金	100	1,100
		現金餘額	-1,400	
	所有者權益	累計的損失（-400+100）		-300

　　在第 4 年年末時，銀行調高了對借款者還款的預期，認為借款者會向其支付 1,400 萬元作為本金的償還。這樣銀行決定釋放所有的 100 萬元的貸款損失準備。這時貸款帳戶的餘額也就增加到 1,200 萬元，如表 2.23 所示，但它仍然與預期借款者將償還的 1,400 萬元相差 200 萬元，也就是說仍然存在 200 萬元的貸款損失。因此銀行決定直到貸款人實際支付了所有款項後，才將這剩餘的 200 萬元的貸款損失確認為「已收回」，如表 2.23 所示。

表 2.23　　　　　　　　　　　第 4 年年末的財務報表　　　　　　　　　單位：萬元

損益表		利息收入		50
		釋放的貸款損失備用金		100
資產負債表	資產	貸款		1,200
		現金餘額		-1,350
	所有者權益	累計的損失（-300+50+100）		-150

　　在第 5 年年末，銀行獲得 1,400 萬元的現金，但是這 1,400 萬元只是借款者對本金的償還，因此銀行沒有獲得利息收入。同時，由於銀行已經從借款者處獲得了

1,400萬元本金的償還，因此上述所有剩下的200萬元的貸款損失得以收回，如表2.24所示。同樣，我們總結了整個貸款期限內銀行利潤、貸款損失準備以及淨貸款的情況，如表2.25所示。

表2.24　　　　　　　　　第5年年末的財務報表　　　　　　　　單位：萬元

損益表	利息收入		0
	已核銷貸款損失的收回		200
資產負債表	資產	貸款	0
		現金餘額	50
	所有者權益	累計的利潤（−150＋200）	50

表2.25　　　　使用歷史成本計價的利潤、貸款損失準備以及淨貸款　　　　單位：萬元

年份	利潤	貸款損失準備金	貸款淨值
1	−400	100	1,100
2	0	100	1,100
3	100	100	1,100
4	150	0	1,200
5	200	0	0
總計	50	—	—

（三）結論

從上面的例子可以看到，雖然採用了不同的計價原則，但是無論是採用歷史成本計價原則還是採用市場價值計價原則都產生了同樣的利潤（50萬元）以及同樣的資產負債表頭寸（「資產」中50萬元的現金和「所有者權益」中50萬元的累計利潤）。二者之所以不同，就在於產生利潤的過程以及在貸款期限內對貸款價值判斷的不同，如表2.26所示。

表 2.26　　　　在市場價值計價原則和歷史成本計價原則下
　　　　　　　　利潤計算和貸款價值的評估　　　　　　　單位：萬元

年份	利潤 市場價值計價原則	利潤 歷史成本計價原則	貸款損失準備 市場價值計價原則	貸款損失準備 歷史成本計價原則	淨貸款 市場價值計價原則	淨貸款 歷史成本計價原則
1	-623	-400	323	100	877	1,100
2	88	0	235	100	965	1,100
3	117	100	218	100	982	1,100
4	341	150	0	0	1,273	1,200
5	127	200	0	0	0	0
總計	50	50	—	—	—	—

因此，雖然當所有貸款的相關交易發生後，以市場價值計價和以歷史成本計價所產生的結果是一致的。但是它們在貸款期限內對利潤和資產負債的報告都有不同的影響。這樣，由於銀行的資本規模以及貸款組合的價值都可以改變，因此，對會計技術的選擇可以改變銀行的資本充足率。同時，我們還可以看到，市場價值計價原則產生了利潤的波動，而歷史成本計價原則則更傾向於穩定貸款經濟價值的波動。另外還需要指出的是，在我們的例子中，整個貸款期限內 10% 的貼現率是假設不變的。如果貼現率發生改變，還會給利潤、貸款價值帶來更大的波動。

復習思考題

1. 請簡要回答資產負債表和損益表的概念及兩者間的關係。
2. 如何理解資產負債表恒等式？
3. 主要的表外業務有哪些？
4. 美國 FASB 第 133 號文件中是如何規定衍生金融工具的會計處理的？
5. 什麼是淨利潤？
6. 請簡要回答貸款損失準備和貸款損失備用金之間的區別和聯繫。

參考文獻

[1] 本書編寫組. 貸款風險分類原理與實務（試用教材）[M]. 北京：中國金融出版社, 1998.

[2] Peter S. Rose and Sylvia C. Hudgins. Bank Management and Financial Services. McGraw-Hill/Irwin, 2005.

[3] Vivien A. Beattie. Bank and Bad Debts. Wiley & Sons, 1995.

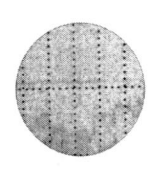

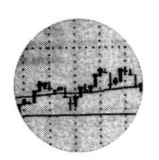

第三章　金融機構的業績評價

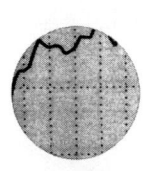

一般來講，對金融機構的評價有兩種方法：一種是運用股權收益率模型來評價其經營業績；另一種是運用 CAMEL 評級體系對金融機構進行評級。在這一章裡，首先我們將介紹股權收益率模型的構建，並通過一個綜合案例來說明如何利用該模型評估銀行的經營業績。接著，我們將介紹 CAMEL 評級體系，並運用該體系對新加坡華僑銀行和中國招商銀行進行分析和比較。

第一節 盈利比率

在所有關於盈利的重要指標中，下面的幾個指標是我們經常在財務分析報告中看到的：

$$股權收益率（ROE）= \frac{稅後淨利潤}{總權益資本①} \qquad (3.1)$$

$$資產收益率（ROA）= \frac{稅後淨利潤}{總資產} \qquad (3.2)$$

$$每股收益率（EPS）= \frac{稅後淨利潤}{流通中的普通股股數} \qquad (3.3)$$

$$資產淨利息收益率 = \frac{貸款和證券投資的利息收入 - 存款和其他負債的利息支出}{總資產} \qquad (3.4)$$

$$資產淨非利息收益率 = \frac{非利息收入 - 非利息支出}{總資產} \qquad (3.5)$$

$$資產淨營業利潤率 = \frac{總營業收入 - 總營業費用}{總資產} \qquad (3.6)$$

上述指標從不同的角度反應了金融機構的盈利能力。ROE 是測度流入金融機構股東的收益的比率指標，它等於銀行單位帳面股權的會計利潤。ROA 反應了金融機構的管理層有多大的能力將其資產轉換為淨收入，它是衡量金融機構管理效率的一個重要指標。而 EPS 則表示在繳納稅費和支付優先股股利後，普通股股東的每股盈利。

---

① 總權益資本就等於資產負債表的股東權益的金額，只是股東權益是資產負債表中會計科目的稱謂，而股權資本是相對於銀行借入資金而提出的股東投入的自有資本的概念。

資產淨利息收益率、資產淨非利息收益率和資產淨營業利潤率是評價金融機構業績的盈利指標和效率指標。它們反應了金融機構在增長的成本面前保持其收入增加的能力。資產淨利息收益率測度了金融機構在追求資產收益最大化和融資成本最小化的過程中實現的利差收入的大小。相對於資產淨利息收益率，資產淨非利息收益率測度了金融機構來源於存款手續費及其針對其他各種服務收費的非利息收入與員工工資、福利、設備維修費、壞帳損失等非利息支出之間的差異。雖然近年來手續費占金融機構收入的比例在迅速增加，但對絕大多數的銀行來說，非利息收入總是低於非利息支出，即非利息淨收入為負。資產淨營業利潤率反應了金融機構的綜合盈利能力，它大致等於上述兩個指標的和。

息差收益是另一種更為傳統的測量金融機構盈利效率的指標，其計算公式如下：

$$息差收益 = \frac{總利息收入}{總盈利性資產} - \frac{總利息支出}{有息的總負債} \tag{3.7}$$

它衡量了金融機構吸收存款和發放貸款的仲介功能的效率以及金融機構的競爭力。具有競爭力的金融機構會用各種方法擴大資產的平均收益率與負債平均成本率之間的差距。在其他情況不變的條件下，競爭的存在會使金融機構的息差收益普遍下降，從而促使金融機構的管理層尋求更多的收入來源（例如開展新業務收取新的手續費）以恢復逐漸萎縮的息差收入。

第二節　股權收益率模型

一、分解股權收益率

通常我們可以通過對上述指標進行分解來分析金融機構的業績，其中最常用的是對 ROE 進行分解。從式（3.1）和式（3.2）中可以看到 ROE 和 ROA 含有一個同樣的因子——稅後淨利潤。因此，這兩個盈利指標可以直接聯繫在一起。

$$\frac{稅後淨利潤}{總權益資本} = \frac{稅後淨利潤}{總資產} \times \frac{總資產}{總權益資本} \tag{3.8}$$

$$即：ROE = ROA \times \frac{總資產}{總權益資本} \tag{3.9}$$

通過更進一步的簡單代數變化，我們可以得到最常用的盈利指標公式：

$$ROE = \frac{稅後淨利潤}{總營業收入} \times \frac{總營業收入}{總資產} \times \frac{總資產}{總權益資本} \tag{3.10}$$

通過以上分解，可以形成三個新的指標：淨利潤率（NPM）、資產利用率（AU）、股權乘數（EM）。它們分別反應了金融機構成本控制和服務定價政策的效率、組合資產管理政策的效率以及財務槓桿政策。這樣我們可以將式（3.10）簡化為以下形式：

$$ROE = 淨利潤率 \times 資產利用率 \times 股權乘數$$
$$= NPM \times AU \times EM \qquad (3.11)$$

其中，NPM（或者淨利潤與總收入的比率）在一定程度上反應了金融機構的成本控制和服務定價政策的效率。它告訴我們金融機構可以通過控制成本和增加收入來提高利潤及股東的收益率。同樣，在避免額外風險的同時，通過慎重的管理將資源配置在收益率高的貸款和投資中，金融機構還可以提高其資產的平均收益率（即資產利用率 AU）。至於股權乘數 EM，它是金融機構財務槓桿的直接度量指標，表明了單位股權資本支撐的資產以及金融機構有多少資源是依靠舉債而得到的。

從式（3.11）可以知道，如果金融機構要取得較高的 ROE，在給定淨利潤率和資產利用率的條件下，金融機構需要使用大量的外來資金，以充分利用財務槓桿。通常情況下，金融機構的平均股權乘數可達到 15 倍，商業銀行會更高，對更大型的銀行來說，股權乘數甚至會高於 20 倍。由於股權資本可以用來抵消資產的損失，抵禦金融機構可能面臨的清償力不足的風險，因此乘數越大，就意味著金融機構將面臨的破產風險越大。但是同時，較大的乘數能夠使股東享有更高的潛在收入。因此 EM 也反應出了金融機構是如何在高風險和高收益間進行權衡的。

注意：這三個指標都是非常重要的指示器，它們分別反應了金融機構不同方面的經營狀況。因此如果其中任意一個指標下降，管理層都要關注和分析引起指標變化的原因。為了使讀者更清楚地理解 ROE 的分解和決定 ROE 大小的因素，我們通過圖 3.1 向讀者說明。

表 3.1 是美國聯邦存款保險公司提供的 1991—2002 年美國上市銀行平均的 ROE 以及 ROE 的構成成分。通過對表中數據的觀察我們知道，1991 年美國所有上市銀行的股權收益率處於美國歷史上一個較低的水平，主要源於極低的淨利潤率。這一時期，銀行的成本增加，尤其是大量的收入被用於核銷貸款損失，而且此時美國經濟也正處於收入、貸款需求下降的衰退時期。這兩方面的原因導致美國銀行的利潤嚴重縮水，股權收益率跌至 10% 以下。然而，90 年代中期美國經濟開始復甦，並進入了美國歷史上最長的一次經濟持續增長的時期，以 ROE 指標表示的銀行業收入開始增加，並在 2000 年美國經濟開始衰退前達到了 15.31% 的新高點。那麼，

图 3.1　分解 ROE 圖

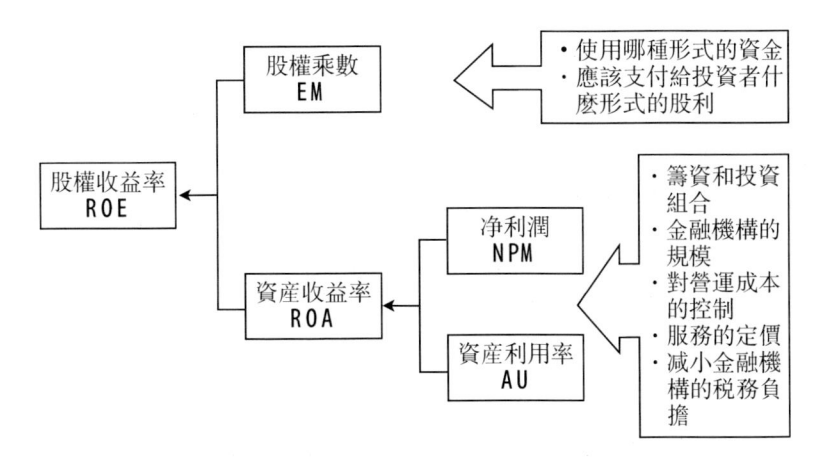

表 3.1　　　　　　　　美國所有上市銀行 ROE 的構成表 *

時間 ①	ROE ② = ③ × ④ × ⑤	NPM ③	AU ④	EM ⑤
2002	14.51	17.03	7.48	11.40
2000	14.48	12.20	9.32	12.74
1999	15.31	14.01	8.91	11.95
1997	11.94	13.32	8.86	11.94
1995	14.19	12.68	8.93	12.53
1993	15.13	13.47	8.87	12.66
1991	8.00	5.32	10.17	14.77

* 因標準不同，本章部分表格的數據計算結果與實際數據有出入。

資料來源：美國聯邦存款保險公司。

為什麼美國銀行業的利潤增長會如此迅速呢？表 3.1 清楚地給出了答案——銀行淨利潤率 NPM 的上升。NPM 因為美國長期強勁的經濟增長以及銀行業進行的成本削減措施而迅速地上升。在這一時期，銀行營業收入（特別是非利息收入或稱為手續費收入）的增長速度遠遠超過了營業費用的增長速度。此外，淨利潤率的上升還遠遠高於銀行業資產利用率和股權乘數的下降，抵消了後兩者下降給銀行 ROE 帶來的負面影響。

注意：資產利用率和股權乘數的下降並不一定意味著銀行本身管理和經營業績的惡化，所謂負面影響只是指在數字上抵消了 ROE 的增長。那麼，為什麼 AU 和 EM 會下降呢？1991—2002 年，美國市場利率持續下跌，並維持在一個較低的水平

上，這樣以利息收入作為主要來源的銀行業的資產收益率必然很低，反應出來的就是資產利用率（AU）的數值下降。而股權乘數下降則受到兩個因素的影響：一方面美國監管當局為了保護存款者以及政府存款保險基金的安全，要求銀行在為新增資產融資時更多地使用權益資本，而減少使用負債；另一方面銀行業也通過擴大表外業務的交易以及拓展新的金融服務來增加收入，從而減緩資產負債表中資產的增長。因此股權乘數的下降反而說明了美國銀行業更高的抗風險能力和更分散化的收入來源。

二、效率指標體系的建立

通過對 ROE 模型進行簡單的代數變換，可以將其中的淨利潤率（NPM）進一步分解為兩個部分：①稅收管理效率比率。它反應了金融機構利用證券的收益或損失以及其他稅收管理工具，盡量減少應稅的收入，從而最大限度地減少稅款的支出。②稅前淨利潤/營業收入比率。它作為一個指示器，計算了當減去營業成本後剩下的營業收入占總收入的比率。它是衡量金融機構經營效率和成本管理效率的指標。於是式（3.11）可以變形為：

$$ROE = \frac{稅後淨利潤}{不包括證券收益（或損失）的稅前淨利潤}$$
$$\times \frac{不包括證券收益（或損失）的稅前淨利潤}{總營業收入}$$
$$\times \frac{總營業收入}{總資產} \times \frac{總資產}{總權益成本} \qquad (3.12)$$

這樣就分解為一組能夠評價金融機構管理水平的效率指標，即：

$$ROE = \frac{稅收}{管理效率} \times \frac{成本}{控制效率} \times \frac{資產}{管理效率} \times \frac{資金}{管理效率} \qquad (3.13)$$

假設一個銀行的資產負債表和利潤表提供了這些數據：稅後淨利潤 100 萬美元、不包括證券收益（或損失）的稅前淨利潤 130 萬美元、總營業收入 3,930 萬美元、總資產 12,200 萬美元、總權益資本 730 萬美元。那麼根據式（3.12），可進行如下計算：

$$ROE = \frac{100}{130} \times \frac{130}{3,930} \times \frac{3,930}{12,200} \times \frac{12,200}{730}$$
$$\approx 0.769 \times 0.033 \times 0.322 \times 16.71 \approx 0.137 \text{（或 13.7\%）}[1]$$

---

[1] 因標準不同，本章部分公式計算結果與實際數據有出入。

顯然，其中任意一個比率開始下滑，金融機構的管理層都要重新評估該比率所反應的管理效率。在上述例子中，如果稅收管理效率指標由上一年的 0.769 下滑到下一年的 0.610，管理層就會關注銀行是如何監控和管理稅收支出的。如果成本管理效率指標由 0.033 下滑到 0.025，金融機構成本控製的管理效率就需要受到重新評估。而如果資產管理效率指標由 0.322 跌落至 0.270，就有必要對資產組合政策重新進行認真的檢查，以判斷該指標的下降是否是由管理控製方面的原因造成的。

三、分解資產收益率

與上述分解股權收益率一樣，我們也可以將資產收益率（ROA）進行分解，如表 3.2 所示。

表 3.2　　　　　　　　　　　計算資產收益率表

利息收入/總資產
－利息支出/總資產
＝淨利息收入/總資產
＋非利息收入/總資產
－非利息支出/總資產
－貸款損失備用金/總資產
＝稅前利潤/總資產
－所得稅/總資產
＝除去特殊交易 * 的利潤/總資產
＋證券收入或損失以及其他特殊交易/總資產
＝稅後淨利潤/總資產（或 ROA）

* 特殊交易包括貸款損失備用金、稅款、證券投資收益（或損失）以及非常項目。

通過對表 3.2 的分析可以知道，事實上 ROA 是由資產淨利息收益率、資產淨非利息收益率、資產淨特殊交易收益率這三個簡單的比率構成的，即：

$$\text{ROA} = \frac{\text{利息收入} - \text{利息支出}}{\text{總資產}} + \frac{\text{非利息收入} - \text{非利息支出}}{\text{總資產}}$$

$$+ \frac{\text{特殊收入} - \text{特殊支出}}{\text{總資產}} \tag{3.14}$$

對 ROA 進行分解能夠解釋銀行財務百分比變化的原因，如表 3.3 所示。

表 3.3　　　　　　　　　　美國上市銀行 ROA 的成分表　　　　　　　單位:%

年份 損益表科目	2002	2001	2000	1999	1997	1995	1993	1991
利息收入/總資產	5.06	6.13	6.86	6.41	6.77	7.02	6.62	8.59
－利息支出/總資產	－1.71	－2.86	－3.59	－3.05	－3.29	－3.44	－2.85	－4.98
＝淨利息收入/總資產	3.35	3.27	3.27	3.35	3.48	3.58	3.77	3.61
＋非利息收入/總資產	2.42	2.39	2.46	2.52	2.08	1.91	2.02	1.81
－非利息支出/總資產	－3.29	－3.38	－3.46	－3.56	－3.39	－3.47	－3.77	－3.74
＝非利息淨收入/總資產	－0.87	－0.99	－1.00	－1.04	－1.31	－1.56	－1.75	－1.93
－貸款損失準備/總資產	－0.68	－0.66	－0.48	－0.38	－0.40	－0.29	－0.45	－1.02
＝稅前營業利潤/總資產	1.81	1.62	1.79	1.25	1.78	1.73	1.57	0.66
－應納稅收入的所得稅支出/總資產	－0.62	－0.56	－0.61	－0.69	－0.64	－0.62	－0.54	－0.25
＋證券收入或損失/總資產	＋0.09	＋0.07	－0.04	0.00	＋0.04	＋0.01	＋0.14	＋0.11
＝稅後淨利潤/總資產	1.27	1.13	1.14	1.25	1.18	1.13	1.17	0.52

資料來源：美國聯邦存款保險公司。

從表 3.3 中可以看到，1991—2002 年美國所有上市銀行的平均 ROA 由 1991 年 0.52% 的水平逐漸上升到了 2002 年 1.27% 的高水平上。如前所述，這一時期美國銀行業遭受了重大的貸款損失，大大提高了從收入中提取的貸款損失備用金的比率，但是面對嚴峻的形勢，美國銀行業致力於提高自身的管理水平和經營水平，廣泛地進行了業內的重組和合併，並且加快了銀行各種設備自動化升級的步伐，成功地減少了銀行龐大的各種營業費用。同時，伴隨著 20 世紀 90 年代中期以來美國經濟的強勁增長，社會公眾對貸款和金融服務的需求大大增加，銀行獲取了大量的貸款收入和手續費收入。雖然該時期市場利率普遍偏低，銀行的利息收入有所下降，但是手續費的迅速增長以及貸款質量的提高抵消了低利率對銀行經營業績的負面影響，由 ROA 所描述的銀行利潤水平逐年上升。到 1999 年，美國銀行業的 ROA 達到 1.25%，這是 1934 年美國聯邦存款保險公司成立以來銀行業平均 ROA 所達到的最高水平。然而，2000—2001 年期間，美國銀行業的利潤緩慢回落，反應了進入 21 世紀以來經濟的衰退，企業大量裁員，許多企業也不再投資於新的廠房和設備。經濟的衰退導致人們對金融服務的需求下降，從而導致了銀行和其他金融機構的收入逐漸下降或者增長緩慢，只有在 2002 年的時候銀行業 ROA 又達到了新的高點——1.27%。同時，很多商業貸款和消費貸款的質量下降，迫使銀行提高了貸款損失準

備，這又較大地影響了金融機構的利潤。

四、股權收益率模型的意義

將盈利指標分解為相關的組成部分告訴了我們許多金融機構盈利困難的原因，並且可以進一步指出管理層應該從哪裡著手深入研究並解決盈利困難的問題。從上述分析中我們知道，金融機構要取得豐厚的利潤必須依賴於一些關鍵的因素：

（1）謹慎地運用財務槓桿（即由債務資本所支持的資產比例）；

（2）謹慎地使用固定資產營運槓桿（即當產出增加時，用於提高營業利潤的固定成本投入的比例）；

（3）控制營業成本，使更多的收入成為利潤；

（4）在尋找資產高收益率的同時，謹慎地管理資產組合以確保資產的流動性；

（5）控制風險暴露，使損失不至於完全抵消收入和股權資本。

第三節　金融機構業績的比較

以上是我們縱向[1]分析單個金融機構或整個銀行業經營業績時所採用的比率分析方法，同時它也適用於不同金融機構間的橫向[2]比較分析。在這一節裡，我們只簡單說明在對金融機構業績進行橫向比較時需要考慮的一些因素。在下一節，我們將使用案例為讀者介紹一家銀行縱向和橫向的綜合比較情況。

一、規模對金融機構業績的影響

當對不同金融機構進行比較的時候，我們常會引入一個術語——規模。一般來說規模都是以總資產來衡量的，而在專門針對銀行和儲蓄機構進行分析時，又可以用總存款來作為衡量的標準。在對金融機構業績進行比較時，規模是十分重要的因素之一。因此在這一節裡我們所提到的比率指標都與金融機構的規模高度相關。國際銀行業按照銀行總資產的大小將銀行分成三類：小型銀行（總資產低於1億美元）、中型銀行（總資產介於1億美元到10億美元之間）以及大型銀行（總資產超過10億美元）。伴隨著20世紀90年代以來銀行業的兼併浪潮，一些銀行的資產規模迅速擴大，國際銀行業又進一步地將大型銀行劃分為資產介於10億美元和100

---

[1] 縱向比較指同一家機構不同時期的比較。
[2] 橫向比較指不同機構同一時期的比較。

億美元間的大型銀行以及總資產超過 100 億美元的超大型銀行①。通過盈利比率的分析，分析人士發現以 ROA 所衡量的盈利性最強的銀行一般都是資產超過 10 億美元的大型銀行，並且這些銀行的 ROE 通常也是最高的。同時，中等規模的銀行與大型銀行也有最豐厚的營業利潤和最高的營業效率（即營運費用/收入比率最低）。大型銀行的非利息收入最高，因為它們可以對大量的服務收取手續費。相反，較小的銀行卻經常會有很高的淨利息收入（即利差收入），這是因為一方面它們的客戶存款的平均利息率都較低，另一方面它們更傾向於發放高利率的消費貸款。

許多根據資產負債表計算出來的比率都反應了銀行所面臨的不同的風險暴露，小型銀行通常都有較高的權益資本/總資產比率，而大型銀行的股權乘數卻很高。一些銀行分析人士認為大型銀行由於可以在多個市場上進行分散化的經營而且擁有更多的避險工具，因此可以承擔較低的權益資本/總資產比率，但這會使大型銀行具有較高的貸款損失比率（即淨貸款損失/總貸款和租賃比率），從而使其面臨更高的信用風險和破產風險。而相對於大型銀行，中小銀行卻更具有流動性，即它們的貸款/總存款比率較低。

二、市場定位、地域、監管對金融機構業績的影響

在比較同等規模的金融機構時，首先要考慮的是它們的市場定位。一般來講，一個專注於某項或者某幾項業務的金融機構，其資產的收益率通常比同等規模的其他銀行高。這主要是因為專業化的經營能夠有效地控製成本，從而減少非利息支出。但是事實上，這種金融機構的收入（或者利潤）來源過於單一，貸款組合缺乏多元性，其面臨的風險也就相對較大。

同時，為了更有效地比較金融機構的業績，我們還需要考慮金融機構是否是在同一個或者類似的市場環境中進行經營。金融機構的業績通常會與它的地理位置相關，在進行比較的時候，我們必須考慮到金融機構是在金融中心、中小城市還是在農村提供服務。最有效的比較是規模相同且在同一地域經營的銀行之間的比較。然而，在一些較小的社區中，尋找兩家同等規模的金融機構是十分困難的。因此，金融分析人士通常會選擇另一個社區中同等規模的銀行與之進行比較，但這兩個社區必須具備相似的商業環境和居住環境，因為金融企業服務對象的特徵會對其經營業績產生重大的影響。

---

① 通常所說的大型銀行也包括了超大型銀行，本章後面部分所提及的大型銀行就包括了超大型銀行。

另外，如果可能的話，還應該在法律和監管環境一致的情況下，對金融機構進行比較。比如，監管當局對不同的金融機構制定了不同的法律法規。由於金融機構都必須遵從這些由政府強制實施的法律法規，因此法律法規和監管環境的不同會對金融機構的經營產生深遠的影響。這使得不同國家的金融機構的經營業績比較變得非常困難。如果必須進行比較的話，也需要謹慎從事。在美國，由於存在許多不同的監管機構，金融分析人士都會強調聯邦儲備系統成員銀行之間的比較和非聯儲系統成員銀行之間的比較。同樣，全國性銀行應該與其他全國性銀行比較，只被允許在一個州內經營的銀行也要和其他只能在一個州內經營的銀行相比較。如果一個銀行是一個金融控股公司的子公司，它也只能與其他金融控股公司下屬的銀行進行比較而不能與其他獨立的銀行機構相比較。當然，沒有任何兩家銀行會在規模、地域、服務項目、客戶上完全一致，因此分析人士都要盡量選取最具可比性的金融機構進行比較或者使用行業的平均水平作為比較的標準。

第四節 綜合案例的分析——利用銀行業經營業績統一報表分析銀行經營業績

一、銀行經營業績統一報表制度

　　相對於其他金融機構，監管機構要求銀行披露更為詳細的財務信息。1980 年，在美國聯邦儲備委員會、聯邦存款保險公司、儲蓄監管署和貨幣審計署的共同努力下，監管當局開始向所有處於聯邦監管體系下的銀行公開發布季度性的銀行經營業績統一報告（UBPR）。UBPR 披露了每一家受到聯邦政府監管的銀行的資產、負債、資本、收入和支出的詳細情況。而且報告的附屬項目還提供了銀行貸款的分類情況、對問題貸款和貸款損失的分析、銀行資產組合的風險暴露情況以及籌資來源。同時，銀行家和分析人員還能夠獲得：①同組銀行報表——它使銀行能夠與規模相同或相近的機構進行比較；②銀行平均指標報表——它按照規模對銀行進行分組，提供了每組銀行的各項比率指標的平均值；③銀行行業綜合指標報表——它讓一個獨立的銀行在給定的條件下能夠與所有銀行聯合的財務報表進行分析。UBPR 制度的另一個特點是讓銀行家能夠獲取任何一家在聯邦系統監管下的銀行的 UBPR，這樣他們就能對在同一經營環境下面臨著同樣市場條件的不同銀行的經營業績進行橫向比較。

　　UBPR 的格式比銀行年報中的財務報表格式更為詳細，也更為複雜，但總體上

是與我們在第二章中所介紹的內容是一致的。為了更清楚地理解 UBPR 所提供的財務信息並弄清如何使用 UBPR 來分析銀行的經營業績，下面我們將採用 2001 年和 2002 年 UBPR 中的國民城市銀行①（NCB）的數據和同組銀行②報表的數據來進行說明。

二、資產負債表的分析

（一）縱向分析

NCB 是一家大型的全國性銀行，總行設在俄亥俄州的克利夫蘭市，2002 年年底其總資產規模達到了 430 億美元。表 3.4 和表 3.5 說明了銀行擁有的資產、負債和資本及其組成部分以及它們與上一年同期相比所發生的變化。從增長的角度看，NCB 資產（表 3.4，科目 26）的年增長率接近 11.5%，其中淨資產和租賃（科目 10）增加了 22.1 億美元（7.1%）；總投資（科目 18）增加了 11.4 億美元（31.06%）；其他資產（科目 25）增加了 12 億美元（53.48%）。而支持資產增長的資金來源（表 3.5）包含了 23.1 億美元（10.77%）的總存款增加（科目 9），7.3 億美元（10.24%）的其他期限低於一年的借款（科目 11）的增加以及 13.6 億美元（105.75%）的承兌匯票和其他負債（科目 14）的增加。

表 3.4　　　　　　　NCB 資產負債表中的資產部分表　　　　　　單位：千美元

會計科目	12/31/2002	12/31/2001	金額變化	百分比變化
資產：				
1. 房地產貸款	16,511,167	12,986,420	3,524,747	27.14
2. 商業貸款	10,216,130	10,717,916	-501,786	-4.68
3. 個人貸款	6,755,747	6,983,811	-208,064	-2.99
4. 農業貸款	12,692	18,873	-6,181	-32.75
5. 國內分支機構的其他貸款和租賃	305,808	789,505	-483,697	-61.27
6. 國外分支機構的貸款和租賃	156,674	154,174	2,500	1.62
7. 總貸款和租賃	33,958,218	31,630,699	2,327,519	7.36
8. 減:不應得的收入	31,956	30,278	1,678	5.54
9. 減:貸款和租賃損失準備	537,134	424,464	112,670	26.54

---

① 國民城市銀行是第二章我們所討論的案例中國民城市有限公司下的一家銀行。
② NCB 的同組銀行是美國所有資產在 100 億美元以上的銀行。

表 3.4(續)

會計科目	12/31/2002	12/31/2001	金額變化	百分比變化
10. 淨貸款和租賃	33,389,128	31,175,957	2,213,171	7.10
11. 美國財政部和政府機構證券	1,772,928	2,229,887	-456,959	-20.49
12. 地方市政證券	22,840	25,703	-2,863	-11.14
13. 外債證券	66	68	-2	-2.94
14. 所有其他證券	1,997,875	367,862	1,630,013	443.10
15. 有息的銀行帳戶餘額	850	7,249	-6,399	-88.27
16. 出售的聯邦資金和逆回購協議	697,385	810,251	-112,866	-13.93
17. 交易性帳戶資產	299,702	215,028	-84,674	39.38
18. 總投資	4,791,646	3,656,048	1,135,598	31.06
19. 總盈利性資產	38,180,774	34,832,005	3,348,769	9.61
20. 現金及同業存放	1,642,543	1,707,449	-64,906	-3.80
21. 承兌匯票	19,802	18,753	1,049	5.59
22. 建築、固定資產、資本租賃	416,516	400,784	15,732	3.93
23. 其他自有房地產	7,757	4,632	3,125	67.47
24. 對未合併報表的子公司的投資	0	0	0	0.00
25. 其他資產	3,454,119	2,250,545	1,203,574	53.48
26. 總資產	43,721,511	39,214,168	4,507,343	11.49
備忘錄:				
27. 非投資性的自有房地產	7,757	4,632	3,125	67.47
28. 待出售的貸款	371,401	1,559,961	-1,188,560	-76.19
29. 持有至到期日的證券	0	0	0	0
30. 可出售的證券	3,793,709	2,623,520	1,170,189	44.60

表 3.4 還顯示, NCB 主要致力於發展傳統的貸款和租賃業務, 2002 年年底淨貸款和租賃（科目10）的餘額達到近 334 億美元。2002 年裡 NCB 增加了 35 億美元 (27.14%) 的房地產貸款（科目1），而縮減了其他貸款（科目2至科目5）的餘額。當產權投資市場價格偏低以及證券（即債券和國債）只提供較低收益率的時候, NCB 滿足了客戶的需求——提供了大量的房產融資。但房地產貸款在貸款組合中的比率的提高卻增加了貸款組合平均的到期日, 這樣使銀行暴露在更大的利率風險中。這一點我們會在本書的第四章和第五章中進行詳細的說明。

表 3.5　　　　　　　　NCB 資產負債表的負債和資本部分表　　　　　　單位：千美元

會計科目	12/31/2002	12/31/2001	金額變化	百分比變化
負債和資本：				
1. 活期存款	4,526,479	4,263,798	262,681	6.16
2. 所有 NOW 和 ATS[①] 帳戶	205,964	295,736	-89,772	-30.36
3. 貨幣市場存款帳戶	7,777,538	6,001,881	1,775,657	29.59
4. 其他儲蓄存款	4,272,506	3,048,548	1,223,958	40.15
5. 10 萬美元以下的定期存款	3,237,386	3,149,081	88,305	2.80
6. 核心存款	20,019,873	16,759,044	3,260,829	19.46
7. 10 萬美元或以上的定期存款	2,261,245	3,704,844	-1,443,590	-38.96
8. 國外分支機構的存款	1,502,078	1,007,072	495,006	49.15
9. 總存款	23,783,205	21,470,960	2,312,245	10.77
10. 購買的聯邦資金和回購協議	2,022,784	2,053,431	-30,647	-1.49
11. 其他期限低於一年的借款	7,826,898	7,099,982	726,916	10.24
12. 備忘：短期非核心融資	11,690,414	11,832,195	-141,781	-1.20
13. 其他期限高於一年的借款	3,188,052	3,438,694	-250,642	-7.29
14. 承兌匯票和其他負債	2,642,942	1,284,532	1,358,410	105.75
15. 總負債（包含抵押品）	39,463,881	35,347,599	4,116,282	11.65
16. 次級票據和債券	1,366,829	1,251,887	114,942	9.18
17. 所有普通股和優先股	2,890,801	2,614,682	276,119	10.56
18. 總負債和資本	43,721,511	39,214,168	4,507,343	11.49

注意：表 3.4 和表 3.5 反應了 NCB 存款的增長高於用於軋平貸款頭寸所需存款的增長。在表 3.5 中，我們看到核心存款（科目 6）增加了 33 億美元（19.46%），即表 3.5 中科目 1 至科目 5 的加總。它是難以從銀行流出的穩定的資金來源，同時它又是成本最低的資金來源之一。然而，雖然核心存款是總存款的組成部分，但總存款只增加了 23 億美元（10.77%）。總存款的增長不及核心存款主要是因為大量

---

① ATS 自動轉帳服務帳戶，即客戶在銀行開立兩個帳戶：無息的活期帳戶和有息的儲蓄存款帳戶。當客戶需要開支票提現或付款時，銀行自動從儲蓄帳戶上把支票金額轉到活期帳戶上。

定期存款（主要指 CD，科目 7）減少了約 14 億美元，這樣以核心存款取代利率敏感的 CD 的變化對銀行是有利的。因為：一方面核心存款的成本更低，而且它也是更可靠的資金來源，另一方面它還潛在地抵消了隨房地產貸款增加而增加的利率風險暴露。

再回到表 3.4，我們發現除了貸款的增長外，總投資（科目 18）也增加了 11.4 億美元（31.06%）。其中美國財政部和政府機構證券（科目 11）以及出售的聯邦資金和逆回購協議（科目 16）大量減少，而所有其他證券（科目 14）大幅增加了 443.1%。所有其他證券包括資產支持的證券（即以信用卡應收帳款和住房貸款信貸額度作為抵押的證券）和國內的債務證券。在給定其他證券變現成本和時間的情況下，用其他證券替代財政部和政府機構證券，可以視為是銀行流動性的降低。

最後，我們還可以看到 13.6 億美元的承兌匯票和其他負債（表 3.5 中的科目 14）的增長也高於用於軋平 12 億美元的其他資產（表 3.4 中的科目 25）頭寸所需的其他負債的增長。

(二) 橫向分析

表 3.6 使用了一年四個季度裡的平均數據，提供了 NCB 資產各科目占資產的比率和負債各科目相當於資產的百分比以及同組銀行的相關數據。NCB 的同組銀行是全美所有資產在 100 億美元以上的銀行[①]。需要指出的是，我們在表 3.4 和表 3.5 中所討論的資產和負債的變化是基於每年年末的數據，而表 3.6 使用的是四個季度的平均數據，這樣就消除了季節因素以及銀行年底調整利潤對報表的影響。注意，從這裡開始，我們所討論的數據都是四個季度的平均數據。

表 3.6　　　　NCB 資產和負債的百分比構成以及同組銀行數據表　　　　單位:%

會計科目	NCB 12/31/2002	同組銀行 12/31/2002	NCB 12/31/2001	同組銀行 12/31/2001
資產： 　占平均總資產*的百分比				
1. 總貸款	79.60	59.10	80.86	61.27
2. 應收融資租賃款	0.08	2.42	0.08	2.61
3. 減:貸款和租賃損失準備	1.15	0.93	1.05	0.99
4. 淨貸款和租賃	78.53	61.32	79.89	63.60
5. 有息的銀行帳戶餘額	0.01	0.95	0.00	0.81

---

① 美國資產在 100 億美元以上的銀行，2001 年有 61 家，2002 年上升到 71 家。

表 3.6(續)

會計科目	NCB 12/31/2002	同組銀行 12/31/2002	NCB 12/31/2001	同組銀行 12/31/2001
6. 出售的聯邦資金和逆回購協議	0.97	3.75	0.75	3.29
7. 交易性帳戶資產	0.59	1.34	0.45	1.14
8. 持有至到期日的證券	0.00	0.55	0.00	0.75
9. 可出售的證券	7.84	17.34	8.17	15.42
10. 總盈利性資產	87.94	88.91	89.26	88.19
11. 現金及同業存放	4.13	3.60	4.30	4.14
12. 建築、固定資產、資本租賃	0.99	1.04	0.98	1.02
13. 其他自有房地產	0.02	0.05	0.02	0.04
14. 承兌匯票和其他資產	6.91	6.21	5.44	6.25
15. 小計	12.05	11.09	10.73	11.81
16. 總資產	99.99	100	99.99	100
負債和資本： 　相當於平均總資產的百分比				
17. 活期存款	9.62	7.51	8.64	8.24
18. 所有 NOW 和 ATS 帳戶	0.43	1.33	0.85	1.35
19. 貨幣市場存款帳戶	16.39	22.05	14.28	19.64
20. 其他儲蓄存款	8.75	8.73	8.25	7.26
21. 10 萬美元以下的定期存款	8.39	9.70	8.71	10.78
22. 核心存款	43.58	53.42	40.73	51.27
23. 10 萬美元或以上的定期存款	6.02	6.70	9.47	7.58
24. 外國分支機構的存款	3.44	4.25	3.68	5.02
25. 總存款	53.04	66.65	53.87	66.43
26. 購買的聯邦資金和回購協議	6.39	8.62	7.85	8.80
27. 其他期限低於一年的借款	17.09	4.13	12.95	4.69
28. 備忘：短期非核心融資	28.03	23.52	27.69	27.03
29. 其他期限高於一年的借款	8.67	5.63	12.38	4.99
30. 承兌匯票和其他負債	4.75	3.18	3.20	3.00
31. 總負債（包含抵押品）	89.94	90.11	90.25	89.86
32. 次級票據和債券	3.22	1.33	2.11	1.41
33. 所有普通股和優先股	6.84	8.40	7.47	8.54
34. 總負債和資本	100	100	100	100

＊ NCB 平均總資產 2002 年為 $39,014,282,000，2001 年為 $37,249,495,000。

在表 3.6 中，我們看到 NCB 的資產、負債、資本及它們的組成部分都只發生了微小的變化。淨貸款和租賃/平均總資產的百分比率（科目 4）僅從 2001 年年底的

79.89%下降到2002年年底的78.53%。但是，相對於同組銀行的淨貸款和租賃/平均總資產的百分比率——63.6%（2001年）和61.32%（2002年），NCB的貸款在其資產中的比重高於同組銀行的平均水平。由於貸款通常是銀行持有的盈利性最高的資產，因此較高的貸款/資產比率能使NCB獲得比同組銀行平均水平更高的收益。

此外，NCB還持有一定量的流動性資產（即短期證券和現金資產）。如果將表3.6中的科目5、6、7、9、11各項的百分比加總，我們就可以分別得到2001年和2002年有息的流動性資產和現金資產分別占2001年和2002年平均總資產的百分比——13.67%和13.54%。而相比之下，同組銀行2001年和2002年的流動性資產分別占平均總資產的24.80%和26.98%，大約是NCB的2倍。

從資金來源看，NCB持有的核心存款（表3.6中的科目22）遠遠低於同組銀行的平均水平。UBPR中的核心存款包括活期存款、可轉讓提款指令（NOW）帳戶、儲蓄存款、貨幣市場存款和10萬美元以下的定期存款。從表3.6中我們可以看出，NCB的核心存款與同組銀行的差距主要出自於貨幣市場存款帳戶（MMDA）（科目19）。由於MMDA帳戶的成本和其他非存款資金來源的成本差別不大，因此當我們忽略NCB和同組銀行在可開支票帳戶（科目17和科目18）上的微小差別時，較低的核心存款/平均總資產比率並不一定意味著需要增加額外的融資成本，甚至它可能並不是一個重要的觀測值。接著，對非存款性負債進行分析，我們發現NCB的其他期限低於一年的短期借款（科目27）比同組銀行要高得多。因此，與同組銀行相比，NCB用更多的非存款形式的借貸代替了貨幣市場存款。

三、損益表的分析

（一）縱向和橫向的綜合分析以及盈利指標的應用

在對NCB損益表進行分析之前，我們首先必須認識在2001—2002年期間利率環境的變化。表3.7是NCB 2001年和2002年的收入和支出報告，其中很多百分比變化指標都為負，如果忽略了利率環境的變化，我們就可能會誤認為銀行的盈利發生了嚴重的下滑。但事實上，美國的利率從2000年就開始大幅度下滑，聯邦資金利率從2000年年底的6.4%下滑到2002年年底的1.26%，同一時期30年按揭貸款的利率從7.38%下降到5.84%。從表3.7中我們可以看出，在利率普遍下降的情況下，總利息支出（科目24）下降了41.89%，其中所有的利息支出（科目17至科目23）都隨著市場利率的下降而減少了，同時除了所有其他證券收入（科目9）以

及其他利息收入（科目15）外，絕大多數利息收入科目也都隨著市場利率的下降而減少了。這樣，總利息收入（科目16）下降了16.37%。但是由於所有其他證券收入（科目9）以及其他利息收入（科目15）增長十分迅速，所以，即使在市場利率下降的情況下，人們仍可以預期從這兩個科目中獲得一定的收益。

表3.7　　　　　　　　NCB 2001年度和2002年度損益表　　　　　　單位：千美元

科目	12/31/2002	12/31/2001	百分比變化
1. 貸款的利息收入和手續費收入	1,975,545	2,408,124	-17.96
2. 融資租賃收入	134	217	-38.25
3. 免稅收入	2,277	2,654	-14.20
4. 估計的稅收利益①	900	614	46.58
5. 貸款和租賃的收入（納稅基礎）	1,976,579	2,408,955	-17.95
6. 美國財政部和政府證券的收入（不包含MBS）	9,288	23,935	-61.19
7. 抵押支持的證券（MBS）收入	105,791	130,311	-18.82
8. 估計的稅收利益	14	13	7.69
9. 所有其他證券收入	69,801	23,461	197.52
10. 免稅證券收入	35	55	-36.36
11. 投資收入（納稅基礎）	184,894	177,720	4.04
12. 其他銀行應付的利息	109	19	473.68
13. 出售聯邦資金和轉售的利息	10,405	14,871	-30.03
14. 交易性帳戶收入	2,031	3,456	-41.23
15. 其他利息收入	5,289	839	530.39
16. 總利息收入（納稅基礎）	2,179,307	2,605,859	-16.37
17. 國外分支機構存款的利息	44,860	61,051	-26.52
18. 10萬美元以上定期存款的利息	63,323	161,059	-60.68
19. 所有其他存款的利息	243,399	357,513	-31.92
20. 購買聯邦資金和回購協議的利息	63,927	132,348	-51.70
21. 交易性負債和其他借款的利息	240,991	435,770	-44.70
22. 房產和設備的按揭和租賃利息	0		
23. 次級票據和債券的利息	30,626	34,732	-11.82
24. 總利息支出	687,126	1,182,473	-41.89
25. 淨利息收入（納稅基礎）	1,492,181	1,423,386	4.83

① 在《稅法》中，詳細規定了可以用於抵扣稅款的各種費用，因此一些在利潤表中計算稅前淨利潤時所扣除的支出科目不允許用於抵扣稅款，相反一些沒有扣除的支出科目又可以用於抵扣稅款，後者就形成了稅收利益。

表 3.7(續)

科目	12/31/2002	12/31/2001	百分比變化
26. 非利息收入(納稅基礎)	866,025	912,648	-5.11
27. 調整的營業利潤(納稅基礎)	2,358,206	2,336,034	0.95
28. 非利息支出	1,114,101	1,161,795	-4.11
29. 備用金:貸款和租賃損失	422,440	343,895	22.84
30. 稅前營業收入(納稅基礎)	821,665	830,344	-1.05
31. 已實現的持有至到期日證券的收益/損失	0	0	0
32. 已實現的可出售證券的收益/損失	2,330	3,053	-23.68
33. 稅前淨營業利潤(納稅基礎)	823,995	833,397	-1.13
34. 應納稅收的所得稅支出	283,144	286,806	-1.28
35. 當期的納稅基礎調整	914	626	46.01
36. 其他納稅基礎調整	0	0	0
37. 應納稅收的所得稅支出(納稅基礎)	284,058	287,432	-1.17
38. 淨營業利潤	539,937	545,965	-1.10
39. 淨非常項目	0	-1,059	-100.00
40. 淨利潤	539,937	544,906	-0.91
41. 公布的現金分紅	445,000	250,000	78.00
42. 留存收益	94,937	294,906	-67.81

表 3.7 顯示了從 2001 年到 2002 年 NCB 的淨利息收入（科目 25）上升了 4.83%，而根據淨利息收入/平均總資產計算出來的資產淨利息收益率[①]（NIM）並沒有發生變化。其計算過程如下：

$$\frac{\text{貸款和證券投資的利息收入} - \text{借貸資金的利息支出}}{\text{平均總資產}} = \text{資產淨利息收益率}$$

2002   2001

$$\frac{1,492,181}{39,014,282} \approx 3.82\% \qquad \frac{1,423,386}{37,249,495} \approx 3.82\%$$

表 3.8 也反應了 NCB 兩年的資產淨利息收益率均為 3.82%，高於同組銀行報告的平均水平——3.45%（2002 年）和 3.39%（2001 年）。但是 NCB 的領先優勢

---

① 分子數據來源於表 3.7 中的科目 16 和科目 24，分母數據來源於表 3.6 中的註釋。

幾乎是微不足道的。管理層需要注意,從2001年到2002年,NCB資產淨利息收益率的增長率為0,而同組銀行平均增長率為1.77%,說明行業利差管理的平均水平提高了,而NCB卻停滯不前。

表3.8　　　　NCB和同組銀行的相關損益表和利潤分析表　　　　　單位:%

科目: 相當於平均總資產*的百分比	NCB 12/31/2002	同組銀行 12/31/2002	NCB 12/31/2001	同組銀行 12/31/2001
1. 總利息收入(納稅基礎)	5.59	5.18	7.00	6.36
2. 減:利息支出	1.76	1.70	3.17	2.93
3. 等於:淨利息收入(納稅基礎)	3.82	3.45	3.82	3.39
4. 加:非利息收入	2.22	1.96	2.45	2.00
5. 減:非利息支出	2.86	3.05	3.12	3.23
6. 減:貸款和租賃損失備用金	1.08	0.43	0.92	0.51
7. 等於:稅前營業利潤(納稅基礎)	2.11	1.99	2.23	1.69
8. 加:已實現的證券投資收益/損失	0.01	0.08	0.01	0.06
9. 等於:稅前淨營業利潤(納稅基礎)	2.11	2.09	2.24	1.77
10. 淨營業利潤	1.38	1.37	1.47	1.15
11. 調整的淨營業利潤	1.67	1.41	1.61	1.24
12. 調整的淨利潤		1.37		1.15
13. 淨利潤	1.38	1.37	1.46	1.15

* NCB平均總資產2002年為\$39,014,282,000,2001年為\$37,249,495,000。

下面的公式給出了2001年和2002年兩個會計年度中NCB的資產淨營業利潤率[①](表3.8中的科目10)——營業收入和營業支出之間的差額。

$$\frac{淨營業利潤}{平均總資產} = 資產淨營業利潤率$$

2002年　　　　　　　　2001年

$$\frac{539,937}{39,014,282} \approx 1.38\% \qquad \frac{545,965}{37,249,495} \approx 1.47\%$$

2002年NCB的資產淨營業利潤率高出同組銀行平均水平0.01個百分點。雖然NCB和同組銀行的淨營業利潤的絕對數大致相同,但是從2001年到2002年,NCB的資產淨營業利潤率卻下跌了6.12%[=(1.38%-1.47%)/1.47%],而同組銀行卻提高了19.13%[=(1.37%-1.15%)/1.15%],因此,從增長率的角度看,NCB的經營業績下滑了。

---

① 分子數據來源於表3.7的科目38,分母數據來源於表3.6中的註釋。

每股收益率（EPS）是 NCB 股東最關心的另一個盈利指標。NCC（銀行控股公司）2001 年流通中的普通股共有 607,354,727 股，2002 年有 611,491,359 股。因此，結合淨利潤的數據可以得出 2001 年和 2002 年的 EPS：

$$每股收益率（EPS）= \frac{稅後淨利潤}{流通中的普通股股數}$$

2002   2001

$\frac{539,937,000}{611,491,359} \approx 0.88$ 美元/股 $\frac{545,965,000}{607,354,727} \approx 0.90$ 美元/股

NCC 股東每股收益下降了 2 美分。注意，上述的 EPS 是用銀行控股公司的領頭銀行 NCB 的淨利潤除以銀行控股公司 NCC 流通中的普通股股數而得到的，因此，該 EPS 只反應了 NCC 股東從 NCB 獲得的每股收益。管理層為了逆轉每股收益下降的不利形勢，會設法增加資產的收益率、提高服務的手續費收入或者尋找成本更低的存款和其他非存款形式的借款的組合來籌集資金。

對表 3.7 進行更仔細的分析，我們會發現雖然 2002 年 NCB 的淨利息收入增加了，但是淨利潤（科目 40）卻下降了 0.91%。這主要是由非利息收入科目（科目 26）和已實現的可出售證券科目（科目 32）的損失以及貸款和租賃損失備用金帳戶（科目 29）的增加共同引起的。作為一個以貸款為主營業務的銀行，NCB 損益表中貸款和租賃損失備用金帳戶（科目 29）以及資產負債表中相對應的貸款和租賃損失準備帳戶（表 3.4 中的科目 9）的變化，使我們更清楚地瞭解到銀行貸款組合的質量。損益表中貸款和租賃損失備用金帳戶（表 3.7 中的科目 29）增加了 22.84%，2002 年年底達到了 422,440,000 美元，資產負債表中相對應的貸款和租賃損失準備帳戶（表 3.4 中的科目 9）增加了 26.54%，2002 年年底達到了 112,670,000 美元。這些數字告訴我們，年貸款損失準備計提金額已經超過了淨貸款損失。根據表 3.6，貸款和租賃損失準備占總資產的百分比（科目 3）從 2001 年的 1.05% 上升到 2002 年的 1.15%。此時管理層就應該開始考慮如何應付未來的貸款損失或可能增加的信用風險問題了。

那麼與同組銀行相比，NCB 的經營業績是否優秀呢？在表 3.8 中，我們可以看到，除了貸款和租賃損失備用金（科目 6）和已實現的證券收益或損失（科目 8），NCB 在其他方面的業績都優於同組銀行，即收入高於平均水平而支出低於平均水平。NCB 的非利息收入/平均總資產的比率在 2001 年和 2002 年均高於同組銀行的水平，同時其非利息支出也相對較低。較低的非利息支出說明管理層成功地控製了管理費用。因此，NCB 最後取得了一個比同組銀行平均水平更高的淨營業利潤/總

資產比率（科目 10）和淨利潤/總資產比率（科目 13）。

(二) 股權收益率模型的應用

與同組銀行相比，NCB 的經營業績還是不錯的，但是它在 2002 年出現了業績的下滑，淨利潤下跌了 0.91%。下面我們將使用本章第二節所介紹的股權收益率模型來對 NCB 的盈利情況進行分析。首先，根據式（3.9），我們可以計算出股權收益率，但是由於我們使用的是四個季度的平均數據，因此需要將該公式稍做修改，如下所示：

$$\text{NCB 2002 年的 ROE} = \text{ROA} \times \frac{\text{平均總資產}}{\text{平均總權益成本}}$$

$$\approx 0.013,8 \times 14.62$$

$$\approx 0.202,3 \text{（或 20.23\%）}$$

$$\text{NCB 2001 年的 ROE} = \text{ROA} \times \frac{\text{平均總資產}}{\text{平均總權益成本}}$$

$$\approx 0.014,6 \times 13.39$$

$$\approx 0.196,2 \text{（或 19.62\%）}$$

很明顯，NCB 2002 年 ROA 的提高主要是因為其財務槓桿比率（由債務資本所支持的資產比例）的提高抵消了 ROA 的下降。因此如果在借款成本不發生顯著提高的前提下，銀行就能夠使用較少的權益資本提高資產/權益資本比率，從而提高 ROE。同時在表 3.7 中，我們可以看出 NCB 股權乘數的提高使股東獲得的現金分紅（表 3.7 中的科目 41）增加了 78%。

現在，我們運用式（3.10）對上述的分析做進一步的擴展。

$$\text{NCB 2002 年的 ROE} = \frac{\text{稅後淨利潤}}{\text{總營業收入}} \times \frac{\text{總營業收入}}{\text{平均總資產}} \times \frac{\text{平均總資產}}{\text{平均總權益成本}}$$

$$= \frac{539,937}{3,045,332} \times \frac{3,045,332}{39,014,282} \times \frac{39,014,282}{2,668,577}$$

$$\approx 0.177,3 \times 0.078,1 \times 14.62$$

$$\approx 0.201,7 \text{（或 20.17\%）}$$

$$\text{NCB 2001 年的 ROE} = \frac{\text{稅後淨利潤}}{\text{總營業收入}} \times \frac{\text{總營業收入}}{\text{平均總資產}} \times \frac{\text{平均總資產}}{\text{平均總權益成本}}$$

$$= \frac{544,906}{3,518,507} \times \frac{3,518,507}{37,249,495} \times \frac{37,249,495}{2,782,537}$$

$$\approx 0.154,9 \times 0.094,5 \times 13.39$$

≈0.195,5（或19.55%）

其中「總營業收入」為表3.7中的科目16與科目26之和。

那麼在上述的這些盈利指標中是什麼因素使NCB的股權收益率上升呢？主要因素有兩個：①淨利潤率提高了14.46%；②股權乘數從13.39倍提高到了14.62倍。而另一個指標資產利用率卻下降了，它抵消了一部分對ROE的正面效應。但是資產利用率所反應出來的資產平均收益率的下降主要是由市場利率的下降所引起的，而不是由銀行管理上的失誤造成的。

當我們利用式（3.12）所提供的效率指標體系對NCB進行分析時，上述淨利潤率的提高所反應出來的銀行資金管理效率和成本控製效率的提高又再一次得到了證實：

NCB 2002年的ROE = $\dfrac{稅後淨利潤}{不包括證券收益（或損失）的稅前淨利潤}$

$\times \dfrac{不包括證券收益（或損失）的稅前淨利潤}{總營業收入}$

$\times \dfrac{總營業收入}{平均總資產} \times \dfrac{平均總資產}{平均總權益資本}$

$= \dfrac{539,937}{821,665} \times \dfrac{821,665}{3,045,332} \times \dfrac{3,045,332}{39,014,282} \times \dfrac{39,014,282}{2,890,801}$

≈0.657,1×0.269,8×0.078,1×14.62

≈0.202,3（或20.23%）

NCB 2001年的ROE = $\dfrac{稅後淨利潤}{不包括證券收益（或損失）的稅前淨利潤}$

$\times \dfrac{不包括證券收益（或損失）的稅前淨利潤}{總營業收入}$

$\times \dfrac{總營業收入}{平均總資產} \times \dfrac{平均總資產}{平均總權益資本}$

$= \dfrac{545,965}{830,344} \times \dfrac{830,344}{3,518,507} \times \dfrac{3,518,507}{37,249,495} \times \dfrac{37,249,495}{2,782,537}$

≈0.657,5×0.236,0×0.094,5×13.39

≈0.208,4（或20.84%）

其中「不包括證券收益（或損失）的稅前淨利潤」為表3.7中的科目30。

第一個指標稅後淨利潤/不包括證券收益（或損失）的稅前淨利潤比率顯示了NCB稅收管理效率並沒有變化。而顯示成本控製效率的指標［不包括證券收益（或損失）的稅前淨利潤/總營業收入］增加了14%，說明該銀行的成本控製明顯

改善了。

總之,我們運用本章闡述的工具和 NCB 的 UBPR 更清楚地分析了該銀行的經營和管理狀況。NCB 是一個專注於傳統貸款業務的銀行,它的收入比同組銀行要高而成本卻更低,但是其優勢也不是十分明顯。因此,我們可以認為這是激勵競爭的結果,或者也可以認為 NCB 在 2002 年有更大的發展潛力。

第五節 金融機構的綜合評價——CAMEL 評級體系

在本節中,我們將介紹一種在對金融機構進行綜合評價時廣泛使用的方法——「駱駝評級體系」(CAMEL Rating System)。它由 C——資本充足性、A——資產質量、M——管理水平、E——盈利能力、L——資產流動性五個要素組成。這五個要素的首字母恰好構成了英文單詞「camel」(駱駝),因而俗稱為「駱駝評級體系」。

在運用 CAMEL 評級體系時,需要先對各要素進行評級,即為每一要素確定一個從 1 到 5 級的等級。其中,等級 1 為最好,等級 5 為最差。然後,對所有要素進行綜合評級,並得出一個綜合等級,它代表了最終的評級結果。這個最終結果也分為 1 到 5 級的等級。同樣,等級 1 為最好,等級 5 為最差。

一、資本充足性

資本充足性衡量的是資本相對於金融機構的穩健經營和持續發展,以及吸收非預期損失、減輕其振盪的要求來說是否是充足的。具體來說,它主要衡量的是資本對資產的保障程度。

(一) CAMEL 體系中的資本充足性衡量標準

在 CAMEL 體系中,有兩個資本的概念:一個是基礎資本 (Primary Capital),它包括權益資本、盈餘、留存收益和貸款損失準備;另一個是總資本,它等於基礎資本加上長期次級債務。資本充足性的基本指標是基礎資本與資產的比率。其中,資產是指資產負債表上列出的資產,沒有考慮表外業務。用公式表示如下:

$$\frac{資本}{充足率} = \frac{基礎資本}{資產} = \frac{權益資本 + 盈餘 + 留存收益 + 貸款損失準備}{資產} \tag{3.15}$$

如美國監管當局關於該比率的衡量標準是這樣的:

若某金融機構的基礎資本與資產的比率在 7% 以上,則認為該金融機構的資本是充足的;若該比率在 6%~7% 之間,同時有問題的貸款很少,管理水平較好,可

認為其資本水平為充足或接近充足，但如果存在大量問題貸款，管理水平不高或該金融機構在近期準備擴大業務，就不能認為它的資本是充足的；若該比率在6%附近波動，同時沒有問題貸款，管理水平很好，盈利水平也很好，可認為該金融機構的資本基本充足；若該比率低於6%，一般認為資本是不夠充足的。

從上可以看出，在評價某金融機構的資本充足性時，除了考察基礎資本與資產的比率外，還要考慮問題貸款比重、盈利和管理水平以及業務發展情況等因素。

在綜合考察以上因素後，監管當局就可以為金融機構的資本狀況確定一個等級。

若確定為1級，則表明該金融機構的資本十分充足，遠遠高於平均水平，同時管理水平十分令人滿意，資產質量很高，盈利水平很好，業務發展風險得到了很好的控製；若確定為2級，則表明該金融機構的資本充足率令人滿意，高出平均水平，資產質量較好，管理水平不錯，目前的盈利水平可以繼續保持，業務發展穩健；若確定為3級，則表明其資本充足率不夠高，低於平均水平，或即使基礎資本與資產的比率並不太低，但問題貸款太多或該金融機構在近期內準備大幅度地擴大業務；若確定為4級，則說明了該金融機構的資本明顯不足，或有大量的問題貸款，贏利和管理水平不夠好，業務發展過快；若確定為5級，則表明該金融機構的資本十分不足，這種不足或是由於資本總量不足，或是由於資本與資產的比率過低，或是由於風險資產的比率過大。

（二）巴塞爾委員會的資本充足性衡量標準

我們可以看出，雖然在 CAMEL 體系中，考慮到了資產的風險性（體現在對問題貸款的分析上），但在資本充足率的構成中並沒有體現出這一點，而是籠統地使用資產作為分母。這種做法的缺陷是：沒有為具有不同風險特徵的資產準備不同的資本。為了在資本與資產比率中體現資產的風險性，巴塞爾委員會在《巴塞爾協議I》（1988）中確定了以風險加權為基礎的資本充足率。

1. 《巴塞爾協議I》中規定的資本構成

《巴塞爾協議I》中規定資本由以下部分組成：

（1）核心資本（一級資本）

核心資本包括實收資本和公開儲備。實收資本又包括普通股股本和非累積永久性優先股。普通股股本等於普通股股票價格與發行的股票數的乘積。公開儲備則包括股票發行溢價以及留存收益等。

（2）附屬資本（二級資本）

附屬資本包括未公開儲備、資產重估準備、貸款損失準備、長期次級債務等。

核心資本和附屬資本共同構成總資本。《巴塞爾協議Ⅰ》規定核心資本應占整個資本的50%以上，附屬資本不應超過核心資本。

2. 風險加權資產

《巴塞爾協議Ⅰ》賦予了不同風險特徵的資產以不同的風險權數，包括0、20%、50%、100%四個權數等級（《巴塞爾協議Ⅱ》增加了150%的權數等級）。將金融機構的資產按風險大小分別賦予上述權數中的一種，可以計算出風險加權資產。同時，協議還規定了表外業務是如何通過轉換賦予一定的權數。關於風險加權資產的計算詳見第十章「資本充足率」。

3. 以風險為基礎的資本充足率

資本與風險加權資產的比率就是以風險為基礎的資本充足率。《巴塞爾協議》規定，總資本與風險加權資產的比率不得低於8%，核心資本與風險加權資產的比率不得低於4%。用公式表示即為：

總資本充足率＝總資本/風險加權資產≥8%　　　　　　　　　　　　　(3.16)

核心資本充足率＝核心資本/風險加權資產≥4%　　　　　　　　　　　(3.17)

一般認為，資本充足率低於上述標準的金融機構，其資本是不充足的。

從上述分析中我們可以看出，CAMEL體系沒有將具有不同風險特徵的資產區別對待，而且沒有考慮表外業務的影響；而巴塞爾委員會的資本充足率卻彌補了這些缺陷。所以，現在，CAMEL體系也參照巴塞爾委員會的做法，將資產的風險特徵納入到資本充足率的構建中來。

二、資產質量

資產質量是評價金融機構總體狀況的一個重要方面。較低的資產質量會影響金融機構的經營活動、盈利能力和投資者與社會公眾的信心。對金融機構資產質量的分析可以分為兩個部分。第一部分是對金融機構信貸政策的定性評價，主要考察金融機構是否具有充足而到位的信貸控製和風險管理政策，以避免或減少貸款違約風險、內部人交易以及貸款過度集中等現象的發生。之所以要分析金融機構的信貸政策，是因為它在很大程度上決定了資產的質量。第二部分則是對資產質量的定量分析。這裡，我們將重點討論資產質量的定量分析。由於貸款是金融機構，特別是銀行的最主要的資產，我們將從分析貸款質量的角度來分析金融機構的資產質量。

在CAMEL體系中，我們將金融機構的貸款按風險程度分為四類——正常、次級、可疑和損失，後三類被稱為問題貸款。首先將問題貸款按權重加總，其中，次

級類貸款的權數為20%，可疑類貸款的權數為50%，損失類貸款的權數為100%。然後，用加權的問題貸款除以基礎資本，從而得到加權問題貸款與基礎資本之比，即：

$$\frac{\text{加權問題貸款與}}{\text{基礎資本之比}} = \frac{\text{加權問題貸款}}{\text{基礎資本}}$$

$$= \frac{\text{次級貸款} \times 20\% + \text{可疑貸款} \times 50\% + \text{損失貸款} \times 100\%}{\text{權益資本} + \text{盈餘} + \text{留存收益} + \text{貸款損失準備}} \tag{3.18}$$

最後，根據該比率對金融機構進行評級。

若該比率小於或等於5%，則將金融機構的資產質量評為1級，表明其資產質量很高，風險很小；若該比率在5%～15%之間，則評為2級，表明資產質量令人滿意，管理水平較好，其他方面無明顯問題；若該比率在15%～30%之間，則評為3級，表明資產質量不太令人滿意，存在相當程度的問題；若該比率在30%～50%之間，則評為4級，表明貸款存在嚴重問題，管理水平較差，貸款過於集中；若該比率高於50%，則評為5級，表明資產質量極差，很可能在近期倒閉。

另外，在評價金融機構資產質量的時候，還應該考慮以下指標：貸款增長率、不履行貸款（NPL）比率及其增長率等比率。貸款增長率的迅猛增加可能預示著資產質量的惡化。不履行貸款一般是指逾期90天以上的貸款，NPL比率是不履行貸款佔總貸款的比重。通過對NPL比率及其增長率的分析，可以看出不履行貸款的相對比例和變化。

三、盈利能力

除非在特殊情況下，金融機構和其他公司一樣，必須通過取得足夠的盈利來生存和發展。利潤使金融機構可以通過留存收益來構築內部資本，吸引外部資金，克服經濟危險和金融危機。

在本章的前兩節中，我們已經介紹過兩個可以用來衡量金融機構盈利能力的基本指標：資產收益率（ROA）和股權收益率（ROE）。資產收益率衡量的是淨利潤佔總資產的比重。它表明了利用總資產產生利潤的有效程度。股權收益率衡量的是權益資本產生的利潤率。它對股票投資者有著特殊的意義，因為對於他們來說，這就意味著投資的回報率。

由於人們很容易控制股權收益率，因而在對金融機構進行分析時，我們更側重於採用資產收益率。而在CAMEL模型中，通常使用的是一個類似於ROA的比

率——平均資產收益率（ROAA）。

$$ROAA = 淨利潤/[(當期資產 + 上一期資產)/2] \quad (3.19)$$

除了分母為去年和今年的平均值以外，它與 ROA 完全相同。之所以運用平均資產，是為了降低資產在過去一年發生的較大變化所造成的扭曲。這樣，資產收益率的長期趨勢就更加明顯。注意，在計算 ROAA 時，平均資產可以按月或者任意一個時期計算。不過金融機構一般不會公布資產的月度數據，因此，按年度計算的 ROAA 是最可行的。此外，由於在 CAMEL 模型中我們考慮的是金融機構經常性的盈利能力，所以在計算中一般將非常項目取得的利潤排除在外，例如出售固定資產的收益。

在 CAMEL 評級體系中，一般情況下，盈利能力被評為 1 級或 2 級的金融機構的 ROAA 都在 1% 以上；盈利能力被評為 3 級或 4 級的金融機構的 ROAA 在 0~1% 之間；盈利能力被評為 5 級的金融機構的 ROAA 基本上都為負數。

當然，在評定盈利狀況時，還要考慮其他因素，如過去幾年的 ROAA 的走勢和預期的變化趨勢等。

四、流動性

很多關於金融機構分析的案例都表明，缺乏流動性是造成大多數金融機構倒閉的直接原因。事實上，對「流動性」一詞進行準確定義並不容易。流動性風險包括融資成本上升的風險、不能兌付儲戶取款要求的風險、不能在到期日對其他債務進行償付和不能以合理的成本及時清算頭寸的風險。金融機構的流動性管理政策旨在保證金融機構有足夠的可用資金來滿足其經營需要，並使金融機構符合監管當局的要求。

以下比率是衡量金融機構流動性的常用指標：

（一）淨貸款與總存款之比

$$淨貸款與總存款之比 = \frac{淨貸款}{總客戶存款 + 同業存款} \times 100\% \quad (3.20)$$

該比例是對整體流動性的基本衡量。它表明儲戶的資金在多大程度上被放貸（與流動資產相反）所凍結。其中，淨貸款等於貸款減去貸款損失準備。

（二）淨貸款與客戶存款之比

$$淨貸款與客戶存款之比 = \frac{淨貸款}{總客戶存款} \times 100\% \quad (3.21)$$

這是對流動性的一個更精確的衡量，因為該比例考慮的是淨貸款與核心存

款——客戶存款的比例，而不像上個比例那樣考慮的是金融機構存款。客戶貸款指的是非同業拆借的貸款。

(三) 貸款與穩定資金之比

$$貸款與穩定資金之比 = \frac{淨貸款}{穩定資金} \times 100\% \tag{3.22}$$

這一比率更好地衡量了金融機構的流動性。它考察的是金融機構的穩定資金在多大程度上被用於放貸。穩定資金指的是客戶存款、官方存款、中長期負債和自有資本資金的總和。

除了上述比率，我們在分析金融機構流動性時，還可以考慮客戶存款占總存款的比重、流動性資產占總資產的比重、準流動性資產占總資產的比重等指標。另外，還要對金融機構的規模、市場環境、管理風格等因素進行考察。因為只考慮流動性指標，容易被經過粉飾的財務比率欺騙。

若金融機構的流動性評級為1級，說明它有充足的流動性，可以較低的成本隨時籌資；若被評為2級，說明流動性比較充足；若被評為3級，說明流動性不足；若被評為4級，說明流動性方面有相當大的問題；若被評為5級，則說明完全沒有流動性，隨時都有可能倒閉。

五、管理水平

管理水平是非常重要但又難以量化和預測的因素。儘管一些定量指標可以用來評估管理質量，但是最終分析管理的工作是定性和主觀的活動。評估管理水平的方法通常有間接和直接兩種。

(一) 評估管理水平的間接方法

我們可以通過瞭解被評估的金融機構的起源、歷史、公司文化、目前的業務範圍以及未來的目標和計劃來間接地評價其管理水平。比如，我們可以從以下幾個方面瞭解被評估金融機構的整體情況：

* 該金融機構的歷史如何？它的主要業務是什麼？
* 它是全球性的金融機構還是主要在國內開展業務的金融機構？它在行業中的地位如何？
* 管理層認為該金融機構的核心競爭力是什麼？
* 它的戰略規劃是什麼？它是怎樣形成自己的戰略的？
* 目前的所有權結構是什麼樣的——它是由單一股東控股還是大部分股票掌

握在公眾手中？

通過這些問題，我們可以瞭解該金融機構在行業內的地位和其管理層的能力以及管理哲學。我們還可以從年報、董事長和總裁的聲明和其他渠道瞭解一些相關的信息。

（二）評估管理水平的直接方法

儘管某些定量指標不容易確定，但是它們是評估管理人員能力的有益指標，因而不容忽視。這些指標包括管理人員的受教育程度、工作年限、薪金等等。

另外，我們還可以考察以下一些因素：該金融機構的公司章程、員工招聘計劃、對管理人員的激勵計劃、公司政策的宣傳與執行等等。

總之，管理的評估更多是一門藝術而不是科學。這不僅需要對金融機構進行考察，更重要的是如何運用自己的經驗使得分析結果能最貼近金融機構的實際管理水平和狀況。

同樣，我們可以將金融機構的管理水平分為 5 個等級。1 級的管理水平最高，管理者有充分的能力解決可能出現的問題；若被評為 2 級，說明管理方面只存在一些小的問題，並不妨礙管理者對金融機構的有效管理；若被評為 3 級，表明現在雖不存在大的問題，但卻潛伏著相當大的危機；若被評為 4 級，則說明該機構的管理水平相當差，管理人員沒有正確決策的能力；若被評為 5 級，則表明管理者素質極差，完全沒有決策能力，只有更換管理人員，才能改變目前的局面。

在對各要素進行分析和評級後，還要綜合所有的要素，並結合其他可利用的信息，對金融機構進行綜合評級。在進行綜合評級時，可以按各要素的重要程度，賦予每一要素不同的權重，得到一個加權的綜合評級結果。同樣，綜合評級也分為 5 級：1 級表明該金融機構經營狀況非常好，遠遠高出平均水平；2 級表明經營狀況令人滿意，略高於平均水平；3 級表明經營狀況處於中等或略低於平均水平，同時其存在著某些方面的缺陷，若不及時糾正，可能會導致較為嚴重的後果；4 級表明該金融機構的經營狀況較差，明顯低於平均水平，存在著某些嚴重的問題，若不立即解決，會威脅該金融機構的生存；5 級表明經營狀況很差，存在相當嚴重的問題，若不立即採取挽救措施，其很有可能在近期倒閉。

第六節　CAMEL 評級體系的應用

在本節中，我們將運用 CAMEL 評級體系對新加坡華僑銀行和中國招商銀行進

行比較分析。

一、資本充足性

表 3.9 列出了新加坡華僑銀行 2003 年的資本和風險加權資產數據。我們可以通過這些數據計算該銀行的資本充足率。

表 3.9　　　新加坡華僑銀行 2003 年資本和風險加權資產數據表　　單位：百萬新加坡元

核心資本	
普通股和非累積永久性優先股	1,284
公開儲備	8,681
減：商譽	2,072
附屬資本	
資產重估價值	1,302
普通準備金	607
次級債務工具	3,857
減：扣除私人資本股權和風險資本	2
總資本	13,657
風險加權資產總額	62,723

按照巴塞爾協議的要求，我們可以計算總資本充足率和核心資本充足率：

$$總資本充足率 = \frac{總資本}{風險加權資產}$$

$$= \frac{13,657}{62,723} \times 100\% \approx 21.8\% \geq 8\%$$

$$核心資本充足率 = \frac{核心資本}{風險加權資產}$$

$$= \frac{7,893}{62,723} \times 100\% \approx 12.58\% \geq 4\%$$

表 3.10 列出了中國招商銀行 2003 年的資本和風險加權資產。其中沒有對資本詳細分類，但是也分別對其資本淨額和核心資本進行了列舉。

表 3.10　　　　　中國招商銀行 2003 年資本狀況數據表　　單位：百萬元人民幣

資本淨額	27,741
核心資本淨額	18,026
風險加權資產淨額	292,222

$$總資本充足率 = \frac{總資本}{風險加權資產}$$

$$= \frac{27,741}{292,222} \times 100\% \approx 9.5\% \geq 8\%$$

$$核心資本充足率 = \frac{核心資本}{風險加權資產}$$

$$= \frac{18,026}{292,222} \times 100\% \approx 6.17\% \geq 4\%$$

無論從總資本充足率還是核心資本充足率來看，兩家銀行都滿足資本充足率的要求。但是，新加坡華僑銀行比中國招商銀行有明顯的優勢。從美國標準普爾公司對這兩家銀行的評級來看，新加坡華僑銀行的評級為 A，而中國招商銀行的評級是 BB+。

二、資產質量

CAMEL 體系中衡量資產質量的主要指標是加權的問題貸款與基礎資本之比。由於資料有限，這裡我們用加權的問題貸款占貸款總額的比重來替代。

表 3.11　　　　　　新加坡華僑銀行 2003 年貸款分類表　　　單位：百萬新加坡元

貸款總額	52,589
正常貸款	48,755
次級類	2,596
可疑類	805
損失類	433
減去：累計專項準備金	1,352
有問題貸款總額	2,482

在表 3.11 中，新加坡華僑銀行將其貸款分為正常、次級、可疑和損失四大類。在計算中，我們對問題貸款採用加權計算法，即次級類占 20%，可疑類占 50%，損失類占 100%。

$$加權的問題貸款 = 2,596 \times 20\% + 805 \times 50\% + 433 \times 100\%$$

$$= 1,354.7 （百萬新加坡元）$$

$$問題貸款/貸款總額 = \frac{1,354.7}{52,589} \approx 2.58\%$$

表 3.12　　　　　　　　中國招商銀行 2003 年貸款分類表　　　單位：百萬元人民幣

貸款總額	307,480
正常類	292,065
關注類	5,737
次級類	2,680
可疑類	4,530
損失類	2,468

在這裡，關注類的資產應該歸入次級類：

加權的問題貸款 =（5,737 + 2,680）×20% + 4,530 ×50% + 2,468 ×100%
　　　　　　　 = 6,416.4（百萬元人民幣）

加權的問題貸款占總貸款的比重 $= \dfrac{6,416.4}{307,480} \approx 2.09\%$

從上面可以得出，中國招商銀行的資產質量比新加坡華僑銀行的資產質量要好。但是在實際中，我們還應當考慮貸款損失準備。

三、盈利能力

以新加坡華僑銀行 2003 年利潤狀況說明盈利能力，如表 3.13 所示。

表 3.13　　　　　　　新加坡華僑銀行 2003 年利潤狀況表　　　單位：百萬新加坡元

淨利潤	954
總資產	84,317

資產收益率 $= \dfrac{954}{84,317} \approx 1.13\%$

表 3.14　　　　　　　　中國招商銀行 2003 年利潤狀況表　　　單位：百萬元人民幣

淨利潤	2,229.9
總資產	530,892.8

資產收益率 $= \dfrac{2,229.9}{530,892.8} \times 100\% \approx 0.42\%$

相比而言，新加坡華僑銀行的盈利能力比中國招商銀行要強。但是，如我們前

面所述，收益狀況的評估並沒有這麼簡單，除計算相對資產的比率以外，我們還要考慮資產收益的有效性，因為有的時候，金融機構的盈利並非來自正當的營業收入，而是由於諸如近期出售了一部分金融機構的固定資產等突發性因素。如果一家金融機構的盈利大幅度增加是由突發因素造成的，那麼在對其盈利狀況進行評估時就要有所考慮。最後還要考慮一點，那就是該行的盈利中有多少作為留存收益歸入資本，又有多少作為股息發放給銀行股東。

四、流動性

以新加坡華僑銀行2003年非金融機構類存貸款比較來說明流動性，如表3.15所示。

表 3.15　　　　　新加坡華僑銀行 2003 年非金融機構類存貸款比較表

單位：百萬新加坡元

非金融機構貸款總額	50,155
非金融機構存款總額	53,460

$$貸款/存款 = \frac{50,155}{53,460} \times 100\% \approx 93.8\%$$

表 3.16　　　　中國招商銀行 2003 年存貸款比較表　　單位：百萬元人民幣

貸款總額	307,480
存款總額	406,886

$$貸款/存款 = \frac{307,480}{406,886} \times 100\% \approx 75.6\%$$

在這裡，我們最好用非金融機構存貸款比較，因為一般來說貸款與存款的比率比較高，該金融機構可能有很大的貸款組合，或者使用了大量非存款或購入資產來進行融資。但中國招商銀行並未對存、貸總額和非金融機構存、貸總額進行區分，所以只有選取存、貸總額。

以上分別計算出的兩個數據表明，中國招商銀行的貸款組合比新加坡華僑銀行要小，在這個指標上，中國招商銀行的流動性較強。

五、管理水平

正如我們前面所分析的，對於管理水平而言，只能根據自己經驗進行定性評

估，在這裡我們只能從兩家金融機構的年報中得到一點有用的信息用來做比較。

表 3.17　　　新加坡華僑銀行與中國招商銀行的管理水平信息表

	新加坡華僑銀行	中國招商銀行
從業年限	成立於 1932 年	成立於 1987 年
分支機構	13 個國家 110 個分支機構	中國內地 28 家, 香港 1 家; 紐約有 1 家代表處
員工人數	7,424 人	15,965 人
教育程度	不詳	大專學歷占 75.8%
員工培訓費用	每年應發工資的 2% 用於培訓員工	不詳
標準普爾 2003 年評級	A	BB +

從以上的資料中我們可以得出這樣一個結論：在管理方面和國際化進程上中國招商銀行和新加坡華僑銀行相比還有很大差距，而作為中國內地的商業金融機構，管理的國際化已經成為招商銀行改革的目標。

六、結論

中國商業金融機構起步比較晚，在經營和管理上與巴塞爾協議的要求存在很大距離。根據 2002 年的全球同業年報，國內金融機構確實表現欠佳，主要表現為：資本充足率嚴重不足、不良資產率高、盈利能力差。在經濟金融全球化的大背景下，中國商業金融機構必須在遵守遊戲規則的前提下參與全球競爭，這就要求中國商業金融機構首先要對自己的資產進行準確的分類，按照巴塞爾協議的要求提高自己的資本充足率，並且盡快確立準確的內部評級體系，讓自己的資產負債組合達到國際標準，使自己的經營管理完成質的飛躍。

復習思考題

1. ROE 和 ROA 各自的計算公式是什麼？它們的作用是什麼？
2. 假設一個銀行的稅後淨利潤為 2,000 萬元，總營業收入為 6,000 萬元，總資產為 4 億元，總權益資本為 1.5 億元，ROE 是多少？ROA 是多少？

3. 下表是銀行 A 兩個會計年度的效率指標，請根據該表首先回答各個指標所代表的內容，並評價該銀行管理效率的變化。

年份	稅後淨利潤/不包括證券收益的稅前淨利潤	不包括證券收益的稅前利潤/總營業收入	總營業收入/總資產	總資產/總權益資本
2001 年	0.745	0.034	0.346	17.81
2002 年	0.766	0.021	0.366	16.76

4. 請說明對 ROA 進行分解有什麼樣的作用。
5. 請簡要說明股權收益率模型的意義。
6. 什麼是銀行經營業績統一報表制度？
7. 請說明在對財務報告進行分析時使用四個季度的平均數據的優勢是什麼。
8. 請簡要回答什麼是 CAMEL 評級體系。

參考文獻

［1］Peter S. Rose and Sylvia C. Hudgins. Bank Management and Financial Services. McGraw－Hill/Irwin，2005.

［2］Jonathan L. Golin. The Bank Credit Analysis Handbook. Wiley & Sons，2001.

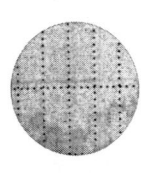

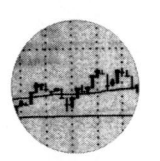

第四章　利率風險和管理(上)

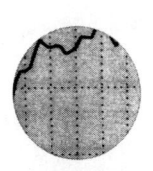

利率風險是金融機構所面臨的主要風險之一。20世紀70年代以前，由於大多數西方國家對利率實行嚴格管制，長時期利率相對穩定。因此，利率風險並沒有受到監管當局和金融機構的重視。然而，隨著20世紀80年代世界宏觀經濟形勢的巨大變化，西方各國相繼放鬆或取消了對利率的管制，這樣利率便逐漸成為影響金融機構經營與利潤的一個核心因素。如何識別、測定和管理利率風險也成為金融機構日常管理的一個重要內容。隨著中國利率市場化改革的深入，利率風險必將引起中國金融機構的重視。本章將要介紹兩種測度利率風險的方法：重定價模型與到期日模型。重定價模型主要是通過計算金融機構利率敏感性資產與利率敏感性負債的差額來測量金融機構的利率風險，而到期日模型是計算金融機構中資產與負債平均到期期限的差額。

第一節　利率風險概述

利率風險是指由於市場利率變動的不確定性給金融機構帶來的風險，具體說就是指由於市場利率波動造成金融機構淨利息收入（利息收入－利息支出）損失或資本損失的金融風險。按照巴塞爾銀行監管委員會頒布的《有效銀行監管的核心原則》，利率風險是指銀行的財務狀況在利率出現不利的變動時所面臨的風險。利率風險的產生取決於兩個條件：①市場利率發生波動；②銀行的資產和負債期限不匹配。一旦同時具備了這兩個條件，銀行就將面臨利率風險。利率風險的大小取決於市場利率波幅的大小及銀行資產和負債不匹配的程度。在市場經濟條件下，由於資金供給和需求的相互作用，市場利率總是在不斷地變化，利率風險使銀行暴露在不利的利率變化中，過高的利率風險對銀行的利潤和資本造成很大的威脅，因此有效地控制、管理利率風險對銀行至關重要。利率風險的表現形式多種多樣，根據巴塞爾銀行監管委員會的原則，利率風險主要有重定價風險、基準風險、收益率曲線風險、期權風險四種表現形式。

一、重定價風險

重定價風險就是指由於銀行資產與負債到期日的不同（對固定利率而言）或是重定價的時間不同（對浮動利率而言）而產生的風險，它是利率風險最基本和最常

見的表現形式。例如，銀行吸收了一筆 10 萬元的定期存款，期限為 2 年，利率為 10%。同時，還發放了一筆 10 萬元的浮動利率貸款，期限也為 2 年，利率為 12%。在第一年內，銀行能夠賺取穩定的 2% 的利差收入。而假設 1 年後市場利率下降了 1 個百分點，貸款將重新定價，在存款利率維持 10% 不變的條件下，貸款利率的下降使銀行的利息收入下降，銀行因此遭受了利率下降所帶來的損失。

二、基準風險

基準風險的產生是由於在計算資產收益和負債成本時，採用了不同類別的基準利率。在期限相同的條件下，當二者採用的不同類別的基準利率發生了幅度不同的變動時，就產生了基準風險。例如，銀行在吸收一筆 1 年期的浮動利率存款的同時，發放了同等期限的浮動利率貸款。存款利率根據倫敦同業市場拆借利率（LIBOR）按月浮動，貸款利率根據美國聯邦債券利率按月浮動，當這兩個基準利率的波動幅度不一致時，就產生了基準風險。

三、收益率曲線風險

收益率曲線是將各種期限債券的收益率連接起來而得的一條曲線。隨著經濟週期的變化，收益率曲線會呈現出不同的形狀，並由此產生了收益率曲線風險（yield curve risk）。

收益率曲線有三種可能的形狀：第一種為平坦型，表明長短期利率相等；第二種是上升型，表明期限越長，利率就越高，短期利率低於長期利率；第三種是下降型，表明期限越長，利率就越低，短期利率高於長期利率。在正常情況下，收益率曲線應為上升型，但在短期內，收益率曲線也可能表現為另外兩種形態，這時銀行就將面臨收益率曲線風險。例如：銀行發放了一筆 3 年期的浮動利率貸款，每年年初以高於同期國庫券利率 1 個百分點的水平來設置貸款利率；同時吸收了一筆 2 年期的定期存款，每年年初以高於同期國庫券利率 0.5 個百分點的水平來設置存款利率。第一年年初，3 年期的國庫券利率為 6%，2 年期的國庫券利率為 5%。國庫券收益率曲線為上升型曲線。此時，貸款利率應按高於 3 年期的國庫券利率 1 個百分點的水平來設置，那麼，貸款利率應為 7%。存款利率應按高於 2 年期的國庫券利率 0.5 個百分點的水平來設置，那麼，存款利率應為 5.5%。銀行的利差為 1.5%；第二年年初，上升型的收益率曲線變為下降型。3 年期國庫券利率為 7%，2 年期國庫券利率為 8%，1 年期國庫券利率為 9%。此時，貸款利率應按高於 2 年期的國庫

券利率1個百分點的水平來設置，那麼，貸款利率應為8.5%。銀行的利差為-0.5%。銀行遭受了損失。

四、期權風險

在銀行與客戶簽訂合同時，銀行往往都允許客戶提前償還貸款或提取存款，這事實上是銀行賦予客戶的一種期權，以便使客戶在市場發生劇烈變化時能夠行使該期權來避免損失，或增加贏利。但是由於利率變化，客戶提前償還貸款或提取存款，會導致銀行淨利息收入發生變化，此時的利率風險就表現為期權風險。例如，客戶存款金額2,000萬元，期限為1年。如果客戶提前取款，當市場利率上升時，銀行將面臨再籌資的風險。這種由客戶提前取款給銀行帶來損失的可能性，就是期權風險的一種。

第二節 利率風險的識別與測定

識別和測定利率風險的方法主要有三種，它們分別是：重定價模型、到期日模型和久期模型。重定價模型以銀行資產、負債的帳面價值為基礎，討論了利率變動對淨利息收入的影響。到期日模型以銀行資產、負債的市場價值為基礎，分析了利率變動對資產和負債市場價值的衝擊和對淨值的影響。在本節中我們將首先介紹重定價和到期日這兩種較簡單的模型。在下一章中，我們將介紹更為精確的久期模型。

一、重定價模型

重定價模型（又稱資金缺口模型）是對某一特定期間內金融機構帳面利息收入與利息成本之間的重定價缺口的現金流分析。它是金融機構廣泛採用的一種利率風險測定和管理的模型。比如在美國，聯邦儲備委員會要求銀行在每個季度按照以下的期限類別報送它們的資產和負債的重定價缺口：1天；1天到3個月；3個月到6個月；6個月到1年；1年到5年；5年以上。[①]

在重定價缺口方法中，重定價缺口是通過計算每一種期限類別中利率敏感性資產（RSA, rate-sensitive assets）和利率敏感性負債（RSL, rate-sensitive liabilities）之差得到的。

---

① 此處的期限類別是指重定價的期限。例如，列入1天的期限類別的資產意指它將在下一個交易日中被重新定價。

(一) 利率敏感性資產與利率敏感性負債

金融機構管理者要問：一種資產或負債的利率在下一年可能發生變化嗎？如果回答是肯定的，它就是 1 年期類別利率敏感的；如果回答是否定的，它是利率不敏感的。注意，判斷某一資產或負債是否是利率敏感，是以各資產和負債的剩餘的到期期限而非資產或負債票面的或合同上註明的最初期限為基準的。按照利率敏感性的定義，我們可以知道利率敏感性資產和利率敏感性負債，就是指那些在一定期限內（考察期內，可以是 1 年、2 年……n 年，也可以精確到 1 天。）即將到期的或需要重新確定利率的資產和負債。浮動利率的貸款、債券和存款等都是典型的利率敏感性的資產或負債，它們的頭寸是利率風險管理的主要對象。

下面我們將通過例 1 來具體說明什麼是利率敏感性資產和利率敏感性負債。

【例 4.1】假設某金融機構資產負債表如表 4.1 所示。其中各項資產與負債的期限均以剩餘期限標出。

表 4.1　　　　　　　　某金融機構資產負債表　　　　　　　單位：百萬元

資產		負債	
短期消費貸款（1 年期）	70	股本（固定）	20
長期消費貸款（2 年期）	15	活期存款	35
3 個月期短期國庫券	20	儲蓄存款	25
6 個月期中期國庫券	60	3 個月期 CD 存單	30
10 年期固定利率抵押貸款	20	3 個月期銀行承兌匯票	15
30 年期浮動利率抵押貸款		6 個月期商業票據	50
（每 9 個月調整一次利息）	30	1 年期定期存款	10
		2 年期定期存款	30
	215		215

1. 利率敏感性資產

在此我們以 1 年期利率敏感性資產來說明：

（1）短期消費貸款、3 個月短期國庫券以及 6 個月中期國庫券的到期日均小於或等於 1 年，因而毫無疑問它們在 1 年內一定會重新確定利率，因此應歸於 1 年期利率敏感性資產。

（2）30 年期浮動利率抵押貸款。雖然該項貸款為 30 年期，遠遠大於 1 年，但是由於該項貸款每 9 個月重新定價（即重新確定抵押貸款利率），因此仍然屬於 1 年期利率敏感性資產。

（3）長期消費貸款（2 年期）與 10 年期固定利率抵押貸款，其到期日均大於 1

年，由於不能在此時預計出其能否在1年內重新定價，因此不包括在1年期的利率敏感性資產中。

2. 利率敏感性負債

與劃分1年期敏感性資產的方法相類似，1年期利率敏感性負債有：

（1）3個月期CD存單。它們每3個月重新確定利率，屬於1年期利率敏感性負債。

（2）3個月期銀行承兌匯票。與CD存單相似。

（3）6個月期商業票據。它們每6個月到期並重新確定利率。

（4）1年期定期存款。它們剛好在1年內到期，並重新定價。

值得說明的是，關於活期存款（或一般的交易性帳戶）是否應包括在利率敏感性負債裡面，有兩種不同的觀點。一種觀點認為，金融機構一般不對活期存款支付利息，或支付很低的利息，且這種利息不易變化。同時，活期存款通常還構成了銀行的核心存款，這意味著它們是一種長期資金來源，因而不應該被歸入利率敏感性負債。而另一種觀點認為，即使銀行對活期存款不支付利息，但對活期存款服務只收取較少的費用，這相當於對活期存款客戶支付了一種隱含的利息。而且，如果市場利率上升，存款者會減少其活期存款，從而迫使銀行轉而尋求其他付息的利率敏感性資金。因此，即使對活期存款不支付利息，市場利率變動仍然會影響活期存款的重定價，因此應歸於利率敏感性負債。

鑒於以上兩種觀點各有其合理性，我們暫不把活期存款歸入利率敏感性負債之列。

（二）重定價缺口（資金缺口）

利率敏感性資產和利率敏感性負債之差被定義為重定價缺口（又稱資金缺口），用GAP表示。即：

重定價缺口（GAP）＝利率敏感性資產（RSA）－利率敏感性負債（RSL）

(4.1)

重定價缺口用於衡量金融機構淨利息收入對市場利率的敏感程度。資金缺口有正缺口、零缺口和負缺口三種狀態。當利率敏感性資產大於利率敏感性負債時，資金缺口為正，金融機構在利率上升時會獲利，利率下降時會受損；當利率敏感性資產小於利率敏感性負債時，資金缺口為負，金融機構在利率上升時會受損，利率下降時會獲利；當重定價缺口為零時，金融機構的淨利息收入不會受市場利率變動的影響。表4.2總結了當利率發生變化時，不同重定價缺口的利息收入、利息支出以及淨利息收入的變化。

表 4.2　　　　　　　　　　　　重定價缺口分析表

	GAP	利率的變化	利息收入的變化		利息支出的變化	淨利息收入的變化
正缺口	>0	↑	↑	>	↑	↑
	>0	↓	↓	>	↓	↓
負缺口	<0	↑	↑	<	↑	↓
	<0	↓	↓	<	↓	↑

除了計算每一個期限類別的重定價缺口，金融機構還可以計算多個期限類別的累計缺口，如例 4.2 所示。

【例 4.2】假設某金融機構資產和負債按期限類別劃分的重定價缺口，如表 4.3 所示。

表 4.3　　　　　　　　　重定價缺口表　　　　　　　　單位：百萬元

	資產	負債	缺口	累計缺口
1 天	10	15	−5	−5
1 天 ~ 3 個月	30	40	−10	−15
3 個月 ~ 6 個月	60	85	−25	−40
6 個月 ~ 12 個月	80	60	20	−20
1 年 ~ 5 年	50	30	20	0
5 年以上	15	15	0	0

該金融機構各期限類別的缺口如表 4.3 所示。例如：期限為 1 天的重定價缺口為 −5 百萬元，即：

$$GAP = RSA - RSL$$
$$= 10 - 15$$
$$= -5（百萬元）$$

而 1 年期的重定價累計缺口為：

$$CGAP = (-5) + (-10) + (-25) + 20$$
$$= -20（百萬元）$$

同樣可以得到所有期限類別重定價累計缺口為：

$$CGAP = (-5) + (-10) + (-25) + 20 + 20 + 0 = 0$$

(三) 重定價模型的應用

在介紹了利率敏感性資產與利率敏感性負債後，我們將通過例 4.1 的資產負債

表來為讀者展示利用重定價模型測定金融機構每種期限類別利率風險的過程。我們以1年期的期限類別為例。

從例4.1的資產負債表中，我們通過計算可以得出：

1年期利率敏感性資產 = 70,000,000 + 20,000,000 + 60,000,000 + 30,000,000
$\qquad\qquad\qquad\quad$ = 180,000,000（元）

1年期利率敏感性負債 = 30,000,000 + 15,000,000 + 50,000,000 + 10,000,000
$\qquad\qquad\qquad\quad$ = 105,000,000（元）

1年期累計缺口（CGAP）為：

CGAP = RSA − RSL
$\qquad\;\;$ = 180,000,000 − 105,000,000
$\qquad\;\;$ = 75,000,000（元）

該缺口表明，在銀行1年期期限類別中，利率敏感性資產大於利率敏感性負債，利率上升將增加銀行淨利息收入。相反，如果當銀行利率敏感性資產小於利率敏感性負債時，累計缺口將為負，此時利率上升將減少銀行淨利息收入，為銀行帶來損失。金融機構管理者就需要通過調整資產負債表中的利率敏感性資產與負債來減小利率風險。

重定價模型的優點在於能夠直接而簡單地指出金融機構每一期限類別的淨利息收入（NII）的暴露情況。我們已經計算出1年期累計缺口為75,000,000元，下面，我們將分析利率變動和累計缺口是如何對金融機構的淨利息收入產生影響的。

1. 當資產與負債利率變動相同時

假設某金融機構的資產與負債的利率均上升1個百分點，1年期累計缺口為75,000,000元,則淨利息收入的變化為：

ΔNII = RSA × ΔR − RSL × ΔR　　　　　　　　　　　　　　(4.2)

$\qquad$ =（RSA − RSL）× ΔR

$\qquad$ = CGAP × ΔR

$\qquad$ = 75,000,000 × 1%

$\qquad$ = 750,000（元）

如果累計缺口為負的75,000,000元，那麼，利率上升1個百分點，對淨利息收入的影響是：

ΔNII = CGAP × ΔR

$\qquad$ = −75,000,000 × 1%

$$= -750,000 \text{ (元)}$$

由上面的計算可知：當累計缺口為正時，淨利息收入的變化隨著利率的變化而呈正向變化；相反，當累計缺口為負時，淨利息收益的變化隨著利率的變化而呈反向變化。因此，當預期利率會上升時，應該使累計缺口為正，從而從利率變化中獲取收益。相反，當預期利率會下降時，則應使累計缺口為負，增加淨利息收入。

2. 當資產與負債利率變動不同時

實際上，雖然金融機構資產與負債的利率變動方向通常是一致的，但二者的變動幅度經常是不同的。

假設某金融機構的累計缺口如前所述（其中 RSA = 180,000,000 元；RSL = 105,000,000 元），但利率敏感性資產的利率上升幅度為 2 個百分點，利率敏感性負債的利率上升幅度為 1 個百分點，則該金融機構的淨利息收入變化為：

$$\Delta NII = RSA \times \Delta R_1 - RSL \times \Delta R_2$$
$$= 180,000,000 \times 2\% - 105,000,000 \times 1\%$$
$$= 3,600,000 - 1,050,000$$
$$= 2,550,000 \text{ (元)}$$

(四) 重定價模型的缺陷

重定價模型作為衡量金融機構利率風險的一個模型，在現實生活中有著廣泛的應用。它的顯著優點是計算方便、清晰易懂。通過對累計缺口的分析，金融機構管理人員可以很快地確定利率風險的頭寸，並採取措施來化解相應的利率風險。但是，從前面的描述我們也可以知道，重定價模型有其自身的不足，主要表現在以下幾點：

1. 忽視了市場價值效應

從前面的分析可知，重定價模型是以帳面價值為基礎的。但是，利率變動除了會影響以帳面價值計價的淨利息收入外，還會影響資產和負債的市場價值。顯然，重定價模型忽視了利率變動對市場價值的影響，因此它只是一種片面的衡量金融機構實際利率風險敞口的方法。

2. 過於籠統

在運用重定價模型時，對資產負債重定價期限的選擇往往取決於管理者的主觀判斷。若我們採用同一資產負債表的數據，分別計算 3 月期、1 年期的重定價缺口 (CGAP)，可能得到兩個完全相反的結論，如正的 1 年期缺口和負的 3 月期缺口。這樣不同的結論會讓風險管理者難以作出決策或者作出完全相反的管理決策。

另外，重定價模型將資產和負債的到期期限劃分為幾個較寬的時間段（如表

4.3 所示），這樣的時間段劃分過於籠統，它忽視了在各個時間段內資產和負債的具體分佈信息。以「3個月到6個月」這一時間段的劃分為例，假設這一時間段內3~4月的重定價缺口（GAP）為 -50 萬元（即敏感性負債比敏感性資產多出50萬元，並需要在3~4月內重新定價），5~6月的重定價缺口為50萬元（即敏感性資產比敏感性負債多出50萬元，並需要在5~6月內重新定價）。由於貨幣具有時間價值，在3~4月50萬元的負缺口重新定價後的絕對值必然大於5~6月50萬元的正缺口重新定價後的絕對值，也就是說3~6月內的資產和負債實際上是不匹配的，在此期間發生的利率變動都會影響到資產和負債的市場價值，從而影響銀行的利率風險暴露。然而，籠統地將考察期劃分為3~6月，沒有考慮到該期間內資產和負債分佈的貨幣時間價值，這樣粗略的劃分使得整個考察期的重定價缺口為零（-50+50=0）。在這樣的期限劃分中，重定價缺口對利率風險的測量是不精確的。

顯然，不同的期限類別中，資金缺口的期限時間越短，出現以上這一問題的概率就越小。如果金融機構的經營者掌握了未來每一天的資金缺口，就可以很清楚地瞭解到利率變動引起的淨利息收入敞口。事實上，世界上許多大銀行和金融機構都構建了內控系統以測定其未來任意一天的資金缺口（如第125天的資金缺口，第265天的資金缺口等）。這表明，儘管監管當局只要求報告相對寬泛的期限分組的資金缺口，但金融機構的管理者可以主動設置適當的內部信息系統，用來報告未來每日的資金缺口。

3. 資金回流問題

在重定價模型中，我們假定所有非利率敏感性資產或負債在規定的期限時間內均未到期。現實中，銀行一方面不斷吸收與支付存款，另一方面不斷發放和收回消費與抵押貸款。如例4.2中銀行某些30年期抵押貸款可能距離到期只有1年，也就是說，這些貸款現在處在第29年。此外，實際上所有長期貸款每個月至少向銀行償還一定的本金。因此，銀行能夠將這筆從傳統抵押貸款中收到的回流資金以市場利率進行再投資，也就是說，這種回流資金是利率敏感性的。銀行經營者通過運用到期日模型判定每一項資產和負債中在下一年度將回流、重新定價或到期的資金比例，就能夠解決重定價模型中的這一問題。

4. 忽視了表外業務所產生的現金流

重定價模型中所包括的利率敏感性資產與負債，都僅僅指資產負債表上所包含的資產與負債。然而，利率的變動不僅僅對這些項目有所影響，也會影響到很多表外業務現金流。金融機構很可能運用利率期權合同來規避其利率風險，而隨著利率

的變動，這些期權合同也隨之產生一系列現金流。然而，這些本應納入模型的隨期權合同而產生的現金流在重定價模型中被忽略了。例如，在資產負債表的資金缺口為正（RSA＞RSL）的情況下，利率上漲將帶來收益。然而，這種淨收益可能被期貨、互換、利率上限等衍生交易中較低的預期收益所抵消。

二、到期日模型

如前所述，重定價模型的一個重要缺陷是忽略了資產與負債的市場價值。雖然在第二章中，我們曾提到，交易性的資產是按其市場價值來計價的，但是絕大部分的資產與負債都是按其帳面價值來計價的。在衡量金融機構風險的時候，我們應當以資產與負債的市場價值為準，一味採用帳面價值，顯然會產生誤差。以市場價值為基礎的金融機構利率風險測度方法有到期日模型和久期模型。我們先介紹到期日模型，久期模型將在下章進行介紹。在考察到期日模型前，我們先介紹關於市場利率與債券價格之間關係的三大規則。

(一) 三大規則

對於持有單一資產或負債的金融機構，其資產與負債必然遵循三個規則：

(1) 利率上升（下降）通常導致資產或負債的市值下降（上升）。

假定一家金融機構所持有的債券還剩 1 年到期，到期一次付清 10% 的年息（C）和面值 100 元（F），現行到期收益率（R）（反應當前的市場利率）為 10%，則 1 年期債券的價格 P_1 為：

$$P_1 = \frac{F+C}{(1+R)} = \frac{100+10}{1.1} = 100（元）$$

現假定中央銀行實行寬鬆的貨幣政策，使市場利率降至 8%。此時，債券的價格為：

$$P_1 = \frac{F+C}{(1+R)} = \frac{100+10}{1.08} = 101.85（元）$$

利率的下降使債券市場價值上升至 101.85 元，從而為債券投資者帶來 1.85 元的資本收益，即：

$$\Delta P_1 = 101.85 - 100 = 1.85（元）$$

顯然，市場利率的降低，提高了金融機構資產負債組合中固定收益證券的價格。注意，如果該證券是金融機構的負債（如定期存款等），結果也是一樣的——其市值會上升。但其經濟意義卻是不同的。儘管利率下降導致金融資產價值的上升對金融機構而言是好事，但其導致負債市值上升對金融機構而言卻是壞事。因此，

在衡量金融機構風險時，可以通過權衡利率變化對金融機構淨值的影響來判斷金融機構所承擔的利率風險。

假定銀行發行1年期存單，約定利率為10%，此時的市場價值為100元。假定隨後發行的1年期存單利率下降到8%，但銀行卻必須按約定向存款人支付10%的利息，此時，銀行由於利率固定而遭受了損失。

因此，在市場價值記帳法下，利率下降通常會增加金融機構資產負債表中資產和負債雙方的市值。顯然，利率上升將產生相反的結果——減少資產和負債的市值。

（2）固定收益的資產或負債的期限越長，對於任意給定的利率上漲（下降），其市值下降（上升）的幅度越大。

續前例，假定債券和存單的期限變為2年，票面利率不變，則市場利率為10%時，其債券和存單的市場價值 P_2 為：

$$P_2 = \frac{10}{1.1} + \frac{10+100}{1.1^2} = 100 \text{（元）}$$

當市場利率下降為8%時，其市場價值變為：

$$P_2 = \frac{10}{1.08} + \frac{10+100}{1.08^2} = 103.57 \text{（元）}$$

且有

$$\Delta P_2 = 103.57 - 100 = 3.57 \text{（元）}$$

顯然，當市場利率變動相同，即降低2個百分點時，2年期固定收入資產與負債的市值上升幅度比1年期的資產與負債的市值上升幅度更大。

（3）對於任意給定的利率增減幅度，隨著證券期限的延長，其市值下降或上升的幅度以遞減的趨勢變化。

當市場利率下降時，1年期債券價格上升為101.85元，2年期債券價格上升為103.57元，3年期債券價格上升為105.15元。隨著期限的延長，債券價格上升的幅度以遞減的趨勢變化。

（二）關於資產與負債組合的到期日模型

假定 M_A 為金融機構資產的加權平均期限，M_L 為金融機構負債的加權平均期限，則：

$$M_i = W_{i1}M_{i1} + W_{i2}M_{i2} + \cdots + W_{in}M_{in} \tag{4.3}$$

這裡

M_i = 金融機構資產（負債）的加權平均期限；

$i = A$（或 L）；

W_{ij} = 以第 j 項資產（負債）的市值與全部資產（負債）的市值之比所表示的該項資產（負債）在資產（負債）組合中的權重；

M_{ij} = 第 j 種資產（負債）的期限，j = 1，…，n。

該等式表明資產或負債組合的期限為組合中所有資產或負債期限的加權平均數。在資產與負債組合中，關於單一證券的上述三條基本原則對資產與負債組合同樣適用。對金融機構的利率風險，則應考慮利率的變化與金融機構資產與負債期限缺口共同對其淨值（即所有者權益）的影響。利率上升或下降對金融機構資產負債表的最終影響，取決於金融機構資產組合與負債組合期限不對稱的程度和方向。也就是說，看其到期期限缺口 $M_A - M_L$ 是大於、等於還是小於零。

1. 考慮 $M_A - M_L > 0$ 的情況

這是在大多數金融機構中普遍存在的情況，即金融機構資產的期限比負債的期限長。這些金融機構傾向於持有大量期限相對長的資產，如傳統抵押貸款、消費貸款等，同時發行期限較短的負債，如向存款人約定支付定額利息的短期定期存款。

假設某銀行的資產負債組合如表 4.4 所示。

表 4.4　　　　　　　　　以市場價值報告的銀行資產負債表

資產	負債
長期資產（A）	短期負債（L）
	淨值（E）

注意，在該資產負債表中，所有的資產與負債都是採用市場價值計價的。

在上表中，淨值 E 即為銀行所有者在該金融機構所擁有的權益的經濟價值（即所有者權益）。換句話說，如果銀行的所有者在金融市場上以現行價格出售貸款和債券，並以最有利的價格回購存單來變現其所擁有的銀行資產和負債，該差額就是所有者將得到的貨幣量。

現在，先假定該銀行資產與負債的初始值如表 4.5 所示。

表 4.5　　　　　　　　　資產與負債的初始價值表　　　　　　　單位：百萬元

資產	負債
長期資產 A = 100	短期負債 L = 90
	淨值　　E = 10
	100

在此例中，由於長期資產大於負債，因此資產組合市值 A 下降的幅度比負債組合市值 L 下降的幅度要大。銀行淨值的變化幅度為其資產和負債變化幅度的差額：

$$\Delta E = \Delta A - \Delta L$$

又假設銀行將此 100 萬元資產投資於票面利率為 10% 的 3 年期債券，並同時籌集了 90 萬元的約定利率為 10% 的 1 年期存款。那麼，當利率下降到 8% 時，按照前面的計算，3 年期債券的市場價值變為 105.15 萬元，1 年期負債市值則變為 91.67 萬元，則此時的淨值為 13.48 萬元（105.15 − 91.67），增加了 3.48 萬元。

表 4.6　　　　　利率下降 2 個百分點後擁有較長期資產的
　　　　　　　　銀行以市場價值報告的資產負債表　　　　　單位：百萬元

資產	負債
A = 105.15	L = 91.67
或 $\Delta E = \Delta A - \Delta L$	E = 13.48
= 5.15 − 1.67 = 3.48	

由於銀行資產的期限為 3 年，而負債的期限為 1 年，故利率下降時，資產價值上升的幅度將大於負債上升的幅度，從而使得銀行淨值從 10 萬元增加到 13.48 萬元。顯然，該銀行存在著一個 2 年期的正的到期期限缺口，即：

$$M_A - M_L = 2 \text{（年）}$$

因此，利率下降 2 個百分點，使得銀行所有者或股票持有者的權益增加。相反，如果利率上升，則銀行所有者或股票持有者的權益將遭受重大損失。

2. 考慮 $M_A - M_L < 0$ 的情況

這一情況在現代金融機構中很少見，此時利率的變動對資產的影響小於對負債的影響。也就是說，當利率上升相同的百分點時，資產市場價值的減少小於負債市場價值的減少。由於

$$\Delta E = \Delta A - \Delta L$$

此時的 ΔE 大於零，該銀行所有者或股票持有者不會遭受損失。

通過以上的分析似乎可以推斷出，金融機構免疫利率風險的最佳辦法是管理者使其資產和負債的期限相互對稱。也就是說，編制資產負債表使到期期限缺口，即資產和負債的加權平均期限之差為零：

$$M_A - M_L = 0$$

然而，事實上並非如此。我們下面將討論，資產和負債的期限對稱並不是總能保護金融機構免遭利率風險的。

(三) 到期日匹配與利率風險暴露

雖然通過管理資產負債使其期限對稱可以幫助金融機構管理者規避利率風險，但是這一方法並非萬能，它並非總能幫助金融機構規避所有的利率風險。事實上，在下一章我們將會說明，金融機構要免疫於金融風險需要考慮以下兩個方面的問題：

1. 金融機構的財務槓桿程度，即該機構中資產由負債支持的比例

首先，我們來看財務槓桿效應在免疫金融機構利率風險方面的作用。假設某銀行的資產負債表如前所述，其中資產為100萬元，投資於1年期的，票面利率為10%的債券；負債90萬元，為1年期，利率為10%的定期存款；所有者權益10萬元。在該銀行中，其資產與負債的期限缺口為：

$M_A - M_L = 1 - 1 = 0$

此時該銀行的資產與負債的到期期限對稱。按照前述觀點，該金融機構應該規避了利率風險。但事實是否如此呢？

現在，我們假設由於中國經濟發展過快，國家為了抑制經濟過熱而採取緊縮的貨幣政策，從而調高利率2個百分點。利率的上升使得該金融機構的資產負債表發生變化，其結果如表4.7所示。

表4.7　　　　利率上升2個百分點後擁有較長期資產的
銀行以市場價值報告的資產負債表　　　　單位：百萬元

資產	負債
A = 98.21	L = 88.39
或 $\Delta E = \Delta A - \Delta L$	E = 9.82
= -1.79 - (-1.61) = -0.18	

雖然該銀行的到期期限缺口為0，但是利率的上升仍然使其遭受了0.18萬元的所有者權益損失。這是為什麼呢？因為財務槓桿在裡面起了作用。在該銀行所有的100萬元資產中，只有90萬元來源於負債。因此當利率變動時，所有的100萬元資產的市場價值都將受到影響，而僅僅只有90萬元的負債將受到影響。顯然，槓桿效應將導致銀行因利率的上升而遭受損失。

從以上的分析可以看到，金融機構選擇直接使資產與負債的到期期限對稱的策略也不是萬能的，其權益所有者不能完全規避利率風險。在下一章的久期模型中，我們將會把槓桿比率納入模型中進行分析，從而解決這個問題。

2. 金融機構資產或負債持有期內現金流的影響

現在我們假設該銀行向存款人發行 1 年期定期存款，面值為 100 萬元，該銀行的資產負債率為 1，所有者權益為 0。另假設該定期存款約定利率為 10%，因此在年末時，銀行必須向存款人支付 100 萬元的本金，並支付 10 萬元的利息，合計 110 萬元。

銀行借入 100 萬元　　　向存款人支付本息 110 万元

图 4.1　1 年期定期存款的現金流圖

現假設銀行以 10% 的利率向某企業貸款 100 萬元，並要求該企業於 6 個月後償還一半貸款（50 萬元），剩餘一半於年底償還。此時，該貸款的到期期限為 1 年，其現金流為：

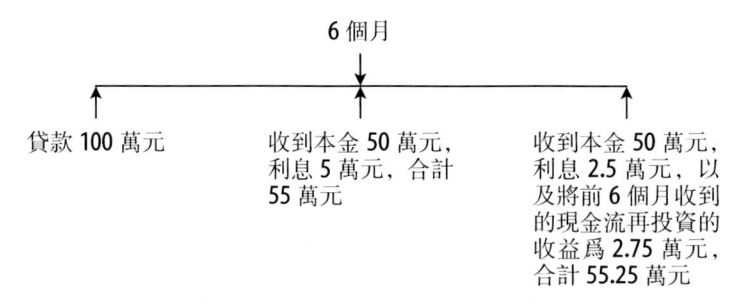

貸款 100 萬元　　收到本金 50 萬元，利息 5 萬元，合計 55 萬元　　收到本金 50 萬元，利息 2.5 萬元，以及將前 6 個月收到的現金流再投資的收益為 2.75 萬元，合計 55.25 萬元

图 4.2　1 年期貸款的現金流圖

由於銀行將其上半年收到的本息於下半年以 10% 的利率貸出，使得銀行從貸款中收到的現金流超過了其對存款支付的現金量 0.25 萬元。由於利率的變化對約定利率為 10% 的存款和貸款均無影響，因為存貸款利率是在其發生時約定的，全年都不允許改變。因此受到利率變動影響的只有銀行上半年從貸款中收到的 55 萬元現金流進行再投資時獲得的收益。現我們假設國家緊縮貨幣政策導致利率上升至 12%，則此時該銀行貸款的現金流如圖 4.3 所示。

與利率全年保持在 10% 不變的情況下再投資收益 2.75 萬元相比，利率的上升使銀行的再投資收益增至 3.3 萬元，銀行從中獲得了 0.55 萬元的盈利。反之，當利率下降時，銀行從該項服務中將不是獲得收益，而是遭受損失。顯然，這種損失是由利率變動引起的。所以，即使金融機構將其資產的到期期限與負債的到期期限

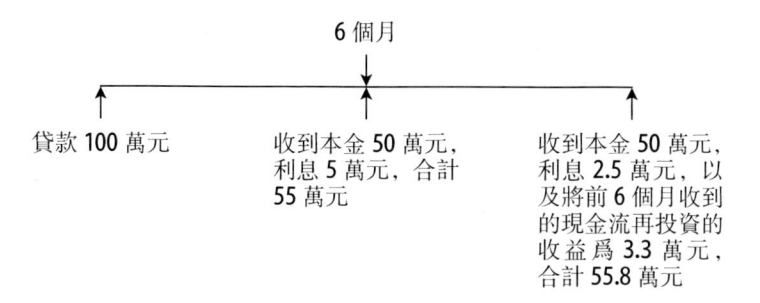

```
                        6 個月
                    ┌─────────────┐
    ↑               ↑             ↑
貸款 100 萬元    收到本金 50 萬元,   收到本金 50 萬元,
                 利息 5 萬元,合計    利息 2.5 萬元,以
                 55 萬元           及將前 6 個月收到
                                  的現金流再投資的
                                  收益爲 3.3 萬元,
                                  合計 55.8 萬元
```

圖 4.3　利率由 10% 上調至 12% 後的銀行 1 年期貸款現金流圖

對稱,並使資產與負債數量在持有期內保持一致時,利率變動也會導致損失。儘管到期期限對稱,但由於持有期內存、貸款產生現金流的時間不完全一致,金融機構仍要承受利率風險。事實上,要使資產完全由負債所支持是不可行的,因此即使 $M_A - M_L = 0$,金融機構仍然不能規避利率風險。

事實上,在貸款和存款到期期限相同的假定下,貸款現金流的發生可能分佈於整個貸款期間,而銀行支付給存款者的存款及利息的現金流往往發生在期末。到期日模型僅僅只考慮到期期限匹配,而沒有考慮現金流在期限內發生的準確時間。因此,資產和負債的平均期限即使匹配,也不能使金融機構完全免疫於利率風險。在下一章,我們將運用更為精確的久期模型來說明利率風險對金融機構資產負債市場價值的影響。

第三節　中國銀行業的利率風險管理

一、中國利率市場化進程

中國人民銀行從成立到 1995 年,對利率實行集中統一管理,金融部門不得自定利率,中國人民銀行是國家管理利率的唯一機關,其他單位不得制定與國家利率政策和有關規定抵觸的利率政策或具體辦法。

利率影響經濟金融的各個層面,而直接和利率相關的金融市場有三個:貨幣市場、債券市場和本外幣存貸款市場。1996 年,中國銀行間拆借市場成立,並放開銀行間拆借利率,這標誌中國人民銀行啟動利率市場化改革。中國利率市場化推進的整體思路是:先貨幣市場和債券市場利率市場化,後存貸款利率市場化。目前已完成了貨幣市場和債券市場的利率市場化。2003 年 2 月,中國人民銀行在《2002 年中國貨幣政策執行報告》中公布了中國存貸款利率市場化改革的總體思路:先外

幣、後本幣；先貸款、後存款；先長期、大額、後短期、小額。把中國利率市場化改革的目標確定為逐步建立由市場供求決定金融機構存、貸款利率水平的利率形成機制，中央銀行通過運用貨幣政策工具調控和引導市場利率，使市場機制在金融資源配置中發揮主導作用。中國利率市場化的具體進程參見表4.8。

表4.8　　　　　　　　　　　中國利率市場化進程

貨幣市場		利率市場		存貸款利率	
利率產品	開放狀態	利率產品	開放狀態	利率產品	開放狀態
同業拆借	1996年放開	金融債	1998年放開	外幣貸款	2000年放開
回購	1997年放開	國債	1999年招標發行	外幣存款	2004年放開
貼現	2005年，與再貼現利率脫鉤，實現市場化	企業債	2007年參照SHIBOR利率報價	人民幣存款利率	2004年放開下限，2012年上浮上限10%，2015年放開上限
				人民幣貸款利率	2004年放開上限，2013年放開下限
				同業存款	市場化定價
				委託存款	市場化定價
				委託貸款	市場化定價
				信託貸款	市場化定價
				理財產品	市場化定價

數據來源：央行報告、莫尼塔公司、作者整理。

二、中國銀行業的利率風險管理

中國銀行業監督管理委員會於2009年8月3日發布《商業銀行銀行帳戶利率風險管理指引（第3次徵求意見稿）》。

該指引將商業銀行的帳戶分為交易帳戶和銀行帳戶，後者包括商業銀行為非交易目的和為套期保值而持有，表內外所有未劃入交易帳戶的業務合約。指引要求商業銀行應制定明確的銀行帳戶和交易帳戶劃分原則或標準，並在業務制度和操作流程中加以確認，在管理系統中予以明確。該指引中指出銀行帳戶利率風險的主要種類有重新定價風險、基準風險、收益率曲線風險和期權性風險四種類型。這種分類與巴塞爾協議的分類相一致。

因此，銀監會要求商業銀行應對銀行帳戶利率風險的四種主要類型進行計量和

監測。對於重新定價風險，要求商業銀行應在合理預期未來利率波動的情況下，充分調整銀行帳戶表內外業務結構，權衡整體收益和風險水平。對於基準風險，要求商業銀行應合理調整銀行帳戶表內外業務的利率定價方式，定期監控基準利率之間或不同銀行產品利差之間的相關程度，定期監控定價基準不一致對銀行經營收入和經濟價值產生的影響。對於收益率曲線風險，要求商業銀行應結合業務平均收益率曲線的變動趨勢，定期關注並調整銀行帳戶表內外金融工具的規模、期限搭配，防止收益率曲線變動對銀行整體收益和經濟價值的不利影響。對於期權性風險，要求商業銀行應充分考慮銀行帳戶業務中隱含期權性風險的獨立性和嵌入性特徵，依據交易對手行為分析等手段，調節業務頭寸，實現套期保值和風險對沖。

銀監會還明確商業銀行對銀行帳戶利率風險的分析方法包括重新定價缺口分析法，久期分析法，情景模擬分析法和 EAR 法等，商業銀行應當但不限於運用上述分析工具計量銀行帳戶利率風險狀況。

此外，商業銀行還必須定期測算銀行帳戶利率風險狀況，並使用標準利率衝擊法（±200BP）進行檢驗，根據自身業務結構，選擇與其業務最密切相關的收益率曲線作為利率基準。

商業銀行應明確董事會、監事會和高級管理層對銀行帳戶利率風險的管理職責，建立和完善相應的管理體系，並制定對利率風險管理戰略政策、審計報告制度等。商業銀行要定期對銀行帳戶利率風險管理政策、程序和控製效果進行評估或修訂，評估工作至少每年一次。商業銀行還應對銀行帳戶中受利率風險影響的業務風險敞口限額進行定期評估或調整，每年不少於一次。商業銀行必須嚴格遵照銀監會《商業銀行壓力測試指引》的相關要求，結合銀行帳戶已有或預期的業務規模、期限和收益率水平等因素，定期對銀行帳戶中的業務進行各種利率變動場景下的壓力測試。

復習思考題

1. 什麼是利率風險？根據巴塞爾銀行監管委員會的原則，利率風險的表現形式主要有哪些？

2. 什麼是利率敏感性資產？什麼是利率敏感性負債？什麼是重定價缺口？在用重定價模型測度利率風險時，主要注重金融機構的什麼變量？重定價模型的主要缺陷有哪些？為什麼？

3. 在下列資產負債中，哪些是 1 年期利率敏感性資產或負債？

A. 91 天的短期國庫券

B. 1 年期中期國庫券

C. 20 年期長期國庫券

D. 20 年期浮動利率公司債券，每一年重定價一次

E. 20 年期浮動利率抵押貸款，每兩年重定價一次

F. 30 年期浮動利率抵押貸款，每六個月重定價一次

G. 隔夜聯邦資金

H. 9 個月固定利率定期存款

I. 1 年期固定利率定期存款

J. 5 年期浮動利率定期存款，每一年重定價一次

4. 什麼是到期期限缺口？金融機構應該如何運用到期模型來免疫其資產負債組合？到期模型的主要缺陷是什麼？

5. 計算下列各種情況下的重定價缺口，並計算利率上升 1 個百分點對淨利息收入的影響。

A. 利率敏感性資產 = 200 萬元，利率敏感性負債 = 100 萬元

B. 利率敏感性資產 = 100 萬元，利率敏感性負債 = 150 萬元

C. 利率敏感性資產 = 150 萬元，利率敏感性負債 = 140 萬元

6. 假設某金融機構的資產負債表如下：

表 4.9　　　　　　　　　　　資產負債表　　　　　　　　　　單位：百萬元

資產		負債與所有者權益	
浮動利率抵押貸款		活期存款	
（當前年利率為 10%）	50	（當前年利率為 6%）	70
30 年期固定利率貸款	50	定期存款	
（固定利率為 7%）		（當前年利率為 6%）	20
		所有者權益	10
總資產	100	負債與所有者權益合計	100

A. 試計算：該銀行預期年末的淨利息收入。

B. 假設利率增加了 2 個百分點，該金融機構年末的淨利息收入是多少？

C. 運用重定價模型計算該金融機構利率增加 2 個百分點後的淨利息收入變化。

7. 假設某銀行的資產負債表如下：

表 4.10　　　　　　　　　　　資產負債表　　　　　　　　　單位：百萬元

資產		負債與所有者權益	
現金	20	隔夜存款(6.25%)	70
1 個月期短期國庫券(7.05%)	55	6 個月固定利率存款(7.2%)	50
3 個月期短期國庫券(7.25%)	75	7 年期固定利率存款(8.55%)	150
2 年期長期國庫券(7.5%)	50	2 年期浮動利率存款	
8 年期長期國庫券(8.96%)	120	(7.35%，每 6 個月重定價一次)	45
5 年期浮動利率貸款			
(8.2%，每 6 個月重定價一次)	25	所有者權益	30
總資產	345	負債與所有者權益合計	345

試計算：

A. 該銀行的 1 個月資金缺口（重定價缺口）；3 個月資金缺口（重定價缺口）；6 個月資金缺口（重定價缺口）；1 年期資金缺口（重定價缺口）；2 年期資金缺口（重定價缺口）（假設現金為非利率敏感性資產）。

B. 若利率上升 0.5 個百分點，試計算其對該銀行接下來 30 天的淨利息收入的影響。如果利率下降 0.75 個百分點呢？

C. 假設接下來一年內的資金回流預期如下：①2 年期長期國庫券將回收 1,000 萬元；②8 年期長期國庫券將回收 2,000 萬元。試計算該銀行的 1 年期資金缺口。

D. 假設考慮資金回流的問題，試計算年末利率增加 0.5 個百分點對該銀行淨利息收入的影響。如果利息下降 0.75 個百分點呢？

8. 假設某銀行的資產負債表如下：

表 4.11　　　　　　　　　　　資產負債表　　　　　　　　　單位：百萬元

資產		負債	
現金	60	活期存款	140
5 年期長期國庫券	60	1 年期定期存款	160
30 年期抵押貸款	200	所有者權益	20
總資產	320	負債與所有者權益合計	320

試計算該銀行的到期期限缺口，並判斷該銀行更多地暴露於利率上升還是利率下降的風險之中。解釋原因。

9. 假定某金融機構持有兩種資產：①A 公司的 7 年期債券，到期收益率為 12%，簡稱 A 債券；②B 公司的 2 年期債券，到期收益率為 14%，簡稱 B 債券。試計算：

A. 如果該金融機構持有的資產中，40% 為 A 債券，60% 為 B 債券，則該金融機構的加權平均到期日是多少？

B. 假設該機構僅持有這兩種資產，試計算它應如何分配才能使其加權平均收益率為 13.5%？

C. 如果該金融機構②中的收益率得以實現時，其加權平均到期日為多少？

10. 假設某銀行的資產負債表如下：（注意：該資產負債表是以市場價值報告，所有利率為年利率）

表 4.12　　　　　　　　　　資產負債表　　　　　　　　　　單位：百萬元

資產		負債	
現金	20	活期存款	100
15 年期商業貸款 （10%，balloon payment）	160	5 年期定期存款 （6%，balloon payment）	210
30 年期抵押貸款 （8%，按月分期償還）	300	20 年期債券（7%）	120
		所有者權益	50
總資產	480	負債與所有者權益合計	480

試計算：

A. 該銀行的到期期限缺口是多少？

B. 如果所有資產與負債的利率均上升 1 個百分點，計算該銀行的到期期限缺口？

C. 計算在 B 條件下，對該銀行所有者權益的市場價值的影響。

D. 如果市場利率上升 2 個百分點，判斷該銀行是否仍具有償付能力。

參考文獻

[1] 安東尼·桑得斯，等. 現代金融機構管理 [M]. 李秉祥，譯. 大連：東北財經大學出版社，2002.

[2] 劉金章. 金融風險管理綜論 [M]. 北京：中國金融出版社，1998.

[3] 王芳，張宗梁. 銀行業金融風險與防範 [M]. 北京：經濟科學出版

社, 1998.

[4] 倪錦忠, 張建友. 現代商業銀行風險管理 [M]. 北京: 中國金融出版社, 2004.

[5] Anthony Saunders, Marcia M. Cornett. Financial Institutions Management. McGraw–Hill, 2003.

[6] Anthony Saunders, Marcia M. Cornett. Fundamentals of Financial Institutions Management. McGraw–Hill, 1999.

[7] Peter S. Rose and Sylvia C. Hudgins. Bank Management and Financial Services. McGraw–Hill/Irwin, 2005.

[8] Timothy W. Koch and Scott Macdonald. Bank Management. South–Western College, 2003.

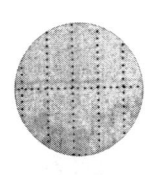

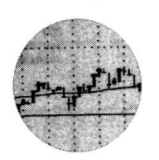

第五章　利率風險和管理(下)

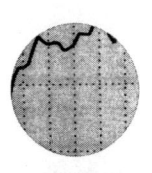

在本章裡，我們將討論第二種以市場價格為基礎的利率風險管理模型：久期模型。相對於上一章的到期日模型，久期模型是一種更科學的測定金融機構利率風險暴露的模型。國際清算銀行在 2001 年發布了徵求意見稿，試圖建立一個以久期模型為基礎的方法，使監管機構能夠評估銀行的利率風險暴露。因此，久期模型將是未來利率風險管理研究中的一個重點。

第一節　久期概述

一、久期的概念

久期（duration）也稱為持續期，是美國經濟學家弗雷得里・麥克萊（Frederick Macaulay）於 1936 年首先提出的。與到期期限相比，久期是一種更準確地測定資產和負債利率敏感度的方法。因為它不僅考慮了資產（或負債）的到期期限問題，還考慮到了每筆現金流的情況。我們以銀行發放一筆金額為 1,000 元的 1 年期貸款為例來進行說明。假設貸款的利率[①]為 12%，年初發放貸款，要求在 6 月底時償還一半本金，另外一半在年底時付清。利息每 6 個月支付一次。這樣在 6 月底和年底銀行從貸款中收到的現金流（CF）如圖 5.1 所示。

```
                CF_{1/2} = 560              CF_1 = 530
├──────────────────┼──────────────────┤
0                 1/2 年                1 年
```

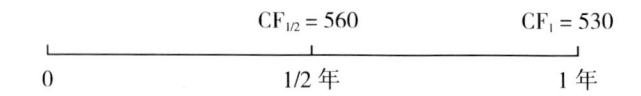

圖 5.1　1 年期貸款應收到的現金流圖

$CF_{1/2}$ 等於 6 個月以後銀行收到的一半本金 500 元加上利息 60 元（$1,000 \times 1/2 \times 12\%$）；$CF_1$ 等於 1 年後銀行收到的另外一半本金 500 元加上利息 30 元（$500 \times 1/2 \times 12\%$）。為了比較這兩筆現金流的大小，我們應該把它們按照統一標準轉換後再進行衡量。因為對金融機構來說，貨幣具有時間價值，在年底收到的 1 元本金或利息的價值小於在半年底收到的 1 元本金或利息。假設當前市場利率為 $R = 12\%$，我們可以計算出這兩筆現金流的現值為：

$CF_{1/2} = 560$　　　　$PV_{1/2} = 560/(1 + 0.06) = 528.30$（元）

[①] 在本章中所考察的利率都是以複利方式進行計算的。

$CF_1 = 530$ 　　　　　$PV_1 = 530 / (1+0.06)^2 = 471.70$（元）

$CF_{1/2} + CF_1 = 1,090$　　$PV_{1/2} + PV_1 = 1,000$（元）

需要注意的是，6月底應收到的 $CF_{1/2}$ 是先於 CF_1 半年的時間收到的，所以以 $(1+R/2)$ 的貼現率進行貼現，該值小於年底收到的現金流的貼現率 $(1+R/2)^2$。圖 5.2 概括了上述 1 年期貸款產生的現金流的現值（即表示為年初的價值）。

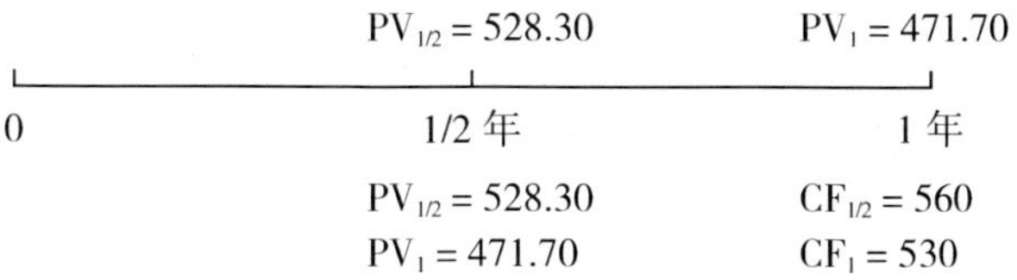

```
              PV₁/₂ = 528.30        PV₁ = 471.70
├─────────────────────┼─────────────────────┤
0                    1/2 年                  1 年
              PV₁/₂ = 528.30        CF₁/₂ = 560
              PV₁ = 471.70          CF₁ = 530
```

圖 5.2　1 期貸款現金流的現值圖

從技術上說，久期是利用現金流的相對現值作為權數的貸款的加權平均到期期限。在貨幣時間價值的基礎上，久期測定了金融機構要收回貸款初始投資所需要的時間。因此在久期內所收到的現金流反應了對初始貸款投資的收回，而從久期末到到期日之間所收到的現金流才是金融機構賺取的利潤。如圖 5.2 所示，金融機構分別在半年末和一年末的時候收到了兩筆現金流。久期分析是根據每一個時點上現金流現值的相對重要性來確定每筆現金流的權重。這樣，從現值的角度看，t = 1/2 年和 t = 1 年的現金流的相對重要性如表 5.1 所示。

表 5.1　　　　　t = 1/2 年和 t = 1 的現金流的相對重要性表

時間（t）	權重（w）
T = 1/2 年	$W_{1/2} = \dfrac{PV_{1/2}}{PV_{1/2} + PV_1} = \dfrac{528.30}{1,000} = 0.528,3 = 52.83\%$
T = 1 年	$W_1 = \dfrac{PV_1}{PV_{1/2} + PV_1} = \dfrac{471.70}{1,000} = 0.471,7 = 47.17\%$
	1.0　　100%

從表 5.1 中可以看出，金融機構在 6 月底第一次獲得返還的貸款現金流的 52.83%，在年底第二次支付中獲得了 47.17%。根據定義，現金流權重的總和一定等於 1，即

$W_{1/2} + W_1 = 1$

$0.528,3 + 0.471,7 = 1$

現在我們就可以以 $W_{1/2}$ 和 W_1 作為權數，來計算久期，或者說是計算貸款的加權平均到期期限：

$D_L = W_{1/2} \times 1/2 + W_1 \times 1$

$= 0.528,3 \times 1/2 + 0.471,7 \times 1 = 0.735,9$（年）

所以，儘管貸款的期限是一年，但是它的久期僅為 0.7359 年，這是因為有 52.83% 的現金流是在半年末的時候就收到了，久期也就小於到期期限。在貨幣時間價值的基礎上，貸款的初始投資在 0.7359 年就能收回，之後，金融機構賺得的是該貸款的利潤或者回報。

為了說明為什麼在到期日模型中即使到期期限匹配了，金融機構仍然暴露在利率風險之中，我們以計算一筆利率為 12% 的 1,000 元 1 年期定期存款的久期為例。假設金融機構應在年底向存款人一次性支付本金 1,000 元和利息 120 元，即 $CF_1 = 1,120$ 元，因為權重是以現值計算而來的，所以計算出 $PV_1 = 1,120/1.12 = 1,000$ 元，如圖 5.3 所示。

$PV_1 = 1\ 000$　　　　　　　　　　　　$CF_1 = 1\ 120$

圖 5.3　存款現金流的現值圖

因為所有的現金流在年底一次性付清，這時 $W_1 = PV_1/PV_1 = 1$，所以存款的久期為：

$D_D = W_1 \times 1$

$= 1 \times 1 = 1$（年）

從上述例子中可知，只有當所有現金流全部只發生在期末，而在此期間沒有發生任何現金流，這時久期才會等於到期期限。這個例子同時也說明了雖然貸款和存款的到期期限缺口等於零，即到期期限匹配，但是久期缺口仍然可能存在：

$M_L - M_D = 1 - 1 = 0$

$D_L - D_D = 0.735,9 - 1 = -0.264,1$

由上例可知，要測定和避免利率風險，金融機構需要管理的是久期缺口而不是到期期限缺口。

二、久期的一般公式

我們可以使用下面久期的一般公式來計算任何一種每年支付一次利息的固定收益證券的久期：

$$D = \frac{\sum_{t=1}^{N} CF_t \times DF_t \times t}{\sum_{t=1}^{N} CF_t \times DF_t} = \frac{\sum_{t=1}^{N} PV_t \times t}{\sum_{t=1}^{N} PV_t} \qquad (5.1)$$

式中：

D 為久期（以年為單位）；

CF_t 為證券在 t 期期末收到的現金流；

N 為證券的年限；

DF_t 為貼現因子，等於 $1/(1+R)^t$，其中 R 為債券的年到期收益率或者說是當前市場利率的水平；

$\sum_{t=1}^{N}$ 為從時期 t＝1 到 t＝N 的求和符號；

PV_t 是在 t 時期期末的現金流的現值，等於 $CF_t \times DF_t$。

對每半年支付一次利息的債券來說，久期公式變為：

$$D = \frac{\sum_{t=1/2}^{N} \dfrac{CF_t \times t}{(1+R/2)^{2t}}}{\sum_{t=1/2}^{N} \dfrac{CF_t}{(1+R/2)^{2t}}} \qquad (5.2)$$

式中，t＝1/2，1，3/2，…，N。

需要注意的是，久期公式的分母是在該證券持有期內所有現金流現值的和，而分子是每筆現金流的現值與收到該筆現金流所需時間的乘積的和。為了使讀者能夠更清楚地理解久期的計算公式，下面我們將通過幾個例子來進行說明。

（一）息票債券（coupon bond）的久期

【例 5.1】假設投資者持有面值為 100 元，票面利率為 10%，期限為 3 年，每年付息一次的息票債券。該債券的到期收益率或者說目前的市場利率為 8%，通過公式（5.1）可以計算出該債券的久期，如表 5.2 所示。

表 5.2　　　　票面利率為 10% 的 3 年期息票債券的久期表

t	CFt	DFt	$CF_t \times DF_t$	$CF_t \times DF_t \times t$
1	10	0.925,9	9.26	9.26
2	10	0.857,3	8.57	17.14
3	110	0.793,8	87.32	261.96
			105.15	288.36

$$D = \frac{288.36}{105.15} = 2.742 \text{（年）}$$

通過計算可知，該債券的久期為2.742年。這說明在貨幣時間價值的基礎上，初始投資的100元在2.742年的時候就可以全部收回。在剩餘的0.258年內，債券為投資者帶來了收益。

【例5.2】假設投資者持有面值為100元，票面利率為10%，期限為2年，每半年付一次息的息票債券。如果當前市場利率為12%，我們可以通過公式（5.2）計算出該債券的久期，如表5.3所示。

表5.3　票面利率為10%，到期收益率為12%的2年期息票債券的久期表

t	CF_t	DF_t	$CF_t \times DF_t$	$CF_t \times DF_t \times t$
1/2	5	0.943,4	4.72	2.36
1	5	0.890,0	4.45	4.45
3/2	5	0.839,6	4.20	6.30
2	105	0.792,1	83.17	166.34
			96.54	179.45

$$D = \frac{179.45}{96.54} = 1.859 \text{（年）}$$

（二）零息債券（zero coupon bond）的久期

所謂零息債券是指以低於面值的價格發行的，在到期時按照面值支付的債券。這些債券在發行日和到期日之間不會產生現金流，即不會產生利息支付。假設每年利率為複利，投資者願意購買該債券的當前價格將會等於該債券的現值。

$$P = \frac{F}{(1+R)^N} \tag{5.3}$$

式中：R為要求的複利利率，N為期限年數，P為價格，F為票面面值。

由於證券的所有現金流只發生在到期日，所以以下結論一定成立：

$D_B = M_B$

也就是說，零息債券的久期一定等於到期期限。事實上，任何只要在到期日之前支付了現金流的債券，其久期都會小於到期期限。因此只有這種零息債券（D_B）的久期和到期期限（M_B）才會相等。

【例5.3】假設投資者持有面值為100元的零息債券，期限為5年，市場利率為10%。由於該債券不付息，在整個債券期限中，只會在第5年年底產生現金流，如表5.4所示。

表 5.4　　　　　　　　　　期限為 5 年的零息債券的久期表

t	CF_t	DF_t	$CF_t \times DF_t$	$CF_t \times DF_t \times t$
5	100	0.620,9	62.09	310.45

$$D = \frac{310.45}{62.09} = 5 \text{（年）}$$

（三）永久性公債（consol bond）的久期

永久性公債是指每年支付固定利息而永遠不會到期的債券，其到期期限（M_C）為無窮大，即

$$M_C = \infty$$

雖然永久性公債是沒有到期日的，但永久性公債的久期是有期限的，其久期（D_C）的計算公式如下：

$$D_C = 1 + \frac{1}{R} \tag{5.4}$$

式中，R 為投資者所要求的必要到期收益率（通常等於市場利率）。假設 R = 10%，永久性公債的久期為：

$$D_C = 1 + \frac{1}{0.1} = 11 \text{（年）}$$

雖然該永久性公債沒有到期日，但是其久期卻為 11 年。這樣，在貨幣時間價值的基礎上，投資於該債券的投資者在第 11 年末的時候就可以收回初始投資。11 年以後，永久性公債將為債券持有人創造收益。另外，隨著利率的增加，永久性公債的久期也會減少。例如，當利率增加到 25% 的時候，該永久性公債的久期縮短為：

$$D_C = 1 + \frac{1}{0.25} = 5 \text{（年）}$$

三、債券票面利率、到期收益率、到期期限的變化對久期的影響

以例 5.2 中面值為 100 元，票面利率為 10%，期限為 2 年，每半年付一次息的息票債券作為比較的基礎，在市場利率（即債券的到期收益率）為 12% 的情況下計算出該債券的久期為 1.859 年。

（一）久期與票面利率

在其他情況不變的條件下，如果票面利率減少到 8%，債券的久期的計算如表 5.5 所示。

表5.5　票面利率為8%，到期收益率為12%的2年期息票債券的久期表

t	CFt	DF_t	$CF_t \times DF_t$	$CF_t \times DF_t \times t$
1/2	4	0.943,4	3.77	1.89
1	4	0.890,0	3.56	3.56
3/2	4	0.839,6	3.36	5.04
2	104	0.792,1	82.38	164.76
			93.07	175.25

$$D = \frac{175.25}{93.07} = 1.883 \text{（年）}$$

因此對比表5.5和表5.3，可以得出這樣的結論：在其他條件不變時，證券的票面利率或承諾的利率越高，久期越小。用數學的方式表達如下：

$$\frac{\partial D}{\partial C} < 0$$

其中：D表示久期；

　　　C表示票面利率；

　　　∂ 是求導符號。

如果票面利率從表5.5的8%提高到表5.3的10%，債券的久期從1.883減少到1.859。這是因為在久期計算中利息支付越多，投資者收回初始投資的速度就越快，同時每一筆現金流的現值權重也越高。

（二）久期與到期收益率

在其他情況不變的條件下，如果債券的到期收益率增加到16%，債券久期的計算如表5.6所示。

表5.6　票面利率為10%，到期收益率為16%的2年期息票債券的久期表

t	CF_t	DF_t	$CF_t \times DF_t$	$CF_t \times DF_t \times t$
1/2	5	0.925,9	4.63	2.32
1	5	0.857,3	4.29	4.29
3/2	5	0.793,8	3.97	5.96
2	105	0.735,0	77.18	154.35
			90.07	166.92

$$D = \frac{166.92}{90.07} = 1.853 \text{（年）}$$

對比表5.3和表5.6，可以得出這樣的結論：在其他條件不變時，債券到期收

益率增加，則久期減小，即：

$$\frac{\partial D}{\partial R} < 0$$

式中：D 表示久期，R 表示債券的到期收益率或市場利率。

當債券的到期收益率從 12% 增加到 16% 的時候（表 5.3 和表 5.6），債券的久期由 1.859 年減少到 1.853 年。直觀地看，這是因為表 5.6 中使用了更高的貼現因子進行貼現，這樣現金流的現值權數小於表 5.3 中的現值權數，久期也會縮短。在其他情況不變的條件下，投資者就會更快地收回初始投資。

（三）久期與到期期限

在其他情況不變的條件下，我們分別計算債券到期期限在兩年的基礎上縮短一年和增加一年時債券的久期，如表 5.7 和表 5.8 所示。

表 5.7　票面利率為 10%，到期收益率為 12% 的 1 年期息票債券的久期表

t	CF_t	DF_t	$CF_t \times DF_t$	$CF_t \times DF_t \times t$
1/2	5	0.943,4	4.72	2.36
1	105	0.890,0	93.45	93.45
			98.17	95.81

$$D = \frac{95.81}{98.17} = 0.976 \text{（年）}$$

表 5.8　票面利率為 10%，到期收益率為 12% 的 3 年期息票債券的久期表

t	CF_t	DF_t	$CF_t \times DF_t$	$CF_t \times DF_t \times t$
1/2	5	0.943,4	4.72	2.36
1	5	0.890,0	4.45	4.45
3/2	5	0.839,6	4.20	6.30
2	5	0.792,1	3.96	7.92
5/2	5	0.747,3	3.74	9.34
3	105	0.705,0	74.03	222.09
			95.10	252.46

$$D = \frac{252.45}{95.10} = 2.655 \text{（年）}$$

通過對比表 5.7、表 5.3、表 5.8 我們可以知道，當固定收益的證券或資產的到期期限增加時，久期則以一個遞減的速度增加：

$$\frac{\partial D}{\partial M} > 0 \qquad \frac{\partial D^2}{\partial^2 M} < 0$$

式中：D 表示久期，M 表示債券的到期期限。

為了更清楚地加以說明，我們畫出了久期針對不同債券到期期限的變化圖（圖 5.4）。此時假定票面利率為10%，債券的到期收益率為12%。當債券到期期限由 1 年增加到 2 年（表 5.7 和表 5.3）時，久期增加了 0.883 年，從 0.976 年增加到 1.859 年。而當債券到期期限由 2 年增加到 3 年（表 5.3 和表 5.8）時，久期由 1.859 年增加到 2.655 年，增加了 0.796 年。

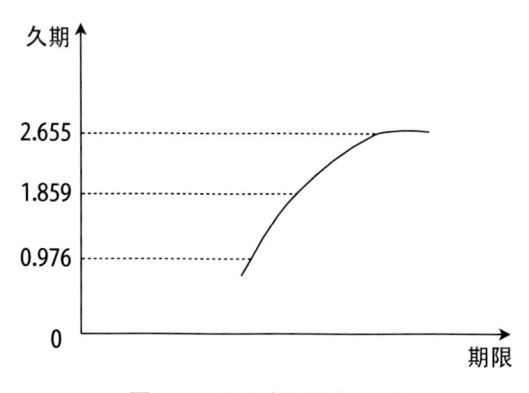

圖 5.4 久期與到期期限圖

在上面的例子中，我們已經解釋了久期與證券的票面利率、到期收益率以及到期期限之間的關係，它實際上也可以歸納為久期的幾個重要特徵，如表 5.9 所示。

表 5.9 久期的特徵表

1. 證券的票面利率越高，它的久期越短；
2. 證券的到期收益率越高，它的久期越短；
3. 隨著固定收益資產或負債到期期限的增加，久期會以一個遞減的速度增加。

四、久期的經濟含義

到目前為止，我們已經計算了很多種不同類型固定收益的資產和負債的久期。下面我們將討論久期與資產和負債的利率敏感性之間的直接聯繫。

久期模型除了是衡量資產和負債平均期限的方法之外，還是一種直接測定資產和負債利率敏感度或彈性的方法。換句話說，D 的值越大，資產或負債價格對利率變化的敏感度越大。

考慮下面的公式，它表示債券的當前價格等於所有利息和債券本金的現值的和：

$$P = \frac{C}{(1+R)} + \frac{C}{(1+R)^2} + \cdots + \frac{C+F}{(1+R)^N} \tag{5.5}$$

式中：P 為債券的價格；

C 為每年的利息；

R 為市場利率（到期收益率）；

N 為年限；

F 為債券面值。

通過該公式我們可以知道，當市場利率 R 上升的時候，債券的價格 P 下跌。雖然知道了債券價格要下跌，但是我們仍然需要推導出一種直接衡量下跌程度的方法。

在公式中 P 對 R 求導，可得：

$$\frac{dP}{dR} = \frac{-C}{(1+R)^2} + \frac{-2C}{(1+R)^3} + \cdots + \frac{-N(C+F)}{(1+R)^{N+1}} \tag{5.6}$$

整理得

$$\frac{dP}{dR} = -\frac{1}{1+R}\left[\frac{C}{(1+R)} + \frac{2C}{(1+R)^2} + \cdots + \frac{N(C+F)}{(1+R)^N}\right] \tag{5.7}$$

根據久期的定義：

$$D = \frac{1 \times \frac{C}{(1+R)} + 2 \times \frac{C}{(1+R)^2} + \cdots + N \times \frac{(C+F)}{(1+R)^N}}{\frac{C}{(1+R)} + \frac{C}{(1+R)^2} + \cdots + \frac{(C+F)}{(1+R)^N}} \tag{5.8}$$

由於久期公式的分母等於債券 P 的價格，因此把式（5.5）代入到式（5.8），可得：

$$D = \frac{1 \times \frac{C}{(1+R)} + 2 \times \frac{C}{(1+R)^2} + \cdots + N \times \frac{(C+F)}{(1+R)^N}}{P} \tag{5.9}$$

等式兩邊同時乘以 P，可得：

$$P \times D = 1 \times \frac{C}{(1+R)} + 2 \times \frac{C}{(1+R)^2} + \cdots + N \times \frac{(C+F)}{(1+R)^N} \tag{5.10}$$

注意到式（5.10）右邊的項等於式（5.7）中方括號裡的項。因此把式（5.10）代入式（5.7）中，得到：

$$\frac{dP}{dR} = -\frac{1}{1+R}(P \times D) \qquad (5.11)$$

移項整理得

$$\frac{dP}{dR} \times \frac{1+R}{P} = -D \qquad (5.12)$$

或者為：

$$\frac{\frac{dP}{P}}{\frac{dR}{(1+R)}} = -D \qquad (5.13)$$

式（5.12）和式（5.13）的經濟解釋為：數值 D 是證券價格對微小的利率 R 變動的利率彈性，或者叫敏感度。也就是說，D 描繪了在給定到期收益率增加 1%〔dR/（1+R）〕的情況下，債券價格下降的百分比（dP/P）。

要用久期來衡量利率敏感度，就需要將式（5.13）整理成為另外一種更有用的表達式：

$$\frac{dP}{P} = -D \times \left(\frac{dR}{1+R}\right) \qquad (5.14)$$

式（5.14）表示利率微小的變化會引起債券價格以一定比例向相反方向變化，變化程度取決於 D 值的大小。這樣，對於任何一個給定的利率變化，久期長的證券所遭受的資本損失（或者為資本盈利）比久期短的證券要更大。我們還可以將 D 和（1+R）合併成一個單獨的變量〔D/（1+R）〕，該變量被稱為修正的久期（MD）。這樣式（5.14）可以進一步變形為：

$$\frac{dP}{P} = -MD \times dR \qquad (5.15)$$

式中，$MD = \frac{D}{1+R}$。

在式（5.15）中，我們以利率的變化 dR 與 MD 相乘，直接反應了金融機構資產或負債價格對利率變化的敏感程度。

【例 5.4】現有一票面利率為 10% 的永久性債券，到期收益率為 10%，可計算得到久期為 11 年（$D_c = 1 + 1/0.1 = 11$ 年）。假設市場利率上升到 10.05%：

$$\frac{dP}{P} = -D\left(\frac{dR}{1+R}\right)$$

$$= -11 \times 0.000,5/1.1$$

= -0.005

= -0.5%

若該債券的面值為 1,000 元，則當到期收益率上升 0.5 個百分點時，債券價格會下跌到 995 元。

對一些固定收益的資產或負債來說，其利息支付是每半年一次或者更為頻繁，因此在計算這種資產或負債對利率變化的敏感度時，需要對式（5.14）稍作修改。每半年支付一次利息的情況是：

$$\frac{dP}{P} = -D\left(\frac{dR}{1+R/2}\right) \tag{5.16}$$

式（5.14）和式（5.16）之間唯一的不同就是式（5.16）考慮到了半年付息一次的情況，因此將 1/2 引入了貼現項中。

第二節　運用久期模型進行免疫

到目前為止，我們已經介紹了久期的計算以及久期的經濟意義。對金融機構來說，久期主要的作用是識別、計算金融機構的利率風險暴露。此外，金融機構還可以利用久期模型來對某一特定的業務或整個資產負債表的利率風險暴露進行免疫處理。在這一節裡，我們將用兩個例子來分別說明金融機構如何使用久期模型來實現單個項目和整個資產負債表的免疫。

一、久期和遠期支付的免疫

養老基金和人壽保險公司管理者面臨如何進行多種資產的組合投資，以使它們在將來某個時期能夠獲得足夠的投資收益來向受益人或投保人支付退休金或保險金的問題。其中一個典型的例子就是當投保人退休時，養老基金和人壽保險公司能否一次性返還投保人款項的問題。人壽保險公司管理者在運用由投保人的保費所構成的基金進行投資時會面臨利率風險。如果未來市場的利率發生變動，就可能會導致基金收益的減少，使所獲得的收益不能足額支付原合同中協議返還給投保人的款項。這樣的話，保險公司就不得不動用公司的準備金和淨資產來履行支付合同。

假設有一份 5 年期的保單，保險公司向客戶承諾 5 年後一次性支付一筆款項。為了簡化，我們假設保險公司應在 5 年期滿後支付 1,469 元作為退休保險的一次性返還，它恰好等於用 1,000 元投資於票面利率 8% 的按複利計算的 5 年期債券。當

然，保險公司實際支付的金額可能會更大，但在這個例子中我們假設支付的總額不會發生變化。

為了使自身免於遭受利率風險，保險公司需要確定無論將來利率發生什麼變化時都能夠在 5 年以後產生 1,469 元現金流的資產。它要麼投資一個期限和久期都為 5 年的零息債券，要麼投資一個久期為 5 年的息票債券，這樣就能保證無論將來利率發生什麼樣的變化都能夠在 5 年時間內產生 1,469 元的現金流。下面我們來考慮上述的兩個策略：購買期限為 5 年的零息債券和購買久期為 5 年的息票債券。

（一）購買期限為 5 年的零息債券

假設面值為 1,000 元，到期收益率為 8% 的 5 年期貼現債券的當前價格為 680.58 元：

$P = 680.58$（元）

如果保險公司以 1,000 元的總成本購買了這樣的債券，那麼該項投資在 5 年後將剛好產生 1,469 元（$1,000 \times 1.08^5 = 1,469$）的現金流。原因是債券組合的久期與保險公司保費的返還期相匹配。更直接地說，由於持有零息貼現債券的保險公司在 5 年之內沒有收到任何現金流或者說是利息，因此未來市場利率的變化不會產生再投資收入效應。所以，保險公司從該項投資中所獲得的收入不會受到利率變化的影響。

假設不存在這種 5 年期的貼現債券，那麼投資組合管理者可能會試圖尋找具有適當久期的息票債券來規避利率風險。在這個例子中，合適的投資對象就是久期為 5 年的息票債券。

（二）購買久期為 5 年的息票債券

通過計算，我們可以知道面值為 1,000 元，期限為 6 年，票面利率為 8%，到期收益率為 8% 的債券的久期為 4.993 年，四捨五入後約為 5 年。如果保險公司購買了該債券，無論市場利率如何變化，在 5 年後保險公司都能獲得 1,469 元的現金流。這是因為利率變動帶來的再投資收入的增加或減少都恰好被出售債券的收入的減少或增加所抵消。所以，保險公司只要購買了久期與保費返回的期限（由於保費在 5 年合同期滿後一次性返還，因此保險合同的期限就等於其久期）相匹配的證券，就能免於遭受利率風險。

【例5.5】承上例，保險公司將 1,000 元投資於期限為 6 年且票面利率為 8% 的息票債券，購買時候的市場利率為 8%。我們假設 5 年中市場利率會出現以下三種可能性：一直保持在 8%；下降到 7%；上升到 9%。表 5.10 總結了三個不同市場

利率水平下債券的利息收入、再投資收入以及出售債券收入的變化情況。

表 5.10　　　　　　　　久期為 5 年的債券的現金流　　　　　　單位：元

	8%	7%	9%
利息收入	400	400	400
再投資收入	69	60	78
出售債券的收入	1,000	1,009	991
合計	1,469	1,469	1,469

1. 5 年中市場利率保持在 8%

（1）利息收入。每年的利息為 80 元，共 5 年，所以利息等於 400（5×80）元。

（2）再投資收入。每年的利息為 80 元，這 80 元可以按照 8% 的收入進行再投資[①]，得到額外的現金流 69 元。

（3）出售債券的收入。當 6 年期的債券距到期日只有 1 年時，保險公司在第 5 年年底賣出債券所獲得的收入。即是：

圖 5.5　久期與到期期限圖

這樣，在第 5 年年底買方所願意支付的價格應該是最後一期（第 6 年）的利息加本金共 1,080 元在第 5 年年底的現值。這也是保險公司所希望取得的合理價格：

$$P_5 = \frac{1,080}{1.08} = 1,000 \text{（元）}$$

2. 市場利率下降到 7%

我們可以看到，即使市場利率下降了，債券的總現金流並沒有變化。具體說明如下：

（1）利息收入。因為債券的利率是固定的，所以每年的利息收入仍是 80 元，400（5×80）元。

[①] 再投資收益可以通過年金終值系數表來計算。公式為 $(F/A, R, n) = \left[\frac{(1+R)^n - 1}{R}\right]$。在我們的例子中，$(F/A, 8\%, 5) = \left[\frac{(1+0.08)^5 - 1}{0.08}\right] = 5.867$，每年利息為 80 元的再投資收益為：再投資收益 =（80×5.867）- 400 = 469 - 400 = 69（元）。

需要注意的是我們必須減掉 400 元，因為我們在（1）中計算利息收入的時候已經計算過了。

（2）再投資收入。由於市場利率下降到7%，所以利息的再投資收入是在7%的水平下進行再投資，運用註釋①中的年金終值系數計算公式，計算出再投資收入減少至60元。

（3）出售債券的收入。債券在到期時（第6年末）的現金流為1,080元，包括1,000元的本金和80元的利息。由於當前的市場利率已經下降，為了取得債券在第6年中8%的利息收入，投資者在第5年末願意支付的價格是：

$$P_5 = \frac{1,080}{1.07} = 1,009 \text{（元）}$$

即債券能夠比在市場利率為8%的時候多賣9元。原因是投資者只能從新發行的債券獲得7%的利率，而原來的債券票面利率為8%。

再投資收入和出售債券的收入的比較結果，證明了市場利率下降使得出售債券的收入增加了9元，彌補了在較低利率水平下再投資收入損失的9元。因此，總現金流沒有變化，仍然為1,469元。

3. 市場利率上升到9%

當市場利率從8%上升到9%時，對最終的總現金流仍沒有影響。運用上面的計算方法可知，市場利率上升使得再投資收入增加了9元，但是出售債券的收入卻從1,000元下降到了991元。所以，再投資收入的增加彌補了出售債券收入的損失。

因此，我們看到，久期為5年的債券與保險公司的保費返還期限相匹配時，即使在此期間利率下降到7%或者上升到9%，在第5年末的時候從債券獲得的預期現金流仍然會等於1,469元。這樣，利息收入＋再投資收入＋出售債券的收入得到免疫。換句話說，債券的現金流沒有受到利率變化的影響。這樣只要息票債券或者任何一種固定利率工具（比如貸款或抵押貸款）的久期與金融機構的投資目標的期限相匹配，金融機構就能免於遭受利率波動所帶來的衝擊。其根本原因就在於利率波動所帶來的再投資收入的增加（減少）完全被出售債券的收入的減少（增加）所衝銷。

二、金融機構整個資產負債表的免疫

久期模型還能評估金融機構的總體利率風險暴露，即測量其資產負債表的久期缺口。

為了估計金融機構的久期缺口，我們首先得分別計算金融機構資產組合的久期和負債組合的久期。我們可以通過以下公式進行計算：

$$D_A = W_{1A}D_1^A + W_{2A}D_2^A + \cdots + W_{nA}D_n^A \qquad (5.17)$$

$$D_L = W_{1L}D_1^L + W_{2L}D_2^L + \cdots + W_{nL}D_n^L \qquad (5.18)$$

式中：$W_{1j} + W_{2j} + \cdots + W_{nj} = 1$　$j = A$（或 L）；

　　　D_A 為資產組合的久期，其中 D_i^A 表示第 i 種資產的久期；

　　　D_L 為負債組合的久期，其中 D_i^L 表示第 i 種負債的久期；

　　　A 為資產；

　　　L 為負債；

　　　W_{ij} 為各自的資產組合（或負債組合）中的每一項資產（或負債）的市場價格的比例；

　　　E 為淨值（所有者權益）。

簡單來說，資產組合或負債組合的久期就是特定金融機構的每一項資產或每一項負債的久期的加權平均，其權數為資產負債表上每一項資產或負債市場價格占總資產或總負債市場價格的比值。

從第二章所學到的知識中我們可以知道，資產（A）＝負債（L）＋淨值（所有者權益 E），即：

　　　$A = L + E$

　　　$\Delta A = \Delta L + \Delta E$

或者　$\Delta E = \Delta A - \Delta L$

一旦市場利率發生變化，就會影響到資產負債表兩邊以市場價格計價的資產和負債，從而進一步影響到金融機構的淨值（資產減去負債）。這與我們第四章討論的到期日模型相類似。而這裡與淨值（ΔE）的利率敏感性相聯繫的是久期的不匹配而不是到期期限的不匹配。正如我們前面介紹的，與到期期限相比較，久期是一個更準確地測定利率風險敏感度的方法。

由於 $\Delta E = \Delta A - \Delta L$，我們需要確定資產負債表中資產和負債市場價格的變化（ΔA 和 ΔL）是如何與久期聯繫在一起的。

從上一節久期的經濟意義可知，$\dfrac{\Delta P}{P} = -D\left(\dfrac{\Delta R}{1+R}\right)$。如果將任意給定債券價格百分比變化 $\Delta P/P$ 替換為整個資產和負債的百分比變化 $\Delta A/A$ 和 $\Delta L/L$，同時以金融機構資產和負債組合的久期 D_A、D_L 替代任意給定債券的久期，就可以得到式（5.19）和式（5.20）：

$$\frac{\Delta A}{A} = -D_A \frac{\Delta R}{(1+R)} \tag{5.19}$$

$$\frac{\Delta L}{L} = -D_L \frac{\Delta R}{(1+R)} \tag{5.20}$$

為了說明資產和負債價值的變化，上述兩式變換為：

$$\Delta A = -D_A \times A \times \frac{\Delta R}{(1+R)} \tag{5.21}$$

$$\Delta L = -D_L \times L \times \frac{\Delta R}{(1+R)} \tag{5.22}$$

由於 $\Delta E = \Delta A - \Delta L$，我們可以將上述兩個表達式（5.21）、（5.22）代入到等式 $\Delta E = \Delta A - \Delta L$ 中去，得到：

$$\Delta E = \left[-D_A \times A \times \frac{\Delta R}{(1+R)}\right] - \left[-D_L \times L \times \frac{\Delta R}{(1+R)}\right] \tag{5.23}$$

假設利率水平和利率預期的變化對資產和負債都是一樣的，得到：

$$\Delta E = (-D_A \times A + D_L \times L)\frac{\Delta R}{(1+R)} \tag{5.24}$$

或是

$$\Delta E = -(D_A \times A - D_L \times L)\frac{\Delta R}{(1+R)} \tag{5.25}$$

為了使上式更易被理解，我們可以對 $D_A \times A$ 和 $D_L \times L$ 同時乘以和除以 A（資產）得到：

$$\Delta E = -\left(D_A \times \frac{A}{A} - D_L \times \frac{L}{A}\right) \times A \times \frac{\Delta R}{(1+R)} \tag{5.26}$$

$$\Delta E = -(D_A - D_L \times k) \times A \times \frac{\Delta R}{(1+R)} \tag{5.27}$$

式中，$k = L/A$ 是對金融機構財務槓桿的測定，即金融機構用於支持資產的負債（或借款，但不是自有資本）與資產的比率。利率變化對金融機構淨值的影響可以分為以下三個部分：

（1）槓桿修正的久期缺口 $= D_A - D_L \times k$。該缺口以年為單位，反應金融機構資產和負債之間久期的不匹配程度。缺口的絕對值越大，金融機構就越多地暴露在利率風險下。

（2）金融機構的規模。A 是以市場價格為表示的金融機構的資產價值，它反應了金融機構的規模。金融機構的規模越大，可能暴露在利率風險下的淨值的規模就越大。

145

(3) 利率的變化程度為 $\Delta R/(1+R)$，利率的變動越大，金融機構的風險暴露越大。這樣，我們可以把金融機構的淨值暴露表示為：

$\Delta E = -$（槓桿修正的久期缺口）$\times$資產規模$\times$利率變動

利率的變動是金融機構無法控製的，它主要取決於中央銀行的貨幣政策。但是，槓桿修正的久期缺口和金融機構的規模是可以控製的。下面我們用一個例子來介紹金融機構管理者如何利用金融機構久期缺口的信息來重建資產負債表，從而使金融機構的淨值免於遭受利率風險。

【例5.6】假設金融機構管理者計算出：

$D_A = 6$ 年

$D_L = 4$ 年

此外，管理者還從經濟預測機構那裡得知利率預期會從 8% 上升到 10%；即：

$\Delta R = 2\%$

$1 + R = 1.08$

假設表 5.11 是一個金融機構以市場價格表示的簡化的資產負債表。

表 5.11

資產（億元）	負債（億元）
A = 1,000	L = 800
	E = 200
1,000	1,000

如果未來利率真的上升了，金融機構管理者會計算出股東的潛在損失，其具體計算如下：

$$\Delta E = -(D_A - D_L \times k) \times A \times \frac{\Delta R}{(1+R)}$$

$$= -(6 - 4 \times 0.8) \times 1,000 \times \frac{0.02}{1.08} = -51.85 \text{（億元）}$$

從上面的計算中可知，利率上升 2%，金融機構的淨值就會減少 51.85 億元。金融機構的淨值（所有者權益）最初為 200 億元，現在由於利率上升，淨值減少到 148.15 億元，損失金額幾乎占原來淨值（所有者權益）的 25.93%。下表是利率上

升 2 個百分點之後以市場價格計價的資產負債表（表 5.12）。[1]

---

[1] $\Delta A/A = -\dfrac{0.02 \times 6}{1.08} = -11.111\%$，$1,000 + (-11.111\%) \times 1,000 = 888.89$(億元)

$\Delta L/L = -\dfrac{0.02 \times 4}{1.08} = -7.407\%$，$800 + (-7.407\%) \times 800 = 740.74$(億元)

表 5.12

資產（億元）	負債（億元）
A = 888.89	L = 740.74
	E = 148.15
888.89	888.89

雖然利率上升不會導致金融機構陷入經濟意義上的破產，但是它降低了淨值與資產的比例，從 20%（200/1,000），降到了 16.67%（148.15/888.89）。管理者可能通過減少金融機構槓桿修正的久期缺口，來避免這一不利影響。在極端的情況，缺口可以減少到零：

$$\Delta E = -(0) \times A \times \frac{\Delta R}{(1+R)} = 0$$

為了達到 $\Delta E = 0$ 的目標，金融機構不會直接使 $D_A = D_L$，這是因為資產總額通常超過負債總額（除非該金融機構無清償能力），即 k 不會等於 1。為了理解槓桿因子的重要性，假設管理者把金融機構負債的久期增加到 6 年，與資產的久期相等，那麼

$$\Delta E = -(6 - 0.8 \times 6) \times 1,000 \times \frac{0.02}{1.08} = -22.22 \text{（億元）}$$

由上式可知，當利率上升時，金融機構還是會損失 22.22 億元。一個適當的策略就是要一直改變負債的久期直到 $D_A = kD_L = 6$ 年。

例如，

$$\Delta E = -(6 - 0.8 \times 7.5) \times 1,000 \times \frac{0.02}{1.08} = 0$$

在這個例子當中，由於 80% 的資產是由負債來支持的，而另外 20% 的資產是由權益資本來支持的，因此要使 $\Delta E = 0$，金融機構管理者就需要使 $D_L = 7.5$。需要注意的是，金融機構管理者至少可運用以下三種方法來使修正的久期缺口為零：

(1) 減少 D_A。將 D_A 從 6 年減少到 3.2 年。

$D_A - kD_L = 3.2 - 0.8 \times 4 = 0$

(2) 減少 D_A 和增加 D_L。在縮短資產的久期的同時增加負債的久期。一種可能的情況是將 D_A 減少到 4 年，同時 D_L 增加到 5 年，如：

$D_A - kD_L = 4 - 0.8 \times 5 = 0$

(3) 同時改變 k 和 D_L。把 k 從 0.8 增加到 0.9 並同時把 D_L 從 4 年增加到 6.67

年，如：

$D_A - kD_L = 6 - 0.9 \times 6.67 = 0$

三、久期缺口管理的缺陷

久期模型雖然較重定價模型和到期日模型對利率風險的測量和管理更為科學和精確，但是它依然存在以下幾個缺陷：

首先，找到具有相同久期的資產和負債並引入到金融機構的資產負債組合中是件很費時費力的事情。如果某種貸款或者證券的到期期限等於久期，那就會容易得多。但是，對於任何一個在到期日前存在現金流的金融工具來說，久期一定小於到期期限。只有在證券是零息債券或者是到期日一次性支付本息的貸款的情況下，金融工具的久期才會等於到期期限。金融工具支付利息的頻率越高，久期越短。從上面的討論中，我們可以得到這樣一個結論，即金融工具的到期期限越短，到期期限與久期匹配的可能性就越大。

其次，銀行和儲蓄機構擁有的一些帳戶，如支票存款和儲蓄存款，這些帳戶現金流發生的時間不確定，致使久期的計算出現困難。而且，對於貸款而言，客戶的提前支付或違約會影響到貸款的預期現金流，這樣也會給久期的計算帶來困難。

此外，久期模型假設資產（負債）的市場價格和利率之間為線性關係，即假定利率上升或下降相同的幅度所引起的資產（負債）價格下降或上升的幅度相同。而在實際中，它們之間的關係往往是非線性的。通常情況下，同等幅度的利率上升引起的資產價值的下降幅度要小於同等幅度的利率下降引起的資產價值的上升幅度。

如果收益的變動是由較小的利率波動引起的，並且短期和長期利率變動保持相同的比例，久期缺口分析在處理利率風險問題上就是相當有效的。但是，如果利率的變動很大而且不同的利率變動比例不同，久期缺口管理的精確性和有效性就會有所降低。而且，在現實世界中收益曲線不會平行變動，因為短期利率的變動要比長期利率變動更劇烈些。

所幸的是，最近的研究表明久期缺口管理仍然是有效的，久期缺口分析有助於金融機構管理者更好地管理公司的淨資產。久期缺口儘管有其自身的缺陷，但仍然不失為一種重要和有用的利率風險管理工具。

復習思考題

1. 久期的概念是什麼？久期的經濟意義是什麼？久期與期限有何不同？
2. 假設持有一種面值為1,000元的債券：
   A. 期限為2年，年利率為10%，收益率為12%的久期為多少？
   B. 期限為2年，收益率為11.5%的零息債券的久期為多少？
3. 思考以下問題：
   A. 面值為100元，期限為5年，利率為10%，每半年付息國庫券的久期為多少？
   B. 如果該國庫券的收益率上升到14%，久期為多少？上升到16%呢？
   C. 通過上面計算可以歸納出久期與收益率之間的關係嗎？
4. 思考下列問題：
   A. 期限為4年，利率為10%，半年付息的國庫券久期為多少？
   B. 期限為3年，利率為10%，半年付息的國庫券久期為多少？
   C. 期限為2年，利率為10%，半年付息的國庫券久期為多少？
   D. 從上述計算中你可以得出久期和到期期限之間的什麼結論？
5. 以面值出售的每半年支付一次利息且利率為10%的11年期國庫券的久期為多少？（假設面值為1,000元）
6. 計算下面金融機構的槓桿修正久期缺口。其擁有1,000,000元資產，投資於30年、利率為10%、每半年付息一次且以面值出售的國庫券，久期為9.94年。還擁有900,000元的負債，是通過2年期、利率為7.25%、每半年付息一次且以面值出售的債券籌集的資金。如果 $\frac{\Delta R}{(1+R/2)} = -0.002$，對淨值有何影響？
7. 如果你打算運用久期模型來對你的資產組合進行免疫，那麼當利率變化時，哪三個因素會影響你所擁有的淨值？
8. 用GBI銀行提供的資料（見表5.13）回答以下問題：

表 5.13　　　　　　　　　　　GBI 銀行表　　　　　　　　　　單位：百萬元

資產		負債	
現金	30	核心存款	20
聯邦資金	20	聯邦資金	50
貸款（浮動利率）	105	大額存單	130
貸款（固定利率）	65	所有者權益	20
總資產	220	總負債	220

附：目前聯邦資金的利率為 8.5%。浮動利率貸款定價為在倫敦同業拆借利率（目前為 11%）的基礎上加上 4%，固定利率貸款的期限為 5 年，年利率為 12%。核心存款都是採用固定利率，期限為 2 年，年利率為 8%。大額存單目前的收益為 9%。

A. GBI 銀行固定利率貸款的久期是多少？

B. 如果浮動利率貸款（包括聯邦資金）的久期為 0.36 年，那麼銀行資產的久期是多少？（現金的久期為 0）

C. 銀行核心存款的久期是多少？

D. 如果大額存單和聯邦資金負債的久期為 0.401 年，那麼銀行負債的久期是多少？

E. GBI 銀行的久期缺口是多少？利率風險暴露是多少？如果 $\dfrac{\Delta R}{(1+R/2)} = 0.01$，對銀行所有者權益的市場價格有什麼影響？

參考文獻

[1] 趙曉菊. 銀行風險管理——理論與實踐 [M]. 上海：上海財經大學出版社，1999.

[2] Anthony Saunders, Marcia M. Cornett. Financial Institutions Management. McGraw‑Hill, 2003.

[3] Peter S. Rose and Sylvia C. Hudgins. Bank Management and Financial Services. McGraw‑Hill/Irwin, 2005.

[4] Timothy W. Koch and Scott Macdonald. Bank Management. South‑Western College, 2003.

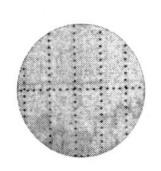

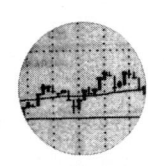

第六章　信用風險和管理(上)

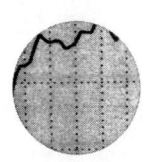

信用風險是指交易對手未按合同承諾履行合同義務或信用評級下降給金融機構帶來損失的可能性。對信用風險的研究可包括風險的衡量與管理。其中，風險的衡量是問題的核心和管理的前提，也是研究的重點。至於信用風險的管理，則包括信貸額度限制、信貸集中度限制、擔保抵押、資產證券化、資產組合分散風險、衍生金融工具等手段。對信用風險的衡量和管理可分為單項資產信用風險的衡量和管理以及資產組合信用風險的衡量和管理。本章討論單項資產信用風險，集中於貸款信用風險的衡量，主要用信用分析方法來衡量、評估信用風險。其他資產的信用風險的衡量和管理與此類似，不再贅述。下章集中討論資產組合的信用風險和管理。

第一節　信用風險概述

信用風險是指交易對手未按合同承諾履行合同義務或信用評級下降給金融機構帶來損失的可能性。它既存在於傳統的貸款、債券投資等表內業務中，也存在於信用擔保、貸款承諾等表外業務中，還存在於信用衍生工具交易（主要指場外衍生工具）中，是歷史最為悠久，也是最為複雜的風險種類。重大的信用風險事件，如主要交易對手的違約，可能導致金融機構的破產和整個金融體系的癱瘓甚至崩潰，嚴重時還會對整個經濟體帶來嚴重的影響。研究信用風險不僅在微觀層面上是金融機構防範風險、增強競爭力的重要任務，在宏觀上也具有重要的意義。

對以貸款為主要業務的銀行來說，信用風險是指借款者在貸款到期時，無力或不願償還貸款本息，或由於借款者信用評級下降給銀行帶來損失的可能性。它可以分為道德風險和企業風險。

道德風險是指借款者蓄意騙取銀行資金給銀行帶來損失的可能性。它產生的原因是信息不對稱，即銀行很難真正瞭解借款者的借款目的和用途。有的借款者信用品德不良，故意隱瞞真實情況，甚至製造虛假信息，向銀行申請貸款，將借得的款項揮霍掉，或從事高風險活動甚至是違法活動。在貸款到期時，以種種理由不還本付息，使銀行蒙受損失。

企業風險是由於借款企業的經營狀況不佳而不能按期還本付息的風險。企業在經營過程中可能面臨以下風險：

（1）財產風險。財產風險指企業的財產由於社會的、自然的或政治經濟的風險

而發生損失，從而影響其還本付息能力的風險。

（2）個人風險。個人風險指企業的主要負責人的離開、死亡或主管人員經營不善使企業遭受損失的可能性。

（3）責任風險。責任風險指企業在發生侵權行為時或其他情況下，對他人造成的損害需負的賠償責任。若賠償金額很大，會影響到企業的償債能力。

第二節　貸款種類及特點

對銀行貸款種類的劃分，不僅有利於熟悉銀行貸款的業務種類，更是銀行信貸員在接到客戶貸款申請時，對其進行信用分析的前提。

目前，美聯儲公布的全美銀行業的資產負債表將貸款分為工商業貸款、房地產貸款、個人消費信貸和其他貸款。這樣分類的目的，是更有利於美聯儲對全國的信貸進行宏觀分析，使其更有利於經濟的發展。而微觀層面上，包括美國花旗銀行、中國四大國有銀行等在內的大多數商業銀行，均將貸款分為公司類貸款，個人貸款以及其他類貸款。我們採用後一種分類方法，以利於分析商業銀行貸款的風險狀況。其中，公司類貸款分為流動資金貸款、項目貸款和房地產開發貸款（包括住房開發貸款、商業房地產開發貸款和其他）；個人貸款包含了個人住房貸款、個人消費貸款以及個人其他類別的貸款（如個人經營貸款、信用卡透支等）。表6.1便是按上述分類標準劃分的2015年中國工商銀行的新增貸款種類。值得注意的是，人們也經常把房地產開發貸款和個人住房貸款合稱為房地產貸款。

表6.1　　　　　　　　2015年中國工商銀行新增貸款種類

貸款種類	2015年新增貸款（百萬元）	百分比（％）
公司類貸款	7,869,552	61.82
其中：流動資金貸款	3,454,731	27.14
項目貸款	3,936,017	30.92
房地產開發貸款	478,804	3.76
個人貸款	3,541,862	27.82
其中：個人住房貸款	2,516,197	19.77
個人消費貸款	311,075	2.44
個人經營貸款	295,091	2.32
信用卡透支	419,499	3.30

表6.1(續)

貸款種類	2015年新增貸款（百萬元）	百分比（%）
其他貸款①	1,318,708	10.36
合計	12,730,122	100.00

資料來源：根據中國工商銀行2015年財務報表整理。

一、公司類貸款

表6.1代表了商業銀行貸款的基本情況。可以看出，公司類貸款是商業銀行貸款的主要形式和重要利潤來源。如表中的工商銀行，2015年公司類貸款占新增貸款的61.82%，遠遠超過了個人貸款和其他貸款。

對於公司類貸款，我們按期限還可將其分為短期貸款和中長期貸款。短期貸款一般用於滿足公司類流動資金需求和其他短期資金需求；中長期貸款一般用於滿足固定資產投資、開辦新的工廠等需求。表6.2列示了2015年中國四大國有商業銀行按期限劃分的公司類貸款構成。

表6.2　　2015年四大國有商業銀行公司類貸款構成（按期限劃分）　　單位：億元

銀行	貸款餘額	短期貸款	中長期貸款
中國工商銀行	78,695.5	28,859.5	49,836.0
中國農業銀行	85,066.8	37,616.8	47,450
中國銀行	89,352.0	36,588.2	52,763.8
中國建設銀行	102,345.2	39,195.5	63,149.7

註釋：一般期限在一年或一年以下的貸款為短期貸款；期限在一年以上的為中長期貸款。
資料來源：根據各銀行2015年財務報表整理。

公司類貸款中，大筆金額的貸款通常是辛迪加貸款，即由幾家銀行組成貸款團，向借款者發放貸款的一種貸款形式。辛迪加貸款通常由一家牽頭銀行與借款者達成貸款協議，再由牽頭銀行向其他辛迪加成員出售貸款。這種貸款形式可解決借款者的大筆資金需求問題，同時有利於銀行之間分擔風險。

另外，公司類貸款還可按以下標準進行劃分：按有無抵押物，可分為抵押貸款和無抵押貸款。抵押貸款是由借款者的某項資產做抵押的貸款，一旦借款者違約，銀行可通過抵押物的處置使貸款損失最小化；按利率是否固定，可分為固定利率貸

---

① 包括票據貼現和境外貸款。

款和浮動利率貸款。前者的利率在簽訂貸款合同時已固定，貸款期間內不隨市場利率的變化而變化；後者根據市場利率定期調整。通常長期貸款多採用浮動利率形式；按貸款是否有額度，可分為即期貸款和貸款承諾。前者指一旦簽訂貸款合同，借款者立即就可動用貸款資金，不存在貸款額度；後者又稱貸款額度，指銀行設定一貸款金額的上限，借款者可在合同期內的任何時間借入限額內的資金。

除此之外，中國銀行業按行業劃分的境內分行公司類貸款分佈情況，將中國銀行業公司類貸款分為：交通運輸、倉儲和郵政業，製造業（包括化工，機械，金屬加工，紡織及服裝，計算機、通信和其他電子設備，鋼鐵，交通運輸設備，非金屬礦物，石油加工、煉焦及核燃料，其他），電力、熱力、燃氣及水生產和供應業，租賃和商務服務業，批發和零售業，水利、環境和公共設施管理業，房地產業，採礦業，建築業，科教文衛，住宿和餐飲業，其他貸款等。其中製造業貸款在中國商業銀行公司類貸款中佔有較大比重。應注意區分此處的房地產業貸款和前面提到的房地產貸款是不同的概念。房地產貸款由房地產開發貸款和個人住房貸款構成，而此處房地產業貸款主要由房地產開發貸款構成，不包括個人住房貸款。房地產開發貸款在發達國家又稱為商業房地產貸款，主要是針對企業因投資房地產業而產生資金需求的貸款，其在銀行的貸款中占比很大。以美國為例，2009年9月數據顯示，房地產開發貸款在國內商業銀行總貸款中占比高達23.6%。

隨著直接融資渠道的拓展和金融機構間的激烈競爭，企業資金需求對銀行的依賴性在不斷降低，發達國家出現了所謂的「脫媒」現象①。而在發展中國家，銀行在企業融資中仍扮演重要角色。以中國為例，雖然2005年以來，債券融資呈快速增長態勢，但其總量仍較小；而股票融資受市場行情等因素影響波動較大。所以我們看到，2015年中國非金融機構籌集的資金中有72.2%都來自銀行貸款，相比之下債券融資占比19.2%，而股票融資僅占5.2%。由此可知，貸款仍是企業資金需求的主要來源，同時也是商業銀行重要的資產和利潤來源。

二、個人貸款

個人貸款主要由個人住房貸款、個人消費貸款、個人經營貸款和信用卡透支組成。有的銀行也把個人住房貸款中的住房抵押貸款以及個人消費貸款中的助學貸款，連同個人經營貸款和信用卡透支合稱為其他貸款。

---

① 「脫媒」現象就是企業不通過銀行等金融媒介進行融資，而直接在金融市場上籌集資金的現象。

在中國，個人住房貸款在個人貸款中占了很大的比重。該類貸款主要是指居民用於購置住房的貸款，往往以住房作為抵押，其貸款金額一般為住房價值的75%左右。當借款者違約時，銀行可將該不動產拍賣以彌補可能發生的損失。與房地產開發貸款及其他公司類貸款相比，個人住房貸款期限通常更長，一般在10~30年左右，但貸款規模一般不如前二者大，並且在很大程度上也受到政策的影響。在發達國家，個人住房貸款和房地產開發貸款一樣，在銀行貸款總額中占較大的比重。截至2016年12月底，個人住房貸款占中國主要金融機構各項貸款餘額的17.9%。在發展中國家，該類貸款也顯得十分重要。表6.3列出了從2011年9月到2017年3月間中國主要金融機構個人住房貸款的變化情況。

表6.3　2011年9月—2017年3月中國主要金融機構個人住房貸款的變化情況

單位：億元

月份	個人購房貸款餘額	各項貸款餘額	住房貸款比重
2011-09	69,400.00	529,118.34	13.12%
2011-12	71,426.00	547,946.69	13.04%
2012-03	73,000.00	572,474.82	12.75%
2012-06	74,900.00	596,422.59	12.56%
2012-09	78,000.00	615,089.48	12.68%
2012-12	81,000.00	629,909.64	12.86%
2013-03	85,700.00	657,591.82	13.03%
2013-06	90,700.00	680,837.17	13.32%
2013-09	94,700.00	702,832.25	13.47%
2013-12	98,000.00	718,961.46	13.63%
2014-03	102,900.00	749,089.78	13.74%
2014-06	107,400.00	776,336.66	13.83%
2014-09	111,200.00	795,786.02	13.97%
2014-12	115,200.00	816,770.01	14.10%
2015-03	121,000.00	859,069.21	14.09%
2015-06	126,400.00	887,946.89	14.24%
2015-09	134,500.00	921,337.19	14.60%
2015-12	141,800.00	939,540.16	15.09%
2016-03	151,800.00	985,613.17	15.40%
2016-06	165,500.00	1,014,859.39	16.31%

表6.3(續)

月份	個人購房貸款餘額	各項貸款餘額	住房貸款比重
2016－09	179,300.00	1,041,137.89	17.22%
2016－12	191,400.00	1,066,040.06	17.95%
2017－03	190,500.00	1,108,256.00	17.19%

資料來源：WIND數據庫。

在中國，個人消費貸款在個人貸款中的份額，僅次於個人住房貸款，尤其是在近年來汽車消費貸款迅速增長的背景下，這種情況更為明顯。而由於最近的五六年，中國信用卡普及率逐年猛增，使得信用卡透支也增長迅速。我們知道，按借款者在貸款期間可否按事先承諾的貸款額度無限次的借入資金，可將貸款分為可循環貸款和非循環貸款。信用卡透支就屬於可循環貸款，而一般汽車消費貸款則屬於非循環貸款。表6.4列出了2006年和2007年中國各銀行信用卡的發行規模。

表6.4　　　　　2006—2007年中國各銀行信用卡累計發卡量表

銀行	累計發卡量（張） 2006年	2007年	百分比（%） 2006年	2007年
中國工商銀行	1,047	2,338	18.02	23.67
中國農業銀行	427.3	520	7.35	5.27
中國銀行	936	1,139	16.11	11.53
中國建設銀行	1,106.47	1,260	19.04	12.76
交通銀行	194	500	3.34	5.06
中信銀行	200	422	3.44	4.27
招商銀行	1,034	2,068	17.80	20.94
民生銀行	143.84	334	2.48	3.38
光大銀行	82.8	190	1.43	1.92
廣東發展銀行	400	500	6.88	5.06
深圳發展銀行	81.95	188.43	1.41	1.91
上海浦發銀行	50	166.94	0.86	1.69
興業銀行	107.12	250	1.84	2.53
合計	5,810.48	9,876.37	100.00	100.00

資料來源：易觀國際2008。

近年來，中國個人消費貸款有了很大發展，這從表6.4中的信用卡發行量上可以看出來。但與發達國家和地區相比，仍有較大差距。圖6.1列出了各國和地區每張信用卡每年平均的交易額。

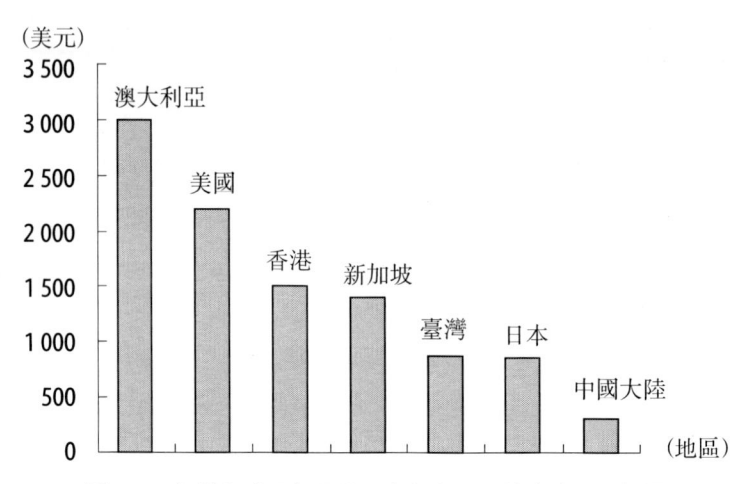

圖6.1 各國和地區每張信用卡每年平均的本地交易額圖

資料來源：吳洪濤．商業銀行信用卡業務［M］．北京：中國金融出版社，2003．

由圖6.1可知，與其他國家和地區相比，中國每張信用卡的年均交易額還相當小。儘管近年來中國信用卡交易總額增長得較快，但由於中國處於休眠狀態的信用卡達到80%左右，這樣就稀釋了每張卡的年均交易額，使得中國每張信用卡的年均交易額仍然不高。

三、其他貸款

其他貸款包括票據貼現、境外貸款等未包含在上述兩種貸款中的所有貸款。

第三節 貸款收益率的計算

貸款收益率的計算是貸款定價的基礎，是貸款決策的重要環節。下面我們將首先運用資產收益率的方法來計算貸款收益率，並在此基礎上進一步考察一種在國際大型銀行中廣泛使用的、針對大客戶的貸款收益率計算模型——RAROC模型。

一、用資產收益率法計算的貸款收益率

貸款是銀行的主要資產。計算資產收益率的一般公式是用資產的收益比上獲得

資產的成本：

$$r_t = \frac{p_t - p_{t-1}}{p_{t-1}} \tag{6.1}$$

式中，r_t 是指 $t-1$ 時刻到 t 時刻這段時間內資產的收益率；p_t 是指 t 時刻資產的價格，p_{t-1} 指 $t-1$ 時刻資產的價格，$p_t - p_{t-1}$ 是 $t-1$ 時刻到 t 時刻這段時間內資產的收益。用 $p_t - p_{t-1}$ 除以 p_{t-1}（獲得資產的成本）即得資產收益率。

一般情況下，貸款沒有交易價格，不能直接使用上述公式。但將資產收益率計算的思想用於貸款收益率的計算是可行的。按照這種思路，應該用貸款的收益比上貸出的金額。下面將具體討論構成貸款收益的因素。為了簡便，假設貸出的本金為1元。

(一) 合同承諾的貸款收益率的計算

合同承諾的貸款收益率是指按照合同承諾，銀行可獲得的貸款收益率。影響貸款收益率的主要因素有：

(1) 貸款基礎利率；
(2) 貸款信用風險補償；
(3) 貸款相關費用；
(4) 其他非價格條款（如補償性存款餘額、準備金要求）。

貸款基礎利率反應了銀行放出一筆貸款時的加權資本成本或邊際籌資成本。它可以是某一基準利率，如 LIBOR——倫敦同業市場拆借利率，或某一優惠利率。這裡，用 BR 來表示貸款基礎利率。信用風險補償是銀行根據借款者的信用風險狀況收取的風險補償。借款者的信用評級越低，信用風險就越高，要求的風險補償就越大。信用評級越高，信用風險越低，要求的風險補償就越小。每貸出 1 元所要求的信用風險補償用 m 表示。貸款基礎利率和信用風險補償加在一起，就構成了貸款時銀行向借款者收取的利率；貸款的相關費用主要指貸款申請費用，用 f 表示每貸出 1 元所要求的申請費用；補償性餘額是貸款中實際上不能供借款者所用，而必須保留在銀行帳戶中的那部分資金，一般以活期存款的形式保留。用 b 表示每 1 元貸款中要求借款者在銀行帳戶中保留的金額。由於準備金要求的限制，銀行要將這部分資金按一定比例提為準備金。準備金率用 R 表示。所以，對於較高的信用風險，銀行除了制定較高的貸款利率外，還可通過要求較高的風險補償、收取較高的申請費用和提高補償性餘額來補償所承擔的信用風險。

設 k 為貸款承諾收益率，則

$$1+k=1+\frac{(BR+m)+f}{1-b(1-R)} \tag{6.2}$$

$$k=\frac{(BR+m)+f}{1-b(1-R)} \tag{6.3}$$

式 6.2 中，等式的左邊表示每貸出 1 元，銀行獲得的收益。它等於等式右邊的本金 1 元加上貸款基礎利率、信用風險補償和貸款申請費用。考慮到銀行要求的補償性餘額和該補償性餘額的準備金要求，應除以調整項 [1-b(1-R)]。最後得到的 $\frac{(BR+m)+f}{1-b(1-R)}$ 就是銀行從該貸款中獲得的合同承諾的收益率。

【例6.1】假定銀行設定貸款利率為 10%，風險補償率為 1%，貸款申請費率為 0.125%，補償性餘額為 5%，另外準備金率為 10%，則貸款收益率為：

$$1+k=1+\frac{(BR+m)+f}{1-b(1-R)}$$

$$=1+\frac{(0.1+0.01)+0.001,25}{1-0.05\times(1-0.1)}$$

$$=1.116,5$$

或：

$k=11.65\%$

考慮了貸款申請費用、補償性存款餘額和準備金要求的貸款收益率（11.65%）要高於只考慮貸款利率和風險補償的貸款收益率（11%）。

隨著銀行間和來自非銀行機構的激烈競爭，銀行要求的貸款申請費用和補償性存款餘額在不斷降低。有些銀行會要求補償性存款餘額以定期存款的形式存入，以降低借款者這部分資金的機會成本。在國際性貸款中，幾乎從不要求存入補償性存款。如果貸款申請費用和補償性存款餘額均為零，那麼貸款收益率為：

$1+k=1+(BR+m)$ (6.4)

$k=BR+m$ (6.5)

由此可見，當貸款基礎利率確定時，影響貸款收益率的重要因素就是信用風險補償 m。

（二）貸款預期收益

合同承諾的收益率不同於貸款預期收益率，與貸款決策相關的應是貸款的預期收益率。貸款的預期收益率是指考慮了借款者的違約概率時，預期的貸款能給銀行帶來的收益率。若設貸款預期收益為 E(r)，則：

$$E(r) = p(1+k) + (1-p)\gamma(1+k) \tag{6.6}$$

p表示貸款償還概率，γ指發生違約時的貸款實際回收率。上述公式十分直觀，銀行的預期收益由兩部分組成：一部分是借款者以p的概率按合同還本付息時的銀行收益p(1+k)，另一部分是借款者違約時（違約概率為1-p），銀行以γ的回收率所得到的收益(1-p)γ(1+k)。若貸款實際回收率γ為零，上述公式簡化為：

$$E(r) = p(1+k) \tag{6.7}$$

從式6.7中似乎可以得出這樣的結論：只要制定較高的合同承諾收益率k，就能提高貸款預期收益E(r)。事實上，遠遠不是那麼簡單。在k較低的區域內，借款者可將借款用於風險相對較小的投資項目，還款概率相對較大。提高k，不會明顯地降低p，從而可以提高E(r)。當k處於相對較高的區域時，低風險的借款者不能通過風險較低的、較穩定的投資項目來償還貸款，因此只能退出貸款計劃，尋求其他融資方式，而剩下的都是高風險的借款者。這就是所謂的「逆向選擇」；剩餘的借款者將借款用於高風險投資項目甚至是投機項目，使還款概率p大大降低，這就是所謂的「道德風險」問題。因此，在合同承諾收益率k上升到某一水平之後，整個借款群體的風險水平提高了，p顯著地下降。E(r)不但沒有因為k的提高而增加，反而由於p的顯著降低而下降，如圖6.2所示。

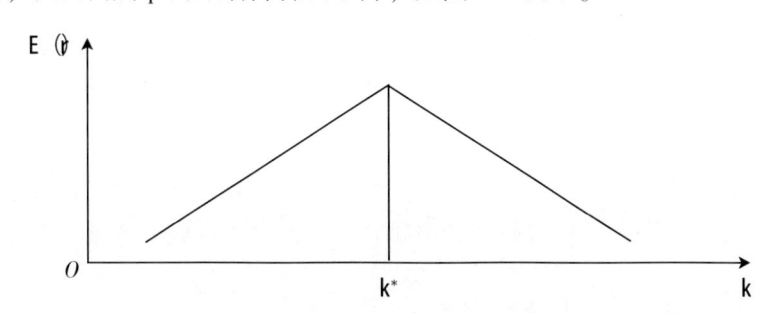

圖6.2 貸款預期收益E(r)與合同承諾收益率k的關係圖

圖6.2中，當k低於k^*時，可通過k的提高來提高E(r)，因為k提高的正效應大於p下降的負效應；當k高於k^*時，「逆向選擇」和「道德風險」問題使得p下降的負效應大於k提高的正效應，導致E(r)隨著k的提高而下降。因此，銀行在制定合同承諾貸款收益率時，要充分考慮還款概率的影響。理論上，最佳的合同承諾貸款收益率應是使預期收益最大化的點，即圖6.2中的k^*。

實際貸款業務中，在利率制定和信用風險控制方面，零售性貸款和批發性貸款

是有所不同的。零售性貸款一般針對單個消費者，貸款金額一般較小；批發性貸款一般針對工商企業，貸款金額一般較大。由於零售性貸款的金額較小，其風險控製多是通過信貸限額而不是有差別的利率來實現的。比如，兩個信用風險不同的消費者在申請汽車消費貸款時，會面臨相同的利率，銀行只是在二者的貸款金額上予以區別對待。信用風險較大的客戶得到貸款金額小，信用風險較小的客戶得到的貸款金額大。而批發性貸款則可根據客戶的風險狀況，同時採取差別利率和信貸限額的辦法來控製信用風險，提高貸款預期收益。但如前所述，要充分考慮 k 與 p 的關係。

二、RAROC 模型

RAROC（risk - adjusted return on capital）即風險調整後的資本收益率。該模型首先由信孚銀行在 20 世紀 70 年代提出，現在正得到越來越廣泛的應用。

前面計算貸款收益率時，將貸款收益除以貸款額得到貸款收益率，使用的是簡單的資產收益率。RAROC 是經風險調整後的資本收益率，其分子是一年內貸款收益，分母是貸款風險，如下式：

$$\text{RAROC} = \frac{\text{一年內的貸款收益}}{\text{貸款風險}} \times 100\% \tag{6.8}$$

用計算出的 RAROC 與某一標準對比，通常是銀行股東要求的股權收益率（ROE）。只有當某項貸款的 RAROC 高於 ROE，即考慮風險調整因素後，該貸款能提高股東的股權收益率時，這項貸款才是值得的。否則，就不值得貸款，或只能通過調整貸款條件提高其盈利。

貸款收益是貸款利息與其他收費之和。估計貸款風險比較困難。大多數銀行用未預期到的違約率與違約時貸款損失比例的乘積來代表貸款風險。即：

$$\text{RAROC} = \frac{\text{一年內每貸出 1 元的貸款收益}}{\text{未預期到的違約率} \times \text{貸款違約損失比例}} \times 100\% \tag{6.9}$$

【例6.2】假設某銀行每貸出 1 元的貸款收益是 0.001,9 元，未預期到的違約率是 2.5%，發生違約時，有 75% 的貸款不能被收回，即貸款違約損失比例為 75%，則：

$$\text{RAROC} = \frac{0.001,9}{0.025 \times 0.75} \times 100\% = 10.13\%$$

若銀行要求的股權收益率（ROE）為 12%，則拒絕該項貸款；或調整貸款合同，使貸款收益達到足夠高的水平。

第四節　信用風險的衡量——信用分析法

本節從信用分析角度考察在收到貸款申請時，是如何評價、衡量信用風險，以幫助作出貸款決策的。信用分析就是信貸員通過自己的專業知識和經驗，對借款者進行分析，作出關於信用風險的判斷，進而作出信貸決策的方法。下面我們對不同特點的貸款，分別介紹其常用的信用分析方法。

一、房地產貸款信用分析

由於個人住房貸款在房地產貸款中佔有較大比重，我們重點考慮個人住房貸款的信用分析。在進行房地產信用風險分析時，著重考察以下兩方面的因素：申請人的還款意願和還款能力；用作抵押的住房的價值及其抵押權登記。

（一）還款意願與還款能力分析

還款意願是指借款者按時償還貸款本息的意願，與借款者的道德素質、人品相關。它主要體現在借款者過去借款的償還情況。所以，還款意願分析主要是通過調查申請人的還款記錄和信用檔案來進行的。我們假定擁有良好信用記錄的借款者在未來保持這種傾向的可能性較大。除此之外，還款意願分析還包括瞭解申請人的人品、生活習慣與作風、婚姻家庭等情況。

還款能力是指借款者按時償還貸款本息的能力。其影響因素包括借款者的收入和負債狀況。在進行還款能力分析時，經常使用以下兩個指標：住房債務收入比（GDS）和總債務收入比（TDS）。分別定義如下：

$$\text{GDS} = \frac{\text{年住房抵押貸款償還額} + \text{房產稅}}{\text{年總收入}} \times 100\% \tag{6.10}$$

$$\text{TDS} = \frac{\text{年總債務償還額}}{\text{年總收入}} \times 100\% \tag{6.11}$$

貸款機構一般會對這兩個指標設定一個上限，高於這個上限，則不能予以貸款。上限的設定要根據當地居民的收入狀況並結合具體申請人的情況來考慮。一般來說，在美國，GDS 比率的上限在 25% 到 30% 之間，TDS 比率的上限在 35% 到 40% 之間。

【例 6.3】GDS 和 TDS 比率的計算。

如有兩個客戶 A 和 B 向銀行申請個人住房貸款。該銀行 GDS 比率的上限是 30%，TDS 比率的上限是 35%。客戶資料如下：

客戶	總收入（年）	住房按揭貸款償還額（月）	房產稅（年）	其他債務償還額（月）
A	100,000	2,500	2,000	1,000
B	50,000	1,000	1,200	300

那麼，這兩個客戶的 GDS 和 TDS 比率為：

客戶 A：

$$\text{GDS} = \frac{2,500 \times 12 + 2,000}{100,000} \times 100\% = 32\%$$

$$\text{TDS} = \frac{2,500 \times 12 + 2,000 + 1,000 \times 12}{100,000} \times 100\% = 44\%$$

客戶 B：

$$\text{GDS} = \frac{1,000 \times 12 + 1,200}{50,000} \times 100\% = 26.4\%$$

$$\text{TDS} = \frac{1,000 \times 12 + 1,200 + 300 \times 12}{50,000} \times 100\% = 33.6\%$$

可見，儘管客戶 A 的年收入明顯地高於客戶 B，但其已有的債務負擔過重，而申請的個人住房貸款的月償還額也較大，計算出來的 GDS 和 TDS 比率都已超過上限，不予貸款；客戶 B 雖然年收入較小，但已有債務負擔較輕，申請的個人住房貸款的月償還額也較小，兩個比率都沒有超過上限，可以考慮發放貸款。

除了單獨地考察上述兩個比率外，銀行通常還會使用一個評分系統，並賦予影響申請人還款意願和還款能力的因素一定的分值，按申請人向銀行提供的有關信息，為每一因素打分。設定某一臨界範圍，計算出的總分值若低於臨界範圍下限，就拒絕貸款；高於臨界範圍上限，則可考慮發放貸款；處於臨界範圍之間的，則由貸款委員會作出最終決定。納入評分系統的因素包括：GDS 比率、TDS 比率、年總收入、年齡、目前的工作穩定性，等等。

【例6.4】住房貸款信用評分系統如表 6.5 所示：

表 6.5　　　　　　　　　　住房貸款信用評分系統表

年總收入	<10,000	10,000~30,000	30,000~50,000	50,000~100,000	>100,000
分值	0	15	35	50	75
TDS（%）	>50	35~50	15~35	5~15	<5
分值	0	10	20	35	50
與銀行關係	無	有活期帳戶存款	有定期帳戶存款	兩者都有	
分值	0	30	30	60	

表6.5(續)

主要的信用卡	無	1張或更多	
分值	0	20	
年齡	<25	25~60	>60
分值	5	30	25
住房情況	租住	按揭	產權
分值	5	20	50
居住時間（年）	<1	1~5	>5
分值	0	20	45
目前工作穩定性（年）	<1	1~5	>5
分值	0	25	50
信用記錄	無	最近5年有不良記錄	良好
分值	0	-15	50

若總分值低於120分，則自動拒絕貸款申請；高於190分，信貸員可直接發放貸款。若分支介於120分和190分之間的，則需要由貸款委員會作出最終決定。

假設某一申請人的信息如表6.6所示：

表6.6

評分因素	實際值	分值
年總收入	60,000	50
TDS	10%	35
與銀行關係	活期帳戶、定期帳戶	60
主要的信用卡	1	20
年齡	40	30
住房情況	產權	50
居住時間	>5年	45
工作穩定性	>5年	50
信用記錄	良好	50
總分		390
得分高於190分，貸款申請暫時通過		

由於所有的信息都是由申請人提供的，銀行需要進一步證實信息的真實性。信貸員會通過多種途徑來驗證，包括向其他金融機構或評級機構查詢申請人的信用狀

況、向申請人的雇主核實申請人的收入狀況，等等。如果證實信息屬實，則向申請人發放貸款，否則拒絕貸款申請並將該申請人列入貸款黑名單，以後接到其貸款申請時，要特別小心。

(二) 用作抵押的住房的價值及其抵押權登記

個人住房貸款週期長，通常用所購的住房作抵押，作為風險防範的重要手段。個人住房貸款用作抵押的住房的價值及其抵押權登記對銀行來說至關重要。在通過了申請人的還款意願和還款能力的分析和核實後，必須對房屋進行獨立公正的資產評估，確保房屋購買價格與市場價格相符，同時應確保該住房未被用做其他抵押；在抵押合同簽訂後的一段時間內，必須向當地房產產權登記機關申請抵押登記並提交：抵押合同當事人的身分證明、抵押雙方當事人共同提交的抵押登記申請書、經公證的借款合同、抵押合同和房屋所有權證等有關文件。

二、個人消費信貸和小企業貸款

個人消費信貸的信用分析基本類似於個人住房貸款。只是由於個人消費信貸一般無擔保物，在進行信用分析時，信貸員更多地將重點放在了對「人」的分析，即申請人的還款意願和還款能力分析上。銀行多採用信用評分模型來決定是否向客戶提供貸款。評分因素更多的集中於個人特徵，如收入、GDS 比率、TDS 比率，等等。

小企業的分析稍微複雜一點，要考察企業本身的經營狀況、現金流情況、貸款用途等因素。小企業的貸款金額通常都很小，銀行收益較少，不值得花很大成本去進行複雜的信用分析和監督。而且，小企業通常為個人業主制或合夥制，沒有公開的財務數據，甚至本身財務制度就不健全，財務信息不充分，因此也不能進行較為複雜的信用分析。對小企業的信用分析除了考察企業本身的因素外，主要集中於企業業主的信用記錄、個人資產方面的分析。通常對小企業貸款時，銀行會要求企業業主以個人資產做抵押。

三、中型工商企業信用分析

中型工商企業貸款是以貸款為主要資產業務的金融機構的最主要的利潤來源。前面提到，小型企業貸款金額太小，收益也很少。而大型企業往往有很多其他途徑進行融資，比如內源融資、發行股票、債券。有的融資方式的成本比向銀行借款要低很多，使銀行直接面臨「脫媒」的威脅。

不同於進行房地產貸款、個人消費信貸和小企業貸款信用分析時主要集中於申請人和抵押物的特徵，中型企業的信用分析集中於企業本身。主要有 5C 分析法，即 Character（品德）、Capacity（才能）、Capital（資本）、Collateral（擔保）、Condition（經營環境）等方面的分析，以及現金流分析和財務比率分析。

(一) 5C 分析法

5C 分析法可以幫助信貸員瞭解企業的以下情況：

1. 生產（衡量才能和經營環境）

信貸員需要瞭解：企業的主要生產原材料是什麼？與原料供應商的關係如何？原材料價格會怎樣影響企業的生產？與主要競爭者比較，該企業生產成本是較高還是較低？與競爭者比較，其產品或服務質量如何？

2. 管理（衡量品德和經營環境）

管理團隊是否值得信任？是否擅長生產、行銷、融資和構建有效的組織體系？企業在多大程度上依賴一個或少數幾個管理者？是否有成功的商業計劃？是否有健全合理的內部控製制度？

3. 行銷（衡量經營環境）

企業的行銷策略是什麼？主要競爭者的行銷策略是什麼？企業客戶需求的改變會如何影響企業經營？企業將如何適應需求的變化？企業客戶的信用如何？企業主要採用什麼銷售方式，賒銷還是現金銷售？企業的產品或服務處於其生命週期的哪一階段？

4. 資本（衡量資本和擔保）

企業的資本有多少？企業股權融資在多大程度上支持了企業的資產？槓桿比率多大？企業會以企業資產作為貸款的抵押嗎？其資產質量如何？

5C 分析法的前四項主要集中於分析借款者因素，後一項（經營環境）主要分析市場因素。該方法簡單易行，構成了貸款決策的初步判斷，在實踐中得到了廣泛應用。但它具有較強的主觀色彩：哪些因素是對不同類型借款者進行信用分析時都必須考慮的，應賦予這些因素什麼樣的權重，這些問題都沒有統一的標準。針對完全相同的潛在貸款對象，不同的信貸員很可能會作出完全相反的判斷。有觀點認為貸款委員會制度的實行可能會避免這種情況的發生，但在實踐中並無明顯的支持證據。

(二) 現金流分析

現金流分析幫助信貸員瞭解企業的經營、投資和融資過程中產生的淨現金流狀況，以便預測企業的還款能力。現金流分析之所以特別重要，一方面是因為只有現金流，特別是經營活動產生的穩定的現金流才是企業還款的可靠的來源；另一方面是由於企業的會計信息都是基於權責發生制原則來記錄的，帳面上的盈利不等於實際收到的現金，需要在關注帳面盈利的同時，分析現金流狀況。有兩種方法可得到企業的現金流量表。

一種是直接法，即直接列出企業在經營、投資和融資過程中產生的現金流入和現金流出。其中經營活動現金流量中的數據，可以從會計記錄中獲得，也可以在損益表中銷售收入、銷售成本等數據基礎上，通過將權責發生制的收支數額轉化為相應的現金收付制數額來確定。其轉換方法是：

銷售現金收入 = 損益表中的銷售收入 − 應收帳款增加額（或 + 應收帳款減少額）

購貨現金支付 = 損益表中的銷售成本 + 存貨增加額（或 − 存貨減少額）− 應付帳款增加額（或 + 應付帳款減少額）

費用現金支付 = 營業費用 + 待攤費用、預付費用增加額（或 − 待攤費用、預付費用減少額）− 應付費用、預提費用增加額（或 + 應付費用、預提費用減少額）

另一種是間接法，即從本期淨利潤出發，加入非現金調整項目，如計提的資產減值準備、固定資產折舊、無形資產攤銷、處置固定資產、無形資產和其他資產損益等，構建出現金流量表。

採用直接法或間接法編制的經營活動淨現金流量，最終計算結果是一致的。直接法簡單明了，揭示了現金收支總額，起到了對資產負債表、損益表的補充作用。但編制起來比較繁瑣，不能揭示現金流量表與損益表之間的關係；間接法工作量小，揭示了現金流量表與資產負債表之間的內在聯繫，很好地反應了獲利能力和償債能力的差異，但不易理解。所以，中國財政部最新規定，要求現金流量表採用直接法編制，同時要以間接法對淨利潤進行調整，以更好地發揮現金流量表的作用。下面用一個假設的簡化例子來說明如何使用直接法推出現金流量表。

【例6.5】現金流量表編制的直接法如下表所示：

表6.7　　　　A 公司資產負債表、損益表和現金流量表資產負債表　　　　單位：萬元

資產	2008年	2009年	增減	負債	2008年	2009年	增減
流動資產				流動負債			
現金	159	191	32	應付帳款	60	52	(8)
應收帳款	15	12	(3)	應付費用	20	15	(5)
存貨	160	130	(30)	應交稅金	0	12	12
預付費用	8	6	(2)	流動負債合計	80	79	(1)
流動資產合計	342	339	(3)	長期負債	0	90	90
固定資產				負債總計	80	169	89
土地	80	180	100				
設備	0	160	160				
折舊	0	(16)	(16)				
固定資產				所有者權益			
淨值	80	324	244	普通股股本	300	400	100
				留存收益	42	94	52
				所有者權益	342	494	152
總資產	422	663	241	負債和所有者權益	422	663	241

表6.8　　　　　　　　　　損益表（2009年）　　　　　　　　單位：萬元

銷售收入	975
銷貨成本	(660)
銷售毛利潤	315
營運成本（不含折舊）	(176)
折舊	(18)
銷售淨利潤	121
固定資產出售損失	(1)
息稅前利潤	120
利息支出	(10)
稅收	(26)
息稅後利潤	84
現金股利	(32)
留存收益增加	52

補充信息：公司2009年宣布並支付現金股利32萬元；
　　　　　支付利息10萬元；
　　　　　發行面值為90萬元的長期債券；
　　　　　現金購入設備價值180萬元；
　　　　　原價20萬元，淨值18萬元的設備，以17萬元出售；
　　　　　發行普通股100萬元用於獲得土地（非現金項目）。

表 6.9　　　　　　　　　　現金流量表（2009 年）　　　　　　　單位：萬元

經營活動中產生的現金流		對淨現金流的影響
銷售收入	975	↑
應收帳款減少	3	↑
銷售商品收到的現金	978	
銷貨成本	(660)	↓
存貨減少	30	↑
應付帳款減少	(8)	↓
現金毛利潤	340	
營運成本（不含折舊）	(176)	↓
預付費用減少	2	↑
應付費用減少	(5)	↓
息稅前現金淨流入	161	
利息支出	(10)	↓
稅收	(26)	↓
應交稅金增加	12	↑
經營活動產生的現金流	137	
投資活動中產生的現金流		
固定資產增加	(180)	↓
出售設備	17	↑
投資活動中產生的現金流	(163)	
融資活動中產生的現金流		
長期負債增加	90	↑
現金股利支出	(32)	↓
融資活動中產生的現金流	58	
現金淨增加額	137 − 163 + 58 = 32	

　　從資產負債表和損益表中，可得到經營活動、投資活動和融資活動中產生的淨現金流，加總得企業的淨現金流。這個數值與資產負債表中的現金的變化一致。在上例中，企業淨現金流 32 萬元，這與資產負債表中 2008 年到 2009 年的現金的變化相同。從上述三張報表可看出，2009 年 A 公司實現利潤 52 萬元，但現金流淨流入為 32 萬元，現金流小於利潤是現收現付制與應收應付制的區別造成的。經營活動產生的現金流為 137 萬元，是積極的信號，代表了公司償還債務的能力應該較強。當然，在實際分析中，應密切關注最近幾年內的現金流狀況，看是不是有穩定的現金流。並要基於市場銷售情況、企業在經營中對客戶的授信情況等作出下一年的現金流量預算。

我們可以用以下比率指標來對現金流量表進行分析，考察企業的償債能力和現金流管理狀況：

經營活動現金流/平均流動負債 = 137/[(80 + 79)/2] = 1.72

經營活動現金流/平均總負債 = 137/[(80 + 169)/2] = 1.10

經營活動現金流/銷售收入 = 137/975 = 0.14

經營活動現金流/平均流動負債比率，反應了經營活動現金流對流動負債的保證程度，它較準確地表明了企業的流動性狀況；經營活動現金流/平均總負債比率反應了經營活動現金流對總負債的保證程度；經營活動現金流/銷售收入比率表示每 1 元的銷售收入中有多少可以現金的形式實現。

(三) 財務比率分析

財務比率分析是信用分析的主要方法之一。它以同一時期會計報表上的若干不同項目之間的相關數據求出其比率，分析評價企業的財務狀況和經營成果。還可將企業不同時期的財務比率進行對比，得出變化的方向和趨勢；或將該企業與行業平均水平進行對比，找出企業在行業中所處的地位。用比率分析法可分析企業以下幾個方面的情況：償債能力、資產運作效率、盈利能力。

1. 償債能力分析

(1) 短期償債能力比率（流動性比率）

流動比率、速動比率和現金比率是衡量短期償債能力的指標，衡量了企業的流動性狀況。

流動比率 = 流動資產/流動負債

速動比率 = (流動資產 - 存貨)/流動負債

現金比率 = (現金 + 現金等價物)/流動負債

流動比率表示了流動資產在多大程度上可支持流動負債的償還。由於流動資產中存貨的流動性相對較差，可用扣除了存貨的速動資產除以流動負債，即速動比率（又稱酸性測試比率）來有效地檢驗企業的流動性狀況。現金比率則是更為謹慎的指標，反應了即刻可以動用的現金及其等價物對流動負債償還能力的保證。流動性比率越高，一方面說明流動性越好，另一方面暗示企業的盈利性可能較低。一般情況下，流動比率以 2：1 為宜，速動比率以 1：1 為宜。但具體什麼比率才是恰當的，要根據企業所處行業的情況而定。有的行業要求的比率較高，有的行業要求的比率較低。

根據例 6.5，可計算 A 公司的短期償債能力比率如下：

表 6.10

	2008 年	2009 年
流動比率：	342/80 = 4.28	339/79 = 4.29
速動比率：	(342 - 160)/80 = 2.28	(339 - 130)/79 = 2.65
現金比率：	159/80 = 1.99	191/79 = 2.42

若 A 公司所處行業的平均流動比率和速動比率分別是 2：1 和 1：1，則可以看出，A 公司的流動比率和速動比率偏高。三個比率在 2009 年都呈升勢，一方面反應了較強的短期償債能力，另一方面暗示了企業的盈利潛力還未被充分發掘。

(2) 長期償債能力比率

資產負債率、利息保障倍數和固定支出保障倍數是衡量企業長期償債能力的主要指標。

① 資產負債率 = 負債總額/資產總額

資產負債率反應了企業的全部資產中有多大的部分是由長期負債來支持的，它最能反應資產對負債的保障作用。銀行作為債權人，最關心的是借出資金的安全程度。若這一比率很高，說明企業借入的資金過多，而投資者以股權形式投入的資金過少，則大部分的風險由債權人來承擔。因此，該比率很高，說明企業的長期償債能力較差。當然，較低的資產負債比率可能說明了企業未來預期不甚樂觀，不敢借入較多的資金，或者顯示了企業沒有充分利用財務槓桿效應。一般來說，銀行在考察企業長期償債能力時，希望看到較低的資產負債比率，這意味著借出的資金的安全性相對較高。正常的企業的資產負債率一般低於 75%，超過 100% 則說明企業已資不抵債。

例 6.5 中 A 公司 2009 年的資產負債率為：

資產負債率 = 169/663 = 25.49%

資產負債率很低，從企業的經營狀況看，企業的財務槓桿政策過於保守，若銀行向其貸款，資金的安全性較高。

② 利息保障倍數 = 息稅前利潤/利息費用

利息保障倍數反應了企業用經營業務收益償還借款利息的能力。該比率越大，支付利息的能力就越強。該比率一般在 3 到 6 之間。由於中國現在的損益表不像國際上通行的那樣，把利息支出單獨列出，而是記在「財務費用」中，在無法獲得企業利息支出費用時，可用財務費用近似的替代。

例 6.5 中 A 公司 2009 年的利息保障倍數為：

利息保障倍數 = 120/10 = 12

說明了息稅前利潤是利息的 12 倍，支付利息的能力很強。

③ 固定支出保障倍數 = 息稅前利潤/固定支出

固定支出 = 利息費用 + 租賃支出

固定支出保障倍數反應企業用經營業務收益對固定支出的保障。固定支出除了利息支出外，還包括租賃支出等其他固定支出。同樣，該比率越高，說明企業償還到期固定支出的能力就越強。例中暫無數據可計算該比率。

2. 資產運作效率比率

資產運作效率是指經營活動中產生的收益與使用的資產的比例關係，用於衡量企業管理層有效利用其資產的能力，對企業的償債能力和盈利能力有重要影響。我們經常用應收帳款週轉天數或應收帳款週轉次數、存貨週轉天數或存貨週轉次數、銷售營運資本比、銷售固定資產比和銷售總資產比來反應資產管理效率。

應收帳款週轉天數 = 365 × （應收帳款平均餘額/賒銷收益淨額）

（應收帳款週轉次數 = 賒銷收益淨額/應收帳款平均餘額）

存貨週轉天數 = 365 × （平均存貨/銷貨成本）

（存貨週轉次數 = 銷貨成本/平均存貨）

營運資本週轉率 = 銷售收入/營運資本

（營運資本 = 流動資產 − 流動負債）

固定資產週轉率 = 銷售收入/固定資產

總資產週轉率 = 銷售收入/總資產

上述比率幫助信貸員分析企業相對於本企業過去和同行的資產管理效率。如應收帳款週轉天數表示了應收帳款週轉一次所需的天數，應收帳款週轉次數表示了應收帳款一年內週轉的次數，它們都反應了應收帳款回收的速度。應收帳款回收快，不僅有利於減少企業壞帳發生的可能性，而且有利於提高資產的流動性，是流動比率的補充；存貨週轉天數表示了存貨週轉一次所需的天數，存貨週轉次數表示了存貨一年內週轉的次數，它們都反應了企業存貨的管理效率。存貨週轉越快，所需時間越短，資金運行能力越強，企業盈利就越多。反之，則說明企業存貨不適銷，影響企業的資金運行和盈利能力；營運資本週轉率、固定資產週轉率和總資產週轉率反應了營運資本、固定資產和總資產的利用效率，這些比率越高說明利用效率越高。

要特別注意的是，對應收帳款週轉天數或週轉次數的分析不能絕對化。低的週轉天數或高的週轉次數不一定反應了高的應收帳款回收速度，有可能只是企業減少

了賒銷額度或比例的結果。

例6.5中，可計算出：

應收帳款週轉天數 = 365 × [(15 + 12)/2]/(975 × 0.45) = 11（天）

(假設銷售收入中有45%是賒銷收入，無退貨和折讓)

存貨週轉天數 = 365 × [(160 + 130)/2]/660 = 80（天）

營運資本週轉率 = 975/(339 − 79) = 3.75（次）

固定資產週轉率 = 975/340 = 2.87（次）

總資產週轉率 = 975/663 = 1.47（次）

結合行業特點和平均水平，信貸員發現A公司的應收帳款週轉天數較短，表明企業的應收帳款管理比較有效率；存貨週轉天數基本處於平均水平。而且通過進一步調查，發現A公司產品市場佔有率近年來呈小幅上升趨勢。營運資本週轉率、固定資產週轉率和總資產週轉率高於行業平均水平。A公司的資產運作效率較高。

3. 盈利能力指標

以下比率可反應企業的盈利能力：銷售毛利率、銷售淨利率、總資產利潤率、淨資產利潤率。

銷售毛利率 = (銷售收入 − 銷售成本)/銷售收入

銷售淨利率 = 銷售淨利潤/銷售收入

總資產利潤率 = 息稅前利潤/資產平均總額

淨資產利潤率 = 息稅後利潤/淨資產平均總額

銷售毛利率、銷售淨利率反應了企業銷售毛利潤或淨利潤占銷售收入的比重，是主要的盈利性指標；總資產利潤率反應了企業總資產的盈利能力；淨資產利潤率反應了所有者權益的盈利能力。

例6.5中，可計算出：

銷售毛利率 = (975 − 660)/975 = 32.31%

銷售淨利率 = 121/975 = 12.41%

總資產利潤率 = 120/[(422 + 663)/2] = 22.12%

淨資產利潤率 = 52/[(342 + 494)/2] = 12.44%

從行業整體水平看，信貸員得出A公司的盈利能力較強的結論。

通過上述分析，信貸員初步判斷A公司的短期償債能力很強，長期償債能力令人滿意；資金週轉效率較高；盈利能力較強。而且有較大的盈利增長空間。結合前面的

現金流分析，認為公司有較穩定的經營活動產生的現金流入。可以考慮予以貸款。

四、大型工商企業的信用分析

前面提到，大型工商企業比起中小型企業來說，有其他可以選擇的融資方式。比如自我累積的內源融資方式，發行股票和債券。因此對銀行貸款的依賴性明顯較中小型企業小。銀行面臨「脫媒」現象。這種情況在發達國家比較突出。中國大型企業由於國內資本市場的不完善，融資方式和融資工具的有限，比起國外的大企業，會相對較多地依賴銀行貸款。

銀行除了向大型企業提供貸款支持，更多的是向其提供全方位的綜合金融服務。比如擔當企業的投資經紀人、顧問、證券承銷商，提供貸款承諾、信用擔保等服務。這些企業一般會有較複雜的控股、持股關係，在向其貸款時，信貸員一定要弄清楚是向母公司還是向其子公司貸款。子公司的風險不一定會比母公司的高，但一般來說，若向子公司提供貸款，銀行通常會要求母公司予以擔保。

大型工商企業的信用分析較中型公司而言要複雜得多。雖然中型企業信用分析方法理論上仍然適用於大型企業，但由於大型企業通常橫跨數個產業部門，行業比較和分析非常困難。下面介紹在衡量大型工商企業的信用風險時常用的一種簡便方法：阿特曼（E. I. Altman）的 Z 值信用評分模型。

該模型是一種線性判別模型，它是用主要的財務比率來建立模型，通過代入某公司的財務比率的實際值，得出該公司的信用得分值 Z 值並據此可將潛在的借款者分類，幫助作出貸款決策。阿特曼建立了美國製造業上市公司的線性判別模型：

$$Z = 1.2X_1 + 1.4X_2 + 3.3X_3 + 0.6X_4 + 1.0X_5 \tag{6.12}$$

式中：X_1 = 營運資本/總資產比率

X_2 = 留存收益/總資產比率

X_3 = 息稅前利潤/總資產比率

X_4 = 股權市場價值/長期債務帳面價值比率

X_5 = 銷售/總資產比率

Z 值越高，違約風險就越小；Z 值越低，違約風險就越大。根據 Altman 的 Z 值模型，Z 值低於 1.81 的公司其破產風險很大，應被置於高違約風險類別中。

【例6.6】一家美國製造業上市公司的財務比率如下：

X_1 = 0.15

X_2 = 0

$X_3 = -0.3$

$X_4 = 0.15$

$X_5 = 2.5$

X_2（留存收益/總資產比率）為零，X_3（息稅前利潤/總資產比率）為負，表明該公司存在虧損；X_4（股權市場價值/長期債務帳面價值比率）表明公司存在很高的財務槓桿。X_1（營運資本/總資產比率）和 X_5（銷售/總資產比率）表明公司的流動性和銷售量尚可。將這些比率代入式（6.12），得：

$Z = 1.2 \times 0.15 + 1.4 \times 0 + 3.3 \times (-0.3) + 0.6 \times 0.15 + 1.0 \times 2.5 = 1.78$

計算出的 Z 值低於 1.81 的臨界值，應將該公司歸入高信用風險類別中，不予以貸款。除非其改善了盈利狀況。即使貸款，也應收取足夠的風險補償。

阿特曼的 Z 值模型操作性強，具有一定說服力，但其局限也是很明顯的。①它假定違約概率和其解釋變量之間是線性關係，但是它們的關係可能是高度非線性的。②它簡單地把借款者行為劃分為極端的兩種：履約和違約。現實中的情況更為複雜，從利息拒付、遲付到本利的拒付、遲付，有多種情況，但這些情況沒有在模型中得到體現。③就線性模型而言，其解釋變量的選取和權重的確定也不是像模型中那樣一成不變的。④它無法將有些重要的非量化指標納入模型，如長期的客戶關係。另外，數據的匱乏也限制了該模型的運用。而且，必須根據分析對象的行業、地域、國家特徵來設定臨界值和模擬迴歸參數，不能套用 1.81 的臨界值和式（6.12）中的參數值。

第五節 中國銀行個人住房貸款分析

在中國，銀行業的風險管理水平近年來有了較大的發展，在進行信貸分析時中資銀行普遍使用了我們在第四節中介紹的信用評分系統進行管理。在這一節，我們將對中國銀行個人住房貸款作一個簡略的分析。

一、個人住房貸款

（一）近年來中國個人住房貸款的發展

近年來，中國實施了新的個人住房分配政策，取消了福利分房，實行貨幣化分房，並且隨著改革開放後社會經濟環境的改變與廣大城鎮居民收入水平的增長、消費觀念的變化，再加上自 1998 年以後中國實施的一系列刺激內需的住房投資政策，廣大城鎮居民對住房的需求日益增加，這對房地產市場和房地產金融業務產生了深

遠的影響。個人住房貸款的規模不斷擴大，占商業銀行業務的比重不斷提高，住房貸款業務的經營機構也由過去建設銀行等少數銀行專門經營發展成為多家商業銀行共同經營，並成為商業銀行個人業務的重要組成部分，為國民經濟的發展和結構調整作出了貢獻。

1998—2005 年，隨著中國經濟迅速的增長，中國房地產投資額年平均增長率超過到 20%，房地產銷售額也以每年超出 27% 的速度增長。與此同時，個人住房消費信貸也快速增長。1998 年居民個人購房貸款只有 426.2 億元，2002 年以來，居民個人住房貸款直線上升，2004 年年底和 2005 年 1 季度末分別達到 15,922.3 億元、16,743.7 億元，年均增長超過 80%。

個人住房貸款是指居民用於購置住房的貸款。當借款者違約時，銀行可將該不動產拍賣以使損失降低到最低程度。在中國，從 1992 年開始，最早開辦此貸款業務的是中國建設銀行。1998 年以後，個人住房貸款進入快速發展階段。從全國範圍來看，近幾年個人住房貸款急遽增長，80% 的住房抵押貸款都是最近幾年貸出的，而且集中在四大商業銀行。2004 年年底和 2005 年第一季度末，四大國有銀行的個人住房貸款分別為 12,696.6 億元和 13,161.5 億元，比 1998 年末激增了將近 20 倍。總體來看，四大行個人購房貸款資產質量較好，不良貸款率為 1.5% 左右。其中工行、中行和建行的不良貸款率均低於 2%，農行的不良貸款率稍高於 2%。表 6.11 列出了 2004 年末到 2005 年第一季度四大國有商業銀行房地產貸款不良狀況。

表 6.11　　　　四大國有商業銀行房地產貸款不良狀況表

項目		工商銀行	農業銀行	中國銀行	建設銀行
2004 年末房地產貸款餘額（億元）	全部	5,810.3	4,099.1	3,783.7	5,708.9
	住房按揭貸款	4,124.0	2,375.7	2,766.0	3,430.9
2004 年房地產貸款不良率（%）	全部	3.0	8.1	4.8	3.7
	住房按揭貸款	1.2	2.1	1.8	1.2
2005 年第一季度末房地產貸款餘額（億元）	全部	5,998.0	4,258.5	3,983.6	5,937.4
	住房按揭貸款	4,233.0	2,432.5	2,960.7	3,535.4
2005 年第一季度末房地產貸款不良率（%）	全部	3.0	7.9	4.4	3.5
	住房按揭貸款	1.3	2.0	1.7	1.2

註釋：本表按「五級」分類標準，不良貸款包括「次級」、「可疑」、「損失」三類貸款。
資料來源：《中國房地產金融報告》（2004 年）。[1]

---

[1] 該報告發布於 2005 年 8 月，故包含了 2005 年一季度的數據。

(二) 個人住房貸款的種類

銀行在對個人住房貸款時，按照貸款資金的來源，可以分為商業性個人住房貸款和住房公積金個人貸款以及個人住房組合貸款（即個人住房商業性貸款與個人住房公積金貸款組合貸）。商業性住房貸款業務在中國最早開始是在 20 世紀 80 年代末，中國建設銀行利用承辦房改金融業務的優勢和經驗，率先開辦了商業性個人住房貸款業務。商業性個人住房貸款是指購房者在購買個人自有產權住房時，由於資金不足，由發展商或第三方機構提供階段性保證，並以所購產權房做抵押，向銀行申請的占所購房房價一定比例的貸款，貸款後，銀行受借款人委託將貸款額作為購房款的一部分，直接劃付給發展商或第三方機構。

住房公積金個人購房貸款是以住房公積金為資金來源，向繳存住房公積金的職工發放的定向用於購買自住住房的住房消費貸款。正常繳存住房公積金的本市職工，在本市城鎮購買具有所有權的自住住房時，可以其所購買的產權住房作抵押，向住房公積金個人購房貸款受託商業銀行申請住房公積金個人購房貸款。住房公積金是職工及其所在單位按規定繳存的具有保障性、互助性、長期性的屬職工個人所有的住房儲金。中國住房公積金制度是 1991 年在上海市率先建立的。1994 年 11 月 23 日，財政部、國務院住房制度改革領導小組、中國人民銀行聯合下發了《建立住房公積金制度的暫行規定》，標誌著中國住房公積金制度的建立。建立住房公積金制度，是中國住房制度改革的重要內容，對促進城鎮住房建設，改善城鎮居民居住條件，提高城鎮居民的生活水平，保障住房制度改革的順利進行，具有重要意義。

(三) 住房貸款還款金額的計算方法

銀行客戶申請了個人住房貸款得到銀行批准後，一個重要的問題就是如何來計算貸款的每月償還額，通常情況下，銀行會提供兩種方法供客戶進行選擇。第一種方法被稱為等額還款法，第二種方法被稱為等額本金還款法。

1. 等額還款法

等額還款法的計算方法來源於年金的計算。所謂等額就是每月歸還相等的金額，其中包括貸款本金和利息。為了簡化，我們假設一筆個人住房貸款金額為 10,000 元，期限為 1 年，年利率為 12%。圖 6.3 是從銀行角度考察的現金流的情況，箭頭向下表示現金的流出，而箭頭向上表示現金的流入。在圖 6.3 中，銀行在 0 時刻發放了 10,000 元的貸款，客戶在未來的 1～12 個月中每月償還銀行一筆等額的款項。根據貨幣具有時間價值的基本理論，對於銀行來說，未來 1 個月至 12 個

月的所有現金流入在 0 時刻的貼現值就應當等於 0 時刻的現金流出。我們注意到，等額還款方式的現金流入流出方式上正好與年金一致，因此可利用年金現值公式：

$$PV = C \cdot \left[\frac{1}{r} - \frac{1}{r(1+r)^t}\right] \tag{6.13}$$

式中，PV 為年金現值，C 為每期還款額，r 為每期利率，t 為還款期限。

為了便於學習和理解，我們在此處先簡單推導一下年金現值公式。

我們知道，一個從當期開始計算的共 t 期年金現值，等同於一個從當期開始計算的無限期年金現值與一個從第 t+1 期開始計算的無限期年金現值之差。

設兩者分別為 PV^1 和 PV^{t+1}，則：

$$PV^1 = \frac{C}{(1+r)} + \frac{C}{(1+r)^2} + \frac{C}{(1+r)^3} + \cdots = \frac{C}{r}$$

同理有，

$$PV^{t+1} = \frac{C}{(1+r)^{t+1}} + \frac{C}{(1+r)^{t+2}} + \frac{C}{(1+r)^{t+3}} + \cdots = \frac{C}{r \cdot (1+r)^t}$$

所以，$PV = PV^1 - PV^{t+1} = \frac{C}{r} - \frac{C}{r \cdot (1+r)^t} = C \cdot \left[\frac{1}{r} - \frac{1}{r \cdot (1+r)^t}\right]$

這樣就推出了式（6.13）的等額還款公式。接下來就是計算上例中的月等額還款額。

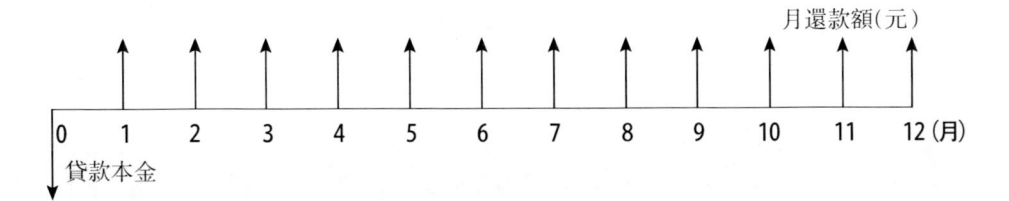

圖 6.3 個人住房貸款的現金流圖

設 PV 表示年金的現值，r 表示年利率，t 表示期限（單位為年），轉換為按月等額償還公式為：

$$PV = C\left[\frac{1}{r/12} - \frac{1}{r/12(1+r/12)^{t \cdot 12}}\right] \tag{6.14}$$

回到我們的例子中，貸款的本金 10,000 元實際上就是該筆年金的現值，客戶每月的還款額為 C，即我們需要求解的內容。年利率 12% 即月利率為 12%/12 = 1%；期限 1 年同樣需要換算為月，就是 12 個月。設每月還款額為 X，根據上式

就有

$$10,000 = X \cdot \left[\frac{1}{0.01} - \frac{1}{0.01 \times (1+0.01)^{12}} \right]$$

解得 X = 888.49 元，即客戶在未來的 12 個月中每月需要償還銀行 888.49 元。當然我們這個例子在現實生活中是很少見的，因為如果是 1 年期的貸款，銀行要求客戶在期末一次性還本付息，而不是每月等額的還款方式。在這裡，我們僅僅是因為說明的方便才將貸款的期限假設為 1 年。表 6.12 和表 6.13 分別是中國當前商業性個人住房貸款和住房公積金個人住房貸款月償還的計算簡表，二者的區別就在於年利率的不同。住房公積金作為向繳存住房公積金的職工發放的定向用於購買自住住房的住房消費貸款，自然利率要比商業性貸款低一些。這兩個表為我們提供了在等額還款方式下計算個人住房貸款償還額的簡便方法。以表 6.12 為例，假設貸款的本金為 30 萬元，期限為 15 年。我們只需要找到表 6.12 中第 16 行第 5 列的數據 81.75 元，再用它乘以乘數 30 萬元/1 萬元 = 30，就可以得到該筆貸款的每月償還額為 2,452.50 元。

表 6.12　　　　　　　　商業性個人住房貸款月償還額計算簡表
（假設貸款本金為 10,000 元）

年份	月數	月利率（‰）	年利率①(%)	月還款額	本息總額（元）	總利息（元）
1	12	4.185	5.022	到期一次還本付息	10,502.20	502.20
2	24	4.320	5.184	439.54	10,548.92	548.92
3	36	4.320	5.184	300.54	10,819.29	819.29
4	48	4.387,5	5.265	231.50	11,111.77	1,111.77
5	60	4.387,5	5.265	189.93	11,395.73	1,395.73
6	72	4.590	5.508	163.42	11,765.97	1,765.97
7	84	4.590	5.508	143.74	12,047.03	2,047.03
8	96	4.590	5.508	129.03	12,387.05	2,387.05
9	108	4.590	5.508	117.64	12,705.02	2,705.02
10	120	4.590	5.508	108.57	13,027.91	3,027.91
11	132	4.590	5.508	101.18	13,355.70	3,355.70
12	144	4.590	5.508	95.06	13,688.35	3,688.35
13	156	4.590	5.508	89.91	14,025.83	4,025.83
14	168	4.590	5.508	85.52	14,368.11	4,368.11

① 此利率為住房貸款利率的下限，它是相同期限貸款基準利率的 0.9 倍。

表 6.12（續）

年份	月數	月利率（‰）	年利率（%）	月還款額	本息總額（元）	總利息（元）
15	180	4.590	5.508	81.75	14,715.14	4,715.14
16	192	4.590	5.508	78.47	15,066.89	5,066.89
17	204	4.590	5.508	75.60	15,423.31	5,423.31
18	216	4.590	5.508	73.08	15,784.36	5,784.36
19	228	4.590	5.508	70.83	16,149.99	6,149.99
20	240	4.590	5.508	68.83	16,520.14	6,520.14
21	252	4.590	5.508	67.04	16,894.77	6,894.77
22	264	4.590	5.508	65.43	17,273.83	7,273.83
23	276	4.590	5.508	63.98	17,657.25	7,657.25
24	288	4.590	5.508	62.66	18,044.98	8,044.98
25	300	4.590	5.508	61.46	18,436.96	8,436.96
26	312	4.590	5.508	60.36	18,833.13	8,833.13
27	324	4.590	5.508	59.36	19,233.43	9,233.43
28	336	4.590	5.508	58.45	19,637.80	9,637.80
29	348	4.590	5.508	57.60	20,046.17	10,046.17
30	360	4.590	5.508	56.83	20,458.48	10,458.48

表 6.13　　住房公積金個人住房貸款月償還額計算簡表

（假設貸款本金為 10,000 元）

年份	月數	月利率（‰）	年利率①（%）	月還款額	本息總額（元）	總利息（元）
1	12	3.3	3.96	到期一次還本付息	10,396.00	396.00
2	24	3.3	3.96	434.07	10,417.71	417.71
3	36	3.3	3.96	295.06	10,622.23	622.23
4	48	3.3	3.96	225.61	10,829.36	829.36
5	60	3.3	3.96	183.98	11,039.09	1,039.09
6	72	3.675	4.41	158.33	11,399.53	1,399.53
7	84	3.675	4.41	138.58	11,641.01	1,641.01
8	96	3.675	4.41	123.81	11,885.68	1,885.68
9	108	3.675	4.41	112.35	12,133.56	2,133.56
10	120	3.675	4.41	103.21	12,384.61	2,384.61

① 此利率為住房公積金個人住房貸款利率的下限。

表 6.13（續）

年份	月數	月利率（‰）	年利率（%）	月還款額	本息總額（元）	總利息（元）
11	132	3.675	4.41	95.75	12,638.85	2,638.85
12	144	3.675	4.41	89.56	12,896.24	2,896.24
13	156	3.675	4.41	84.34	13,156.78	3,156.78
14	168	3.675	4.41	79.88	13,420.44	3,420.44
15	180	3.675	4.41	76.04	13,687.23	3,687.23
16	192	3.675	4.41	72.69	13,957.11	3,957.11
17	204	3.675	4.41	69.76	14,230.07	4,230.07
18	216	3.52	4.41	67.16	14,506.10	4,506.10
19	228	3.675	4.41	64.85	14,785.16	4,785.16
20	240	3.675	4.41	62.78	15,067.24	5,067.24
21	252	3.675	4.41	60.92	15,352.31	5,352.31
22	264	3.675	4.41	59.24	15,640.36	5,640.36
23	276	3.675	4.41	57.72	15,931.36	5,931.36
24	288	3.675	4.41	56.34	16,225.28	6,225.28
25	300	3.675	4.41	55.07	16,522.09	6,522.09
26	312	3.675	4.41	53.92	16,821.78	6,821.78
27	324	3.675	4.41	52.85	17,124.31	7,124.31
28	336	3.675	4.41	51.87	17,429.65	7,429.65
29	348	3.675	4.41	50.97	17,737.78	7,737.78
30	360	3.675	4.41	50.14	18,048.66	8,048.66

2. 等額本金還款法

等額本金還款法相對於等額還款法而言，理論基礎就顯得更為簡單。如前所示，所謂等額本金就是指每一個還款期歸還的本金數量一致，承前例，仍然假設一筆貸款的本金為 10,000 元，期限為 1 年，年利率為 12%。因此該筆貸款總共有 12 個還款期，這就意味著如果採取等額本金還款法，那麼每月就要償還固定的本金 833.3 元。現在的問題就在於如何計算貸款的利息。

我們看，當第 1 個月客戶向銀行償還本金和利息時，銀行貸給他的本金為 10,000 元，因此客戶應該償還銀行 833.33 的本金和針對 10,000 元的利息。第 2 個月客戶再向銀行償還本金和利息時，由於上一個月客戶已經償還了 833.33 元的本金，那麼這一個月銀行貸給客戶的實際資金應該就是 10,000－833.33＝9,166.67 元，因此客戶除了需要償還與上月一致的本金 833.33 元以外，還要針對 9,166.67

元的貸款額支付利息，依此類推。到第 12 個月，客戶再向銀行償還本息時，客戶將最後的 833.33 元的本金償還給銀行後，並支付了針對最後的 833.33 元本金的利息後，貸款結束。因此在計算貸款償還時，我們要分兩個部分來計算，即每月償還的等額本金，以及針對當期實際本金的利率，表 6.14 描述了上述的計算過程。

表 6.14　　　　　　　　等額本還款法的計算表　　　　　　　　單位：元

	等額償還本金	當前實際本金	月利率	當月利息	月償還額
第 1 月	833.3	10,000	0.01	100	933.30
第 2 月	833.3	9,166.70	0.01	91.667	924.97
第 3 月	833.3	8,333.40	0.01	83.334	916.63
第 4 月	833.3	7,500.10	0.01	75.001	908.30
第 5 月	833.3	6,666.80	0.01	66.668	899.97
第 6 月	833.3	5,833.50	0.01	58.335	891.64
第 7 月	833.3	5,000.20	0.01	50.002	883.30
第 8 月	833.3	4,166.90	0.01	41.669	874.97
第 9 月	833.3	3,333.60	0.01	33.336	866.64
第 10 月	833.3	2,500.30	0.01	25.003	858.30
第 11 月	833.3	1,667.00	0.01	16.67	849.97
第 12 月	833.3	833.70	0.01	8.337	841.64

根據上述的計算，我們可以看到，計算等額償還本金的每月償還額共分為兩個部分，一個部分是每月應償還的本金，它等於貸款總額除以貸款期數（以月計算），另一個部分是應付的利息，它等於月利率×每月剩餘的貸款本金。因此，我們用下面的公式來表示

$$C = \frac{PV}{T} + \left[PV - \frac{PV}{T} \cdot (t-1) \right] \cdot r \tag{6.15}$$

式中，C 表示每月的還款額，PV 表示貸款的金額，T 表示貸款的期限（以月計算），t 表示第 t 月，r 表示月利率。

復習思考題

1. 信用風險是指什麼？它分為哪兩類？為什麼研究信用風險對金融機構來說很重要？

2. 貸款分為哪幾類？分別有什麼特點？

3. 區分固定利率貸款、浮動利率貸款、即期貸款、貸款承諾、有抵押貸款、無抵押貸款。

4. 假設銀行貸款優惠利率為10%，信用風險溢價為2%，貸款申請費率為1%，銀行要求借款人以活期存款形式存入銀行的比例為10%，法定準備金率7%。用資產收益率法計算該貸款的合同約定收益率。若該借款人的預期違約率為3%，違約時能夠收回貸款金額的45%，求該貸款的預期收益率。並回答，合同約定收益率越高，貸款的預期收益率是否越高，為什麼？

5. 假設某金融機構的某一筆貸款業務中，每貸出1元能夠獲得0.012元的收益，若未預料到的違約率為8%，違約發生時的預期損失率為85%。計算該貸款的RAROC率。若銀行要求的股東回報率為20%，銀行會考慮該項貸款嗎？

6. 某銀行規定的GDS和TDS比率的上限分別是35%和45%。某個人住房貸款者的資料如下：收入120,000元/年，個人住房貸款額2,500元/月，房產稅3,000元/年，其他債務支出3,500元/年。從GDS和TDS比率看，該申請人是否具備獲得貸款的資格？

7. 什麼是5C分析法？它適用於什麼樣的貸款申請人？主要分析內容有哪些？其局限性是什麼？

8. AA公司2009年資產負債表和損益表如下：

表6.15　　　　　　　　　　　　　資產負債表　　　　　　　　　　　　單位：萬元

	2009年	2008年		2009年	2008年
資產			負債		
流動資產			流動負債		
現金	277.5	255.6		837.4	759.5
應收帳款	497.8	471.7			
存貨	513.2	440.6			
預提費用	166.1	143.2	長期負債	619	565
流動資產合計	1,454.6	1,311.1	負債總計	1,456.4	1,324.5
長期投資	27.2	25.9			
固定資產	516.9	365			
累計折舊	181.1	100			
淨值	335.8	265			
無形資產及其他資產	695.2	271.1	所有者權益	1,056.4	548.6
總資產	2,512.8	1,873.1	負債和所有者權益	2,512.8	1,873.1

表 6.16　　　　　　　　　　　　　　損益表　　　　　　　　　　　　　單位：萬元

銷售收入	3,618
銷貨成本	(819.5)
毛利潤	2,798.5
營運成本	(2,357.6)
折舊	(18.1)
息稅前利潤	422.8
利息支出	(20)
稅收	(166)
息稅後利潤	236.8

請計算該企業以下 2009 年的財務比率：

① 短期償債能力比率（流動比率、速動比率、現金比率）、

② 長期償債能力比率（資產負債率、利息保障倍數）、

③ 資產運作效率比率（應收帳款週轉天數、存貨週轉天數、營運資本週轉率、固定資產週轉率和總資產週轉率）；假設銷售收入中有 45% 來自於賒銷，無退貨和折讓

④ 盈利能力比率（銷售毛利率、銷售淨利率、總資產利潤率、淨資產利潤率）。

9. 某大型企業財務資料如下：

總資產 = 350,000（元）

流動資產 = 80,000（元）

流動負債 = 75,000（元）

息稅前利潤 = 30,000（元）

留存收益 = 20,000（元）

股票總市值 = 100,000（元）

長期負債 = 200,000（元）

銷售收入 = 600,000（元）

計算該企業的阿特曼 Z 值。若臨界值為 1.81，該企業應被歸入哪一類？銀行應對其採取什麼信貸政策？

參考文獻

［1］殷孟波．商業銀行經營管理［M］．北京：中國人民大學出版社，2001．

［2］喬埃爾·貝西斯．商業銀行風險管理［M］．許世清，譯．深圳：海天出版社，2001．

［3］彼得·羅斯．商業銀行管理［M］．劉園，譯．北京：機械工業出版社，2004．

［4］巴曙鬆．巴塞爾新資本協議研究［M］．北京：中國金融出版社，2003．

［5］楊丹．中國銀行實施巴塞爾新資本協議的現實選擇信用評級研究［J］．信用評級研究，2005（3）．

［6］Anthony Saunders, Marcia M. Cornett . Financial Institutions Management . McGraw－Hill, 2003.

［7］Anthony Saunders, Marcia M. Cornett. Fundamentals of Financial institutions management. McGraw－Hill, 1999.

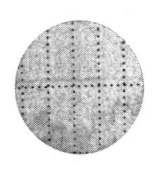

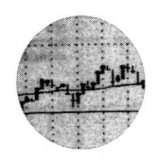

第七章　信用風險和管理(下)

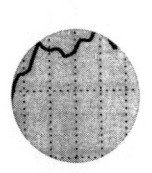

上一章我們學習了如何對單項貸款進行信用分析，但在實際中，僅僅對單項貸款進行信用風險分析是不夠的。金融機構的資產組合往往是多樣化的，而資產中的貸款也是多樣化的。對於大型的金融機構，它們所面臨的貸款組合不僅龐大而且難於管理。每一筆單項貸款金額巨大，並且具有不同的風險—收益特徵。因而，金融機構的貸款管理者非常關注貸款組合中的各項貸款比例安排。各單項貸款在貸款組合中的比例是一種貸款集中度，貸款集中度與整個貸款組合的信用風險程度緊密相關。

在本章中，我們將介紹金融機構通過控製貸款集中度來控製貸款組合風險的簡單模型，以及通過多樣化的貸款組合分散風險的現代資產組合理論（MPT），最後，我們將學習 MPT 技術在貸款組合管理實務中的局部運用的方法並瞭解現代風險管理模型——信用度量方法（CreditMetrics）的基本思想和貸款組合的風險價值 VaR 的計算方法。

第一節　貸款集中風險的簡單模型

一、信用等級轉移分析

該方法運用的前提是由外部的評級機構（如標準普爾 S&P 和穆迪公司等大型評級機構）或者銀行內部對各行業、各部門的企業進行信用評級。貸款組合的管理者跟蹤分析這些貸款企業的信用質量變化情況，根據歷史數據建立起該貸款組合中貸款企業的信用等級轉移矩陣（見表 7.1）。如果一旦某部門的信用等級下降的速度超過了經驗數據，則銀行會減少對該部門的貸款。但是，這一方法最致命的缺點是，銀行是在承受了違約或降級帶來的損失以後才對後來的貸款決策作出反應的，因此，這也是一種亡羊補牢的方法。表 7.1 用一個假設的簡化矩陣來幫助我們理解轉移矩陣的作用。

表 7.1　　　　　　　　　信用等級轉移矩陣表

年初的風險等級		年末的風險等級			
		A	B	C	違約
	A	0.85	0.10	0.04	0.01
	B	0.12	0.83	0.03	0.02
	C	0.03	0.13	0.80	0.04

假設某銀行對房地產行業的貸款進行信用等級轉移分析,表 7.1 把信用等級簡單劃分為 A、B、C 三類(實際上,國外金融機構一般都分為 9～10 類),再加上發生違約的情況。表 7.1 中的數據表明其對應的橫向的等級(年初)轉移為對應的縱向的等級(年末)的概率。如果在年末,年初 B 類貸款降級為 C 類貸款的概率上升到 0.07,大於表中的 0.03,則說明該 B 類貸款的信用風險增大,銀行就應該減少對房地產行業 B 類企業的貸款,同時銀行還要對降級的貸款要求更高的風險回報。

二、貸款集中限制

金融機構在管理一個貸款組合的時候,往往還需要對貸款組合中的單個借款人或部門設立最大貸款規模或者最大貸款比例限制,以控製其在貸款組合中的風險集中程度。這種外部限制的方法就是貸款集中限制。對一個企業設置貸款集中限制需要事先進行綜合評估。比如,評估企業目前的資產組合的現值,考察企業的商業計劃或者財務分析人員對企業未來經營狀況的預測等方面都是最終限額決策的依據。

貸款集中限制常常用來控製對某一行業、某一部門的貸款集中風險。如果兩個或幾個行業的業績相關程度較大,則可以把它們作為一個總體設置貸款集中限制。這時,總體限制比率小於其各自的限制比率之和。類似地,對於那些行業特點明顯的地區,銀行還可以實行區域性的貸款集中限制。現在我們來看一個簡單的例子:

【例 7.1】計算貸款組合的信用限制比率。

如果某銀行的貸款管理者要求其貸款組合總體損失率不超過 5%,假設目前貸款組合中各部門的歷史違約率如下:汽車製造業:8%;煤礦開採:15%;房地產:12%。因為:

$$信用限制比率 = 貸款組合的最大損失比率 \times \frac{1}{違約率} \tag{7.1}$$

所以,由公式(7.1)可計算得到對各部門的信用限制比率分別為:

汽車製造業:$5\% \times \frac{1}{8\%} = 62.5\%$

煤礦開採業:$5\% \times \frac{1}{15\%} = 33.3\%$

房地產業:$5\% \times \frac{1}{12\%} = 41.7\%$

從以上的計算結果中可以看出,煤礦開採行業的風險是相對較高的,因此其在

貸款組合中的最大貸款集中度不能超過33.3%。

第二節 現代資產組合理論與貸款組合多樣化

一、現代資產組合理論概述

(一) MPT的基本思想和假設條件

1952年，馬柯維茨發表了一篇名為《資產組合選擇》的論文，該論文成為現代金融理論的基石。馬柯維茨建立了一個單期的投資模型，即投資者在t＝0時刻購買一個資產組合，在t＝1時刻賣出，把收回的錢用於消費或者再投資。由於資產組合中具有一系列不同風險—收益特徵的證券，不同的投資比例安排會影響整個資產組合的風險—收益狀況。雖然投資者總是希望獲得最大收益的同時承受最小的風險，但是這兩個衝突的目標是不能同時實現的。但是人們能夠通過購買多種證券，在風險與收益的權衡下找到一個屬於自己的最優組合，實現在給定收益水平下的最小風險，或者給定風險水平下的最大收益。

MPT的假設條件如下：

(1) 模型只考慮一個單期的靜態收益率。

$$R = \frac{P_1 - P_0}{P_0} \tag{7.2}$$

式中：R——單期收益率；

P_0——t＝0時刻某單一資產或者資產組合的市場價格；

P_1——在t＝1時刻該資產或資產組合的市場價格加上該期間內的現金流入。

(2) 資產市場是完善的，所有的資產都可以交易，交易費用為零。交易的歷史數據是可得到的。所有的投資者都能獲得完全充分的信息，對每種資產的預期收益和風險的度量都是一樣的。

(3) 投資者都是風險厭惡者，對於較高的風險必然要求較高的回報。

(4) 資產的市場價格 P_t，收益率 R_t 是隨機變量。

(5) 投資者以預期收益率和標準差來作為其投資組合決策的依據。也就是對於資產收益率 R_i 和 R_p，我們用其預期值 $\bar{R}_i$ 和 $\bar{R}_p$、標準差 σ_i 和 σ_p 來衡量。預期值 $\bar{R}_i$ 和 $\bar{R}_p$ 反應了對每一資產或者資產組合回報強度的測度，而標準差 σ_i 和 σ_p 反應了對每一資產或者資產組合的風險的測度。

(6) 在不考慮股利收入的情況下，資產收益率服從正態分佈。

(二) MPT 模型的數學表達

在 MPT 模型的假定條件下，一個投資組合的預期收益和方差可以表達為投資比例 X_i 的函數。所謂的資產組合選擇問題，就是對 X_i 的選擇。給定一個資產組合，要計算資產組合的預期收益率和方差，我們首先要取得單個資產的收益率（R_i）的歷史時間序列數據，並以此計算該資產的預期收益率（$\bar{R}_i$）和標準差（σ_i）以及各種資產之間的相關係數 ρ_{ij}。這樣，一個資產組合的預期收益率（$\bar{R}_p$）和方差（σ_p^2）就可以被計算出來。我們考慮一個由兩種證券構成的資產組合，如式 (7.3) 至式 (7.6)。

$$\bar{R}_p = X_1 \bar{R}_1 + X_2 \bar{R}_2 \tag{7.3}$$

$$\begin{aligned}\sigma_p^2 &= \sum_{i=1}^{2} X_i^2 \sigma_i^2 + \sum_{i=1}^{2} \sum_{\substack{j=1 \\ i \neq j}}^{2} X_i X_j \sigma_{ij} \\ &= X_1^2 \sigma_1^2 + X_2^2 \sigma_2^2 + X_1 X_2 \sigma_{12} + X_2 X_1 \sigma_{12} \\ &= X_1^2 \sigma_1^2 + X_2^2 \sigma_2^2 + 2 X_1 X_2 \sigma_{12}\end{aligned} \tag{7.4}$$

式中：$\sigma_{12} = \rho_{12} \sigma_1 \sigma_2 \quad (-1 \leq \rho_{12}（相關係數）\leq 1)$ \hfill (7.5)

所以有：$\sigma_p^2 = X_1^2 \sigma_1^2 + X_2^2 \sigma_2^2 + 2 X_1 X_2 \rho_{12} \sigma_1 \sigma_2$ \hfill (7.6)

式中：$\bar{R}_p$——證券組合的平均收益率；

Σ——加總求和符號；

$\bar{R}_i$——證券組合中第 i 種證券的預期收益率，i = 1, 2；

X_i——第 i 種證券在組合資產中所占的比例；

σ_i^2——第 i 種證券收益率的方差；

σ_{ij}——第 i 種證券和第 j 種證券的收益率的協方差。

從式 (7.3) 可知，證券組合的預期收益率是以單個證券在資產組合中的比例為權數，對單個證券的預期收益率加權求和得到。從式 (7.4) 可知，我們常常把組合資產的方差表示為兩項之和：第一項，對各單個證券收益的方差加權求和；第二項，對各證券之間的協方差加權求和。式 (7.6) 體現了資產組合中證券收益率的相關性對資產組合風險的影響。顯然，如果一個資產組合中的各單項資產的收益率相關係數越小，或者為負，則會降低整個資產組合的風險程度。對於一個資產組合的管理者來說，善於利用資產之間的相關性，就可以顯著地降低風險。

二、將 MPT 模型運用於貸款組合

(一) 最優貸款組合的選擇

【例 7.2】若某銀行的貸款管理者有一個兩筆貸款的貸款組合，每筆貸款的相關數據如表 7.2 所示，計算貸款組合的收益率和風險。

表 7.2　　　　　　　　　貸款 I 和貸款 II 的收益—風險數據表

貸款 i	X_i	$\overline{R}_i$	σ_i	σ_i^2
I	50%	10%	0.1	0.01
II	50%	12%	0.2	0.04

(1) 當兩筆貸款的協方差 $\sigma_{ij} = 0.015$ 時，按照式（7.3）和式（7.4）計算得到：

貸款組合的預期收益率 = $\overline{R}_p$ = 0.5 × 0.10 + 0.5 × 0.12 = 0.11 = 11%

貸款組合的標準差 $\sigma_p = [0.5^2 \times (0.10)^2 + 0.5^2 \times (0.20)^2 + 2 \times 0.5 \times 0.5 \times 0.015]^{\frac{1}{2}} = 0.141,4$

(2) 當兩筆貸款的協方差 $\sigma_{ij} = -0.015$ 時，

貸款組合的預期收益率 = $\overline{R}_p$ = 0.5 × 0.10 + 0.5 × 0.12 = 0.11 = 11%

貸款組合的標準差 = $\sigma_p = [0.5^2 \times (0.10)^2 + 0.5^2 \times (0.20)^2 + 2 \times 0.5 \times 0.5 \times (-0.015)]^{\frac{1}{2}} = 0.707$

從這個例子我們可以看到：①當協方差為正時，貸款組合的風險 0.141,4 小於單獨持有貸款 II 的風險；②當協方差為正時，貸款組合的收益率 11% 大於單獨持有貸款 I 的收益率；③如果兩筆貸款的協方差為負（此時相關係數為負），則貸款組合的風險（0.707）小於貸款組合中任一單項貸款的風險（$\sigma_1 = 0.1$，$\sigma_2 = 0.2$）。

將貸款或債券視為符合 MPT 模型的資產，我們可以看到分散化投資帶來的好處。如圖 7.1 所示，圖中曲線右邊的區域代表了給定投資額下所有可能的風險—收益貸款組合。設圖中的 A 點作為貸款組合的最初比例安排情況，它沒有達到同收益水平下的 B 點處貸款組合那麼小的風險，也沒有達到同風險水平下的 C 點貸款組合那麼高的收益。因此，A 點的風險—收益情況是可以改善的，尤其是在貸款組合中各貸款的收益相關係數為負或者很小的情況下。貸款組合的管理者可以通過改變對某些貸款的持有比例，得到一系列有效的貸款組合，即有效邊界（BC）。有效邊界

上的每一個點都滿足兩個條件：在對應的收益水平下有最小的風險；或者在對應的風險水平下有最大的收益。所以，貸款管理者只需要在有效邊界上選擇他自己的最佳貸款組合。在圖 7.1 中我們看到，B 點是所有貸款組合中具有最小風險的貸款組合，而 B 點以下則是一條無效貸款組合邊界。

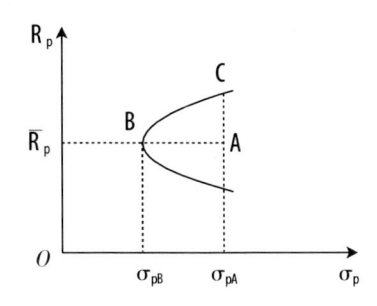

圖 7.1 貸款組合的有效邊界

貸款組合管理者將貸款組合安排在有效邊界上的哪一點取決於它們所要求的回報率。對於那些極度厭惡風險的金融機構來說，它們可能選擇較低風險—收益點處的貸款組合，其唯一目的就是要降低貸款組合的風險。不同的金融機構或者貸款管理者有不同的風險—收益偏好，也就是它們具有不同的效用曲線。如果一個貸款管理者願意為了獲得較大的收益而承擔較大的風險，則它的選擇就會落在有效邊界的較高點上。

(二) MPT 模型用於非交易性貸款的困難

MPT 為貸款組合管理者對風險—收益的權衡提供了一個極為有用的分析框架。一個貸款組合中貸款的相關係數越低，則越有可能通過貸款組合的多樣化來分散風險。但不幸的是，將 MPT 理論運用於非交易性的貸款和一些債券時，存在許多操作上的困難。比如：

1. 收益的非正態分佈

在 MPT 中，假設所有資產的收益都具有正態分佈的特徵，即固定的平均收益和對稱的風險。而在實際情況中，貸款和債券的收益有相對固定的上端收益和長尾狀的下端風險（見本章第三節）。這使得只使用均值和方差兩個因素來衡量收益分佈的 MPT 模型沒有辦法在實際中精確測量貸款集中風險。

2. 收益的不可觀測性

在 MPT 中，假定所有的證券均是可交易的，而交易的時間序列數據也是可得到的。但是，由於大多數貸款與債券都是非交易性的，就算存在交易，也不具有完

整的連續時間序列數據，這使得計算 $\overline{R}_p$ 和 σ_p^2 變得較為困難。

3. 不可觀測的相關係數

基於前述的困難，由於不能得到價格和收益的時間序列數據，則計算資產收益之間的協方差與相關係數也變得困難。但是，相關係數卻是分析貸款組合比例安排的一個關鍵因素。

三、MPT 模型的局部應用

儘管 MPT 模型用於精確計算貸款組合的收益和風險顯得過於理想化，但是不可否認這一思想在實際的貸款組合管理中具有深刻的影響和廣泛的應用。接下來我們介紹兩類對 MPT 局部應用的模型。

(一) 基於市場貸款數量分佈的模型

在 MPT 中，我們將貸款的價格和收益率作為計算分析的基礎，由於貸款的價格和收益率的數據不容易取得，因此可以將模型修正為以貸款數量分佈為分析基礎的模型。例如，在某一地區，某一時點上（如年末），該地區對各部門貸款的數量分佈或者各部門貸款在市場總的貸款中所占的比例都是可以取得的數據，這個市場貸款的數量分佈為金融機構的貸款組合比例安排提供了一個市場參照點（Market Benchmark）。通過將貸款組合中各類貸款的比例安排或者貸款集中度與全國的各類貸款比例安排比較，金融機構可以測量出其貸款組合的比例安排相對於市場貸款組合的偏離程度，我們把這種偏離程度視為相對於市場平均水平的風險程度。

如何取得市場貸款數量分佈的數據呢？以美國為例，美聯儲將全國的貸款種類分為以下七類：不動產貸款、農業貸款、工商業貸款、儲蓄機構貸款、消費貸款、國家貸款和國際性貸款。金融機構會定期向美聯儲提交按此標準分類的貸款數量分佈報告，這些報告的匯總數據就是一個當期的全國貸款的市場參照點。另一個數據來源就是「全國信用分配」數據庫，這一數據庫將大量的工商業貸款按照標準工商業分類代碼（SIC）進行分類。例如，49 號貸款就是指 SIC 中的公共部門貸款。下面我們舉例來說明該模型的運用。

【例 7.3】計算 A、B 銀行的貸款組合相對於市場平均水平的風險程度。表 7.3 是 A、B 銀行貸款組合比例安排與「市場貸款組合」的比較。

表 7.3　　　　　　　　　　　貸款組合數量分佈比較表　　　　　　　　　單位：%

貸款組合在不同部門的分配			
	（1）	（2）	（3）
部　門	全　國	A 銀行	B 銀行
工商業貸款	30	50	10
消費貸款	40	30	40
房地產貸款	30	20	50

表 7.3 中列出了全國的和 A、B 兩家銀行的貸款組合總額在不同部門或不同種類貸款中的分配比例情況。為簡便起見，我們將全國的借款部門分為三個，將全國所有部門的貸款視為一個貸款組合。第（1）列的數據就是市場貸款組合的貸款集中度安排，第（2）列和第（3）列為 A、B 銀行目前的貸款組合比例安排。銀行是如何估計它的貸款組合相對於市場貸款組合的風險程度呢？我們用銀行各部門貸款集中度相對於市場相應部門的貸款集中度的標準差來衡量，如下式：

$$\sigma_j = \left[\frac{\sum_{i=1}^{N} (X_{ij} - X_i)^2}{N} \right]^{\frac{1}{2}} \tag{7.7}$$

式中：σ_j——j 銀行的貸款比例安排相對於市場組合的比例安排的標準差，j = A、B；

　　　X_{ij}——j 銀行的第 i 部門貸款在其組合中的比例；

　　　X_i——市場組合中第 i 部門的貸款比例；

　　　N——貸款部門的數量。

根據表 7.3 的數據，計算出 A、B 銀行貸款組合偏離市場貸款組合的程度，如表 7.4 所示。

表 7.4　　　　　計算 A、B 銀行貸款組合偏離市場貸款組合的程度表

	A 銀行	B 銀行
$(X_{1j} - X_1)^2$	$(0.5 - 0.3)^2 = 0.04$	$(0.1 - 0.3)^2 = 0.04$
$(X_{2j} - X_2)^2$	$(0.3 - 0.4)^2 = 0.01$	$(0.4 - 0.4)^2 = 0.00$
$(X_{3j} - X_3)^2$	$(0.2 - 0.3)^2 = 0.01$	$(0.5 - 0.3)^2 = 0.04$
$\sum_{i=1}^{3} (X_{ij} - X_i)^2$	0.06	0.08
$\sigma = \sqrt{\dfrac{\sum_{i=1}^{3}(X_{ij} - X_i)^2}{3}}$	$\sigma_A = 14.14\%$	$\sigma_B = 16.33\%$

從表7.4中的計算結果可以看到，B銀行比A銀行偏離市場貸款組合的程度大，這是由於B銀行的工商業貸款比率遠小於市場平均比率水平，而房地產貸款遠高於市場平均比率水平所致。但要注意的是，這並不一定說明B銀行的貸款組合信用風險就非常大。由於不同銀行在不同行業或區域有信息搜集等方面的比較優勢，由此不同銀行對某些行業或區域的貸款集中度會長期偏離市場平均水平。為了便於比較分析，這時可以將某一地區的貸款數量分配情況作為一個市場基準。

全國性的（或地區性的）貸款組合比例安排為金融機構提供了一個類似於MPT中的最有效率貸款組合的市場組合，因而貸款管理者可以通過比較，將「相對集中程度」運用到貸款組合的風險管理中，並且貸款是否可交易並不影響分析本身。

（二）貸款損失率模型

MPT的第二種局部運用是基於歷史貸款損失率的模型。該模型是將金融機構中某一部門的貸款季度損失率對整個金融機構貸款組合總的季度損失率進行迴歸。迴歸估計得出該部門的系統性貸款損失風險度 β_i，β_i 反應了該部門貸款信用風險與市場風險的關係。其迴歸方程為：

$$\frac{第 i 部門的貸款損失}{第 i 部門的貸款額} = \alpha + \beta_i \left(\frac{總貸款損失}{總貸款額} \right) \quad (7.8)$$

式中：α——第 i 部門不依賴於總的貸款組合損失率的貸款損失率；

β_i——第 i 部門貸款相對於整個貸款組合的系統性損失敏感度。

舉例來說，如果工商業貸款的 β 為0.3，而個人消費貸款的 β 為1.3，則說明個人消費貸款部門對整個貸款組合的風險貢獻度大於平均水平（$\beta=1$），在貸款決策上，就應該控制對個人消費貸款的貸款集中度，而放鬆對工商業貸款的貸款集中限制。

第三節　信用度量方法與貸款組合風險度量

信用度量方法（CreditMetrics）是J. P. 摩根銀行開發的用於計量貸款組合信用風險的新型內控模型。該模型的優點在於它考慮到了信用質量變動的相關性，使貸款組合的集中度和分散度定量化。這一模型的基本目標是對貸款的集中度風險——貸款組合中某項貸款的風險暴露上升給貸款組合增加的風險進行定量描述。

傳統的信用計量方法只假設借款人違約或不違約對資產價值的影響，而在不違約的情況下，也是假設借款人有規律地還款的。信用度量法主要考慮在整個還款期

間，資產和資產組合由於「信用事件」的發生後貸款信用等級發生變化，從而對資產價值的影響。由於不同信用等級的資產有不同的資產收益率，因此對信用等級下降的貸款，市場價格（現值）必然下降（要求更高的信用風險升水）。信用度量方法是以貸款的市場價值（現值）變化為基礎計算的風險價值模型（VaR，Value at Risk）[1]。同時，信用度量法也是一種盯住市場模型（MTM），MTM 模型考慮信用等級的變化引起的資產價格變化，在計算貸款價值損失的同時考慮違約的情況。

一、貸款組合的風險價值 VaR（Value at Risk）

風險價值模型（VaR）是在一定的置信區間（比如95％，99％）下衡量給定的資產或負債在一段給定的時間內可能發生的最大的價值損失。這一模型適用於如證券這類可交易的資產，通常，它還假定其資產價格服從正態分佈。對於一個風險管理者，風險價值使他能夠預計在某一置信水平下，下一個交易日的價值損失規模。如果現在有一只股票均價為 30 元，每日價值波動的標準差為 5 元，股價圍繞均值服從正態分佈，那麼，如果下一個交易日是個「壞日子」的概率為1％（置信度為99％，即每一百天中有一天是壞日子），則股票的風險價值就是 2.33 個標準差[2]。這就存在 99％ 的可能性使得股票持有者的損失小於 11.65（2.33×5），1％ 的可能性損失將超過 11.65 元，即股價跌到 18.35 元以下。這同時也意味著，在可預期的 100 天裡有 1 天，損失可能超過 11.65 美元。

如前所述，風險價值模型適用的對象是可交易資產，而大多數貸款是非交易性的，所以我們無法觀察到貸款的市場價值以及在給定期間內貸款價值的波動性。然而，我們可以根據其他可得的數據計算非交易性貸款價值的均值和方差，從而計算出單項貸款或者整個貸款組合的風險價值。在計算風險價值時，我們需要下列數據資料：

（1）借款人信用評級的歷史資料，以定量方式表示的違約的可能性。
（2）下一年借款人的信用等級變化的概率（信用等級轉移矩陣）。
（3）違約貸款的回收率。
（4）不同期限不同信用等級貸款的利率和信用風險升水率。

從以上所需的數據來看，運用信用度量法其實是需要較強的財力支持的。暫且不考慮研究開發模型的實力，僅僅是對利率和價格的歷史數據收集就需要相當強大

---

[1] 參考第十一章。
[2] 這裡的計算與第十一章的不一樣，因為第十一章所用的是資產損失的分佈，而這裡所使用的是資產價值的分佈。

的數據庫支持。因此，這種模型目前只被少數大型的銀行使用。

二、計算單項貸款的風險價值

如前所述，多數貸款是非交易性的，那麼金融機構是如何使用歷史數據來量化貸款的信用風險的呢？為了便於理解，我們舉一個例子來說明風險價值的計算過程。現在假設有一筆5年期的固定利率貸款，信用等級為BB級，帳面價值為100萬元，合同利率為7%。

基於歷史數據，我們可以得到如表7.5這樣的一個信用等級轉移（Rating Migration）的概率分佈表。概率Pi表示該筆BB級貸款在下一年轉化為其他信用級別i的概率（其中i包括AAA、AA、A、BBB、BB、B、CCC、違約）。從表7.5中我們可以得知，該筆BB級貸款在下一年仍然為BB級的概率為85.48%。同樣，該筆貸款的信用級別有可能變得更高，也有可能變得更低甚至到借款者違約。

表7.5　　　　BB級貸款一年內的信用等級轉移的概率分佈表

信用等級	概率（P_i）
AAA	0.000,1
AA	0.003,1
A	0.014,5
BBB	0.060,5
BB	0.854,8
B	0.056,0
CCC	0.009,0
違約	0.002,0

1. 對信用等級發生變化後的貸款價值進行估計

信用等級變化可以影響到在貸款上所要求的信用風險升水從而進一步影響到貸款的市場價值（或現值）。當貸款的信用等級提高時，其所要求的信用風險升水（Credit Risk Spread）就下降，貸款的現值也就上升。反之，當貸款的信用等級下降時，其所要求的信用風險升水上升，貸款的現值也就下降。

現在假設發放我們例子中貸款的銀行在第一年初預期該筆貸款在一年後會從BB級上升到BBB級，同時銀行還可以從債券市場上得到無風險利率r_t（即t年期零息票國庫券的利率，t>2時它們所表示的是遠期利率）和BBB級貸款的信用風險升水率s_t（即期限為t的BBB級貸款的信用風險升水，這一數據由公司債與國債

利率之差獲得），在表 7.6 中給出了這些數據。

表 7.6　　　　　期限為 t 的 BBB 級貸款的利率和信用風險升水表

T	r_t	s_t
1	3.00%	0.72%
2	3.40%	0.96%
3	3.75%	1.16%
4	4.00%	1.30%

我們所要估計的在第一年末上述貸款的價值為：

$$PV = 7 + \frac{7}{1+r_1+s_1} + \frac{7}{(1+r_2+s_2)^2} + \frac{7}{(1+r_3+s_3)^3} + \frac{107}{(1+r_4+s_4)^4}$$

代入表 7.6 中的數據，得到該筆貸款在第一年末從 BB 級轉變為 BBB 級後的現值為：

$$PV = 7 + \frac{7}{1.037,2} + \frac{7}{(1.043,6)^2} + \frac{7}{(1.049,1)^3} + \frac{107}{(1.053,0)^4} = 113.27 （萬元）$$

注意，這是我們在第一年初所估計的貸款在第一年末的價值。以此類推，如果知道不同信用等級不同期限貸款的利率和信用風險升水就可以估計出信用等級變化後貸款的所有可能的價值，假設計算出的結果如表 7.7 所示。由表 7.7 可知道，在第一年末，貸款有 0.01% 的概率上升為 AAA 級，此時貸款的市場價值最大，為 114.82 萬元，相反，有 0.2% 的概率借款人在第一年末的時候違約，這時貸款的價值最低，為 51.13 萬元。這一最低值是由在借款人違約後貸款的回收率（Recovery Rate）所決定的。

表 7.7　　　　　BB 級貸款信用等級變化後價值的概率分佈表

信用等級	貸款新價值（萬元）（V_i）	概率（P_i）
AAA	114.82	0.000,1
AA	114.60	0.003,1
A	114.03	0.014,5
BBB	113.27	0.060,5
BB	108.55	0.854,8
B	98.43	0.056,0
CCC	86.82	0.009,0
違約	54.12	0.002,0

2. 計算貸款的風險價值

要計算出市場風險，首先要計算出該筆貸款在第一年年末價值的預期價值（expected value，即貸款價值概率分佈的均值）和標準差，如表7.8所示。

表7.8　　　　　　　　　計算貸款的預期價值和方差表

信用等級	新貸款價值（萬元）(V_i)	概率（P_i）	概率加權值	新貸款價值—均值	價值偏離均值的平方	概率加權差異的平方
AAA	114.82	0.000,1	0.011,45	6.756,7	45.653,6	0.004,6
AA	114.60	0.003,1	0.355,3	6.536,7	42.729,1	0.132,5
A	114.03	0.014,5	1.653,4	5.966,7	35.602,1	0.516,2
BBB	113.27	0.060,5	6.852,8	5.206,7	27.110,2	1.640,2
BB	108.55	0.854,8	92.788,5	0.486,7	0.236,9	0.202,5
B	98.43	0.056,0	5.512,1	−9.633,3	92.799,5	5.196,8
CCC	86.82	0.009,0	0.781,4	−21.243,3	451.275,8	4.061,5
違約	54.12	0.002,0	0.108,2	−53.943,3	2,909.874,4	5.819,7
			$\bar{V} = \sum_{i=1}^{8} p_i V_i$ = 108.06			$\sigma^2 = \sum_{i=1}^{8} p_i (V_i - \bar{V})^2$ = 17.574,0 σ = 4.19

有了預期價值和標準差後，我們就可以計算該筆貸款的風險價值。具體說，我們需要知道如果下一年是一個「倒霉年」的話，預期貸款將損失多少。我們可以定義「倒霉年」每20年發生一次，即置信度為95%，所計算出的是5%的VaR；我們也可以定義「倒霉年」每100年發生一次，即置信度為99%，所計算出的是1%的VaR。這與前面交易性資產VaR的置信度的定義是一致的，只不過交易性資產關注的是下一交易日，而貸款關注的是下一年。現在我們將用三種方法來進行計算。

第一種，假設貸款價值的變化服從正態分佈，貸款價值偏離均值的標準差為4.19萬元。如果預計下一年是一個「倒霉年」，貸款的5%的風險價值是1.65σ=6.91萬元，1%的風險價值為2.33σ=9.76萬元。

第二種，如果我們畫出該筆貸款的實際分佈圖，如圖7.2所示，顯然這並不是正態分佈的。因此為了準確我們應當使用貸款價值波動的實際分佈。從表7.8中第2、3列的數據可以看到，該筆貸款有6.7%（5.60%＋0.90%＋0.20%）的可能性價值將低於98.43萬元，這意味著，可能的損失為貸款的預期值108.06萬減去

98.43 萬元等於 9.63 萬元，換句話說，近似的 5% 的 VaR 為 9.63 萬元。同樣，我們可以得到該筆貸款有 1.1%（0.90% + 0.20%）的可能性價值將低於 86.82 元，這樣近似的 1% 的 VaR 為 108.06 - 86.82 = 21.24 萬元。

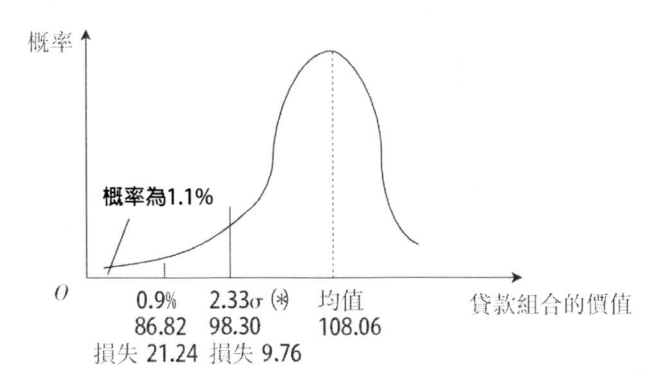

```
          概率




                                 概率為1.1%




      O     0.9%   2.33σ(*)   均值                  貸款組合的價值
            86.82  98.30     108.06
            損失 21.24  損失 9.76
```

* 2.33σ 為正態分佈假定下 99% 的置信水平的 VaR，在這裏為了便於比較，將正態
分佈假定下 99% 的置信水平的貸款組合價值放在貸款組合價值的實際分佈圖中。

圖 7.2　貸款組合價值的實際概率分佈圖

如果將假設的正態分佈與貸款價值的實際分佈相比較，由於實際分佈具有相對穩定的上端和長尾狀的下端，使得正態假定下的風險價值往往低估了實際的風險價值（如圖 7.2）。因而，正態分佈下的分析只能為貸款管理者提供一個粗略的風險估計。金融機構為了避免在極端情況下的信用事件導致清償力不足的問題，最好用實際分佈的 1% 的風險價值為依據來作為相應的風險資本準備。如圖 7.2，金融機構最好將信用風險的資本金準備定為 21.24 萬元，而不是假定貸款價值服從正態分佈時所計算出的 9.76 萬元。

第三種方法是運用線性插值法（Liner Interpolation）所得出的最為準確的風險價值。首先，根據表 7.5 和表 7.7，可以得到貸款價值變化的累計分佈表，如表 7.9 所示。

表 7.9　　　　　　　　　貸款價值變化的累計分佈表

信用等級	累計百分比	新貸款價值(萬元)（V_i）
在 AAA 以下	1.0	114.82
在 AA 以下	0.999,9	114.60
在 A 以下	0.996,8	114.03

表7.9（續）

信用等級	累計百分比	新貸款價值(萬元)(Vi)
在BBB以下	0.982,3	113.27
在BB以下	0.921,8	108.55
在B以下	0.067	98.43
在CCC以下	0.011	86.82
在違約以下	0.002	54.12

在表7.9中，1.1累計百分點（Percentile）對應86.82萬元，0.2百分比對應54.12萬元，它們分別是線性插值法中的 X_1、Y_1、X_2、Y_2，現在假設我們需要知道1%的VaR，首先就要找到1累計百分點所對應的預期的貸款價值。根據線性插值法，

$$Y_3 = Y_1 + [(Y_2 - Y_1)/(X_2 - X_1)] \cdot (X_3 - X_1)$$

得到1累計百分點所對應的貸款價值為83.19萬元。這樣，準確的1%的VaR為108.06 - 83.19 = 24.87萬元。採用同樣的方法可以計算出5累計百分點所對應的預期的貸款價值為94.91萬元，因此，準確的5%的VaR為108.06 - 94.91 = 13.15萬元。

需要說明的是，風險價值還可以作為銀行資本充足率的計算依據。與BIS對所有資產要求8%的資本充足率的標準方法相比，信用度量法可以對單筆貸款和貸款組合計算出相應的風險價值，這一風險價值可能不同於8%的資本要求。在新的《巴塞爾協議II》中，信用度量法成為國際清算銀行同意使用的內控模型之一。對於那些大型的銀行機構，他們完全有能力對其數額巨大的貸款組合運用信用度量法計算99%的可預期價值損失（VaR）來決定風險資本金，而不必拘泥於硬性規定的8%的資本要求。

三、計算貸款組合的風險價值

上述例子說明了對單筆貸款的風險價值計算，接下來我們考慮由不同信用等級的貸款組成的貸款組合。與單筆貸款不同的是，貸款組合的風險測度更複雜，而且需要對貸款組合中各貸款收益的相關性予以考慮。如何計算貸款組合在下一年的均值和風險價值呢？

我們首先來看信用度量法運用於貸款組合所需要的三個主要步驟：

（1）建立貸款組合中每一筆單項貸款的所需歷史數據。信用度量法實際上也是

對 MPT 技術的局部應用。其分析的基礎是基於信用事件的歷史數據，通過過去的等級變動情況，我們才能建立起貸款組合的信用事件發生概率的分佈。

（2）計算貸款組合中每一單項資產在不同信用事件發生後的市場價值變化。各資產的信用等級轉移概率由第一步的歷史資料建立一個信用等級轉移矩陣。這一轉移矩陣反應了貸款組合中各資產個別的和聯合的移動概率。由於信用等級的變化直接影響到資產的市場價值，因此轉移矩陣中的每一個信用事件都對應一個新的貸款組合資產價值。

（3）由於貸款組合中的各單項貸款收益之間可能存在相關性，所以需要在模型中考慮資產收益的相關係數，由此得到一個貸款組合的總的資產價值變動情況。

下面我們以一個兩筆貸款的貸款組合為例，介紹貸款組合風險價值的計算方法。

【例7.4】假設年初兩位借款人的信用等級分別為 A 級和 BBB 級，對每一位借款人的貸款額度都是 100 萬元。要得到這 200 萬元的貸款組合的風險價值，就需要計算出每筆貸款的聯合移動概率以及每種可能的 1 年期聯合移動概率下的貸款價值。如表 7.10 所示。

表 7.10　　　　貸款相關係數為 0.3 時的聯合移動概率表　　　　單位：%

借款人1 (BBB)	借款人2 (A)							
	AAA	AA	A	BBB	BB	B	CCC	違約
	0.09	2.27	91.05	5.52	0.74	0.26	0.01	0.06
AAA	0.02	0.00	0.00	0.02	0.00	0.00	0.00	0.00
AA	0.33	0.00	0.04	0.29	0.00	0.00	0.00	0.00
A	5.95	0.02	0.39	5.44	0.08	0.01	0.00	0.00
BBB	86.93	0.07	1.81	79.69	4.55	0.57	0.19	0.01	0.04
BB	5.3	0.00	0.02	4.47	0.64	0.11	0.04	0.00	0.01
B	1.17	0.00	0.00	0.92	0.18	0.04	0.02	0.00	0.00
CCC	0.12	0.00	0.00	0.09	0.02	0.00	0.00	0.00	0.00
違約	0.18	0.00	0.00	0.13	0.04	0.01	0.00	0.00	0.00

由於貸款1（BBB）和貸款2（A）存在相關性，所以兩筆貸款在下一年同時保持原信用等級的聯合移動概率為 79.69%，高於二者在沒有相關性下的聯合移動概率 79.15%（86.93%×91.05%）。由於借款人的信用等級分為 8 種，所以，兩筆貸款的貸款組合一共有 64 個聯合移動概率，對應於 64 個不同的信用事件。相應地，就需要計算 64 個新的貸款組合價值。

按照例 7.4 的方法，可以分別計算兩筆貸款在不同信用等級下的新的貸款價

值，進而得到在每種可能的信用事件下的貸款組合的聯合貸款價值，如表 7.11 所示。

表 7.11　　　　　　　　　　　聯合貸款價值　　　　　　　　　　單位：萬元

借款人1（BBB）		借款人2（A）						
		AAA	AA	A	BBB	BB	B	CCC
		106.59	106.49	106.30	105.64	103.15	101.39	88.71
AAA	109.37	215.96	215.86	215.67	212.52	210.76	198.08	160.50
AA	109.19	215.78	215.68	215.49	214.83	212.34	210.58	197.90
A	108.66	215.25	215.15	214.96	214.30	211.81	21,005	197.37
BBB	107.55	214.14	214.04	213.85	213.19	210.70	208.94	196.26
BB	102.02	208.61	206.51	208.33	207.66	205.17	203.41	190.73
B	98.10	204.69	204.59	204.40	203.74	210.25	199.49	186.81
CCC	83.64	190.23	190.13	189.94	189.28	186.79	185.03	172.35
違約	51.13	157.72	157.62	157.43	156.77	154.28	152.52	139.84

同樣，運用例 7.4 的計算方法，可以計算得出貸款組合的均值為 213.63 萬元，標準差為 3.35 萬元，則在正態分佈假定下，貸款組合的 99% 的置信水平的風險價值為 2.33，即 7.81 萬元。

在正態分佈假定下，N 筆貸款組合的風險價值的計算方法與兩筆貸款的情況一樣，只是計算更為複雜，在本章中不再詳述。

復習思考題

1. 什麼是信用轉移矩陣？
2. 如何設定貸款集中限制？
3. 簡述現代投資組合理論的基本思想，其在信用風險管理中的局限性是什麼？
4. 什麼是風險價值 VaR？
5. 信用度量法如何量化貸款和貸款組合的信用風險，其運用的條件是什麼？
6. 現有某銀行的一個兩筆貸款的貸款組合。貸款 A 的占比為 30%，預期收益率為 10%，貸款收益的標準差為 15%；貸款 B 的占比為 70%，預期收益率為 15%，貸款收益的標準差為 20%；兩筆貸款的收益協方差為 0.02。

A. 計算貸款組合的預期收益和標準差；

B. 若相關係數為 -0.02，計算組合的預期收益和標準差；

C. 簡述相關係數與協方差對貸款組合的風險有什麼影響。

7. 現有如下三筆具有不同收益和方差的貸款組合，請問如果你是貸款管理者，將如何比較它們的優劣，給出理由。

表 7.12

組合	預期收益（%）	標準差（%）
A	9	7
B	10	10
C	12	8

8. 如果全國的貸款市場組合安排和 abc 銀行的貸款組合安排如下表所示，計算該銀行的貸款組合相對於全國平均水平的風險程度。

表 7.13

	市場組合（%）	abc 銀行貸款組合（%）
工商業貸款	30	40
個人貸款	30	10
不動產貸款	30	20
國際貸款	10	30

9. 若某貸款管理者將其組合中的工商業貸款與個人貸款對整個組合的歷史損失率進行迴歸分析的結果如下：

$Y_1 = 0.003 + 0.6 X_p$

$Y_2 = 0.001 + 1.2 X_p$

其中：Y_1 代表工商業貸款部門的損失率，Y_2 代表個人貸款部門的損失率，X_p 代表整個貸款組合的歷史損失率。

A. 如果貸款組合的損失率上升為 8%，工商業貸款部門和個人貸款部門的損失率為多少？

B. 銀行將會做出怎樣的調整以減少組合的風險？

10. 如果某一個總金額為 300 萬元、信用等級為 BBB 的貸款組合的信用等級概率分佈和相應的概率下的貸款組合價值（加利息）如下表所示：

表 7.14

信用等級	轉移概率（%）	新貸款價值（萬元）
AAA	0.02	328.11
AA	0.34	327.51
A	5.94	325.98
BBB	86.95	322.65
BB	5.37	306.06
B	1.18	294.3
CCC	0.13	250.92
違約	0.17	153.39

A. 根據所給資料計算該貸款組合在年末的預期價值和風險；

B. 分別計算在正態分佈和實際分佈下的貸款組合下一年的5%和1%的風險價值，並進行比較。

參考文獻

［1］安東尼·桑德斯. 信用風險度量［M］. 劉宇飛，譯. 北京：機械工業出版社，2001.

［2］迪米特里·N. 克拉法. 信用衍生產品和風險管理［M］. 綦相，譯. 北京：機械工業出版社，2001.

［3］威廉·夏普. 投資學［M］. 趙錫軍，等，譯. 北京：中國人民大學出版社，2003.

［4］Anthony Saunders, Marcia M. Cornett. Financial Institutions Management. McGraw‑Hill, 2003.

［5］Anthony Saunders, Marcia M. Cornett. Fundamentals of Financial Institutions Management. McGraw‑Hill, 1999.

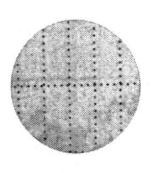

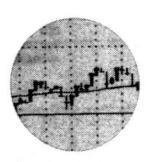

第八章　表外業務風險和管理

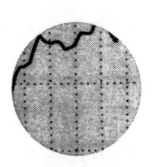

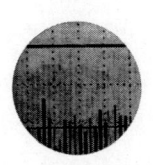

在金融創新層出不窮的環境下，金融機構傳統業務的市場份額正在不斷受到侵蝕，傳統業務的利差也在不斷縮小。對此，金融機構除了改善傳統業務外，還在不斷擴大資產負債表外業務的經營種類。現在，表外業務已經成為現代金融機構收入的重要來源。但是，表外業務可能增加銀行的整體風險，英國巴林投資銀行的倒閉、信孚銀行與寶潔公司和吉布森賀卡公司進行互換交易的合法性問題以及美國加州奧倫奇縣的倒閉都與金融機構的表外業務衍生工具有關。然而，一些表外業務也可以規避或降低利率風險、信用風險以及外匯風險。也就是說，表外業務既可能增加風險又可能降低風險。

第一節　表外業務與金融機構的清償力

金融機構管理者面臨的最重要的問題之一是金融機構的表內業務和表外業務的相對規模。廣義的表外業務是指所有不反應在資產負債表上的業務，包括狹義的表外業務和中間業務。狹義的表外業務是指不在資產負債表上反應的，能形成銀行或有資產和或有負債的業務；中間業務是指不在資產負債表上反應的，僅為獲取手續費的純粹服務性業務。銀行作為仲介人開展中間業務時不需要占用自有資金，並且幾乎沒有風險。我們下面所討論的表外業務均指狹義的表外業務。表內業務是指我們大多數人所熟悉的呈現在金融機構公布的資產負債表上的業務。與此相比，表外業務的透明度就較弱，除了少數投資者和監管者，大多數人對表外業務的情況都不太瞭解。從會計角度來看，表外項目通常以附註的形式出現在資產負債表的下面。從經濟的角度來看，表外項目是或有資產和或有負債，它雖然不能影響金融機構現在的資產負債，卻能影響其未來的資產負債結構。也就是說，表外業務能直接影響金融機構未來的盈利和清償能力。因此，對表外業務的有效管理是現代金融機構控製整體風險的核心。從價值評估的角度來看，表外資產和表外負債可能產生正的或負的未來現金流。因此，金融機構的真實淨值不僅僅是表內資產和負債的市場價值的差額，而且還應反應表外或有資產和或有負債的當前市場價值的差額。

如果一項原本不在資產負債表中的項目在某偶然事件發生後成為資產負債表資產方的一部分，那麼它就是表外資產。同樣地，如果一項原本不在資產負債表中的項目在某偶然事件發生後成為資產負債表負債方的一部分，那麼它就是表外負債。

例如，金融機構出售的各種擔保，特別是關於客戶不會對其債務違約的擔保（包括商業信用證和備用信用證）。如果客戶違約，銀行的或有負債（銀行擔保）將變成現實負債，並出現在資產負債表的負債方。

表外業務的價值評估是非常複雜的，因為表外業務是或有資產和或有負債。也就是說，它們變為現實資產和負債並出現在資產負債表中的概率小於1。然而，以下的情況可使表外業務的評估變得簡單些：①在實際中，表外業務通常是櫃臺交易或是在有組織的金融市場中進行的交易；②可以利用功能強大的數學模型和技術（如J. P. 摩根的風險計量法）評估表外業務。

下面兩個表分別是未考慮表外業務和考慮了表外業務的資產負債表。

表 8.1　　　　　傳統的金融機構淨值表（未考慮表外業務）　　　　單位：萬元

資產		負債	
資產的市價（A）	1,000	負債的市價（L）	900
		淨值（E）	100
	1,000		1,000

表 8.2　　　　　金融機構淨值表（考慮了表外業務）　　　　單位：萬元

資產		負債	
資產的市價（A）	1,000	負債的市價（L）	900
		淨值（E）	50
或有資產的市價（CA）	500	或有負債的市價（CL）	550
	1,500		1,500

表 8.1 採用了傳統的計算淨值的方法，即不考慮表外業務，此時金融機構的淨值為資產負債表內的資產和負債的市場價值之差。

E = A − L
　= 1,000 − 900
　= 100（萬元）

由此計算出的該金融機構的淨值（所有者權益）的市價為 100 萬元，資本充足率為 10%（100/1,000）。

然而，對金融機構經濟淨值更精確的計算應該同時考慮表內業務和表外業務。如表 8.2 所示，該金融機構的或有資產的市價（CA）為 500 萬元，或有負債的市

價（CL）為 550 萬元，即 CL 比 CA 多 50 萬元，這是金融機構的額外負擔。因此，股東的真實淨值應為：

$$E = (A - L) + (CA - CL)$$
$$= (1,000 - 900) + (500 - 550)$$
$$= 50 （萬元）$$

這與未考慮表外業務時計算出的結果不同。因此，從經濟的角度來看，或有資產和或有負債是一種契約追索權，它將直接影響金融機構經濟淨值（所有者權益）。而從股東和監管者的角度來看，表外負債的大量增加會導致金融機構經濟清償力的下降。

第二節　主要表外業務的收益與風險

20 世紀 80 年代，東歐和欠發達國家貸款損失的上升、利率波動的加劇以及非銀行金融機構的競爭導致了這些國家的貸款利潤減少，這使許多商業銀行涉足利潤豐厚的表外業務。銀行將業務轉到資產負債表外，一方面，它們可以用增加的手續費收入來彌補傳統仲介業務上利差的縮小；另一方面，它們還可以避免監管成本，因為在當時，準備金要求、存款保險和資本充足率要求對表外業務都不適用。因此，收入的增加和監管成本的規避促使銀行將業務轉向了表外。

金融機構主要的表外業務有：貸款承諾、商業信用證、備用信用證、衍生合約（期貨、遠期、互換和期權）和貸款出售。正如我們前面所討論的，由於或有資產和或有負債具有複雜的或有追索權及期權特性，精確計算其市價是非常困難的，但金融機構的管理者至少應該知道每種主要表外資產和表外負債的風險的一般特性以及他們對金融機構的收益和盈利能力的影響。下面我們將詳細討論這些表外業務以及它們為金融機構帶來的收益和風險。

一、貸款承諾

目前，越來越多的工商貸款使用事先確定好的貸款授信額度或貸款承諾，而不是即期貸款。貸款承諾是指銀行或其他金融機構承諾客戶在未來一定的時期內，按照雙方事先確定的條件，應客戶的要求，隨時提供不超過一定限額的貸款。銀行作出貸款承諾要收取一定的預付費用（up-front fee）作為回報，但必須在承諾期內隨時準備提供承諾的全額貸款，借款者則可以在承諾期內借入不超過承諾額度的任意

金額。此外，銀行還可以在承諾到期時對貸款承諾中未使用的金額收取後端費（back-end fee）。例如，銀行承諾在一年內以 10% 的利率向甲公司提供限額為 100 萬元的貸款，預付費率為 0.12%，後端費率為 0.25%，甲公司在這一年內使用了 90 萬元的貸款承諾，則銀行將收取 1,200 元（100 萬元×0.12%）的預付費，並在這一年內隨時準備提供 100 萬元的貸款，承諾到期時收取 250 元（10 萬元×0.25%）的後端費。

注意，只有當借款者確實支取了承諾的貸款，貸款承諾下的貸款才會出現在資產負債表上。如上例，在 t=0 時，即簽訂 100 萬元的貸款承諾協議時，這筆貸款不會反應在銀行的資產負債表上，但銀行在這一年的期限內必須隨時準備提供 100 萬元的貸款，即在 t=0 時銀行產生了一項新的或有追索權。如果甲公司在 t=6 個月時支取了 90 萬元的貸款，那麼只有在 t=6 個月時才會在銀行的資產負債表上出現這筆新的 90 萬元的貸款。在貸款承諾下，銀行將面臨以下四種主要的風險：利率風險、支取風險、信用風險以及總籌資風險。下面我們將詳細討論這四種風險。

（一）利率風險

利率風險是由於銀行預先承諾在一定時期內以固定利率或浮動利率為借款者提供貸款而產生的或有風險。

假定銀行預先承諾在一年內以 10% 的固定利率提供最高限額為 100 萬元的貸款，如果在之後的一年內利率上升，銀行的資金成本將上升，銀行承諾利率與銀行資金成本之差將減小甚至為負。此外，利率的上升還使得 10% 的承諾利率遠遠低於客戶以當前利率在即期貸款市場借款所支付的利率。這時，該承諾貸款就顯得格外寶貴，借款者若支取貸款，銀行將會由於固定利率的貸款承諾而遭受損失。

銀行為了控製這種風險通常使用隨即期貸款利率變動的浮動承諾利率。例如，將貸款承諾利率與優惠利率掛勾。如果優惠利率在承諾期內上升，借款者使用貸款承諾借款的成本也隨之上升，這樣，借款者實際上是按市場利率支付利息的。但是，這種方法也不能完全消除貸款承諾的利率風險。例如，如果優惠利率上升 1%，但銀行的資金成本卻上升了 1.25%，這種隨優惠利率浮動的貸款承諾利率與銀行資金成本的差額仍然會下降，這就是我們通常所說的基差風險。這裡的基差風險是指存、貸款利率的變動方向或幅度不同所帶來的風險。

（二）支取風險

金融機構作出貸款承諾後，必須在承諾期內隨時準備提供其承諾的最高貸款金額，借款者可以在承諾期內的任意一天支取不超過限額的任意金額，這就使得金融

機構面臨一定的未來流動性風險和不確定性風險。因為金融機構不能確定借款者將在承諾期內的哪一天支取，也不能確定支取的具體金額。雖然金融機構可以通過對承諾額度中未使用部分收取後端費的方法來激勵借款者支取全額貸款，但在現實中，許多借款者支取的貸款金額大都未達到承諾額度。

(三) 信用風險

金融機構還面臨一定的或有信用風險。金融機構在制定貸款承諾的利率時通常要加上基於借款者當前信用評估的信用風險溢價。例如，如果借款者的信用等級為 AA 級，其借款利率僅比優惠利率高 1%。如果該公司在承諾期內陷入經營困境，收益大幅下降，這使得該借款者的信用等級由原來的 AA 級降至 BBB 級。但我們知道金融機構的承諾貸款利率是在公司信用等級為 AA 級時設定的，因此，公司信用等級的下降將導致金融機構面臨較大的信用風險。為了避免承諾期內借款者信用等級的急遽下降，大多數金融機構都在條件性條款中加入了重大逆轉條款。這樣，金融機構就可以在借款者狀況變壞時取消或重新定價貸款承諾。但是，金融機構往往最後才會考慮使用這樣的條款，因為這可能會使金融機構失去一部分客戶，並且承諾貸款的取消可能會導致借款者倒閉，產生對客戶違約的高成本訴訟費，甚至還可能使金融機構的聲譽受損。

(四) 總籌資風險

國內許多大公司通常都獲得了多家銀行的多種貸款承諾，以滿足未來信貸緊縮時的資金需求。信貸緊縮限制了即期貸款的供應，這可能是中央銀行緊縮的貨幣政策或者是金融機構自身惜貸所導致的結果。在信貸緊縮時，持有貸款承諾的公司就不會受到信貸制約。但是，這也意味著在金融機構籌資最困難且成本最高時，借款者支取貸款承諾的總需求可能最大。同時，在困難的信貸條件下，當眾多的金融機構爭奪資金以滿足客戶對貸款承諾的行使時，總承諾支取效應會使資金成本高於正常水平。

以上四種或有風險表明，貸款承諾增加了金融機構的清償力風險。但也有人持相反的觀點：與沒有參與貸款承諾業務的金融機構相比，從事該業務的金融機構的風險更低。他們認為，為了能夠收取手續費，在出售貸款承諾時，銀行必須使借款者確信銀行能提供未來所需的貸款，這就可能使銀行管理者在當前不得不採用低風險的資產組合，以增加銀行履行表內與表外義務的能力。有趣的是，最近的實證研究也證實了簽訂貸款承諾多的銀行比貸款承諾少的銀行的資產組合風險更低，即傾向於作出貸款承諾的銀行，一般來說更安全的觀點。

二、商業信用證和備用信用證

商業信用證和備用信用證屬於金融機構的或有負債。因此，在出售商業信用證和備用信用證時，金融機構既增加了手續費收入，又增加了未來或有負債。商業信用證和備用信用證都是金融機構出售的一種保證書，保證其購買者能履行義務。從經濟的角度來看，出售商業信用證和備用信用證的金融機構出售的是一種針對某些特定事件未來發生的頻率或嚴重程度的保證。下面我們將討論從事商業信用證和備用信用證的金融機構的風險。

（一）商業信用證（L/C）

商業信用證業務是金融機構擔保業務的一種，主要發生在國際貿易結算中。在進出口業務中最常使用的結算方式為商業跟單信用證。跟單信用證是一個有條件的銀行付款承諾，就是銀行根據買方（進口商）的要求和指示，向賣方（出口商）開立的在規定的期限內憑與信用證條款相符的單據支付一定金額的書面承諾。信用證結算業務實際是在進出口雙方簽訂合同以後，進口商主動申請進口地銀行為自己的付款責任作出保證，是銀行信用對商業信用的擔保。

商業信用證的產生主要是因為在國際貿易中進出口商之間可能缺乏瞭解而互不信任，進口商不願意先將貨款付給出口商，唯恐出口商不按時發貨；出口商也不願意先發貨或將單據交給進口商，擔心進口商不付款或少付款。在這種情況下，銀行就可以在進出口商之間充當一個中間人和擔保人的角色，商業信用證由此產生。

人們通常把商業信用證看成是一種結算工具，但是從銀行的角度看，商業信用證業務是一種重要的表外業務。在該業務中，銀行以自己的信譽為進出口商之間的業務活動提供擔保。銀行在開立信用證時，往往要求開證申請人（進口商）交足一定比例的押金，這樣銀行就不會占用大量的自有資金，並且還可以收取一定的手續費。因此，商業信用證是銀行獲取收益的一條重要途徑，同時，進口商所繳納的押金在減小信用證風險的同時也為銀行提供了一定的流動資金。

商業信用證因為其背後有商業行為，所以一般認為該項業務風險較小。但是，如果進口商違約，銀行就必須支付貨款，同時，銀行作為進口商的債權人，有權將其資產用來抵補損失。因此，信用證手續費收入應該超過信用證的預期違約風險，它等於違約的概率乘以信用證的預期淨支出，淨支出是考慮了對違約進口商資產的追回和監督成本的淨支出。

在信用證業務中，銀行面臨的主要風險如下：

1. 信用風險

如果由於市場因素或者其他原因引起開證申請人財務狀況惡化，使開證申請人無力支付貨款或不願意支付貨款，此時，開證行就必須承擔開證申請人的信用風險。此外，如果銀行作為信用證的保兌行，根據《跟單信用證統一慣例》的規定，其付款責任等同於開證行，所以商業銀行還可能面臨由於開證行資信和資金實力等問題帶來的信用風險。當信用風險發生後，商業銀行還可能面臨流動性風險。

2. 操作風險

操作風險是指銀行在開立、議付信用證及審單過程中業務人員違規操作或疏忽給銀行帶來的風險。例如，銀行進行議付時，常遇到出口商提交的單據與信用證條款不符，所以必須注意核審。

3. 國家風險

國際貿易的參與雙方來自於不同的國家或地區，這樣自然會使銀行面臨國家風險。進出口商所在國家的政治、經濟是否穩定，法律、法規制度是否健全以及對貿易、外匯管制的情況等都會影響銀行信用證業務的開展。

(二) 備用信用證 (SLC)

備用信用證是金融機構根據開證申請人的請求，對申請人開立的承諾承擔某種義務的憑證。即開證行在開證申請人未能履行其應履行的義務時，受益人只要憑備用信用證向開證行提交開證申請人未履行義務的聲明或證明文件，即可獲得開證行的償付，開證行一旦付款，開證申請人必須補償開證行的損失，即銀行對開證申請人有追索權。與商業信用證一樣，銀行開立備用信用證時也要收取手續費。

備用信用證的重要特徵是它們並不在開證機構的資產負債表上列示。這是因為備用信用證只是一種或有負債，在一般情況下，備用信用證直至期滿都不會被真正執行。只有當申請人發生意外的時候（如破產或技術上不能履行），開證機構才會發生資金的交付，而且只有當受益人提供的證明符合備用信用證上列示的全部條件時，才能向開證機構要求付款。如果其中一個條件不滿足，開證機構就可以拒絕付款。

備用信用證既可用於一般的非融資性擔保，也可用於融資性擔保。它通常可以用來替代銀行保函，如用於貸款擔保，甚至在發行債券、商業票據和銷售資產時，備用信用證也是一種重要的保證形式。許多研究表明，備用信用證比貸款本身的風險低得多，而且資產負債表外的備用信用證也可提高金融機構資產整體的多元化程度。因此，一般說來，備用信用證如果應用得當可以降低金融機構的風險。但是，

這並不說明備用信用證自身毫無風險。事實上，開展備用信用證業務的金融機構至少面臨著信用風險、利率風險和流動性風險。首先，開證機構可能因為其申請人的信用問題而承擔向受益人支付的風險，而接受備用信用證的金融機構也可能面臨開證機構違約的風險；其次，如果開證機構在沒有預先得到通知的情況下被迫償還信用證規定的款項，它還將面臨流動性風險，而不得不以不利的利率籌資。

三、金融衍生工具：遠期、期貨、互換和期權

遠期（forward）合約是指由交易雙方訂立的，約定在未來某日按簽訂合約時所約定的價格交割一定數量的特定標的物的非標準化合約，是一種沒有外部保證的櫃臺或場外協議。

期貨（future）合約是指由交易雙方訂立的，約定在未來某日按簽訂合約時所約定的價格交割一定數量的特定標的物的標準化合約，是一種由有組織的交易所保證的場內交易。其中，金融期貨交易是指以各種金融工具或金融商品作為標的物的期貨交易方式。金融期貨主要可以分為貨幣期貨、利率期貨和股票指數期貨三類。

期權（option）合約實際上是一種選擇權。在此合約中，其持有人有權利在未來一段時間內（或未來某一特定日期），以一定的價格向對方購買（或出售給對方）一定數量的特定標的物。其中，金融期權是以金融商品或金融期貨合約為標的物的期權交易方式。期權的購買方為了取得這項權利，須向賣方支付一定的期權費（option premium）。期權合約中約定的商品買賣價格稱為執行價格（strike price），一旦這個價格被敲定，在合約期限內，無論市場價格如何變化，期權合約的購買者都可以按這一價格買入或賣出相關的商品。期權的買方既可以行使這一權利，也可以放棄這一權利，甚至還可以將這一權利轉讓給第三者，但對期權的賣方而言，合約賦予他們的只有義務而沒有權利，只要期權的買方執行期權合約所賦予的權利，期權的賣方就必須無條件地按執行價格賣出或買入相應數量的商品。期權可以是場內交易也可以是場外交易。

互換（swap）是兩個或兩個以上的交易對手為達到轉移、分散和降低風險及多方互利的目的，根據預先制定的規則，在一定時期內交換一系列款項的支付活動。這些款項可以是本金、利息、收益等，它可以是其中一項，也可以是多項。互換主要有兩種類型，即貨幣互換和利率互換。互換一般是櫃臺交易。

金融衍生工具的主要風險有：

（一）市場風險

由基礎資產的價格變動導致衍生產品價格或價值變動而引起的風險稱為金融衍

生產品的市場風險。這種風險可能由經濟（如相關金融資產價格變動、社會經濟週期等）、政治、社會等因素引起。並且，不同的衍生產品所涉及的市場風險也不盡相同。

（二）信用風險

信用風險是衍生工具多種交易性風險中的一大類別。由於衍生工具具有契約性，當合約的一方損失慘重時就極可能出現信用風險。例如，1994年，大通銀行和信孚銀行在其衍生頭寸上遭受了嚴重的信用損失。但在交易所內（如期貨），基本上不會出現信用風險。這是因為如果合約的一方違約，交易所要替違約方履行支付義務，以保證合約的另一方不受信用損失。例如，1995年，當巴林銀行不能支付其日經指數期貨交易的追加保證金時，其所在的新加坡期貨交易所就承擔了巴林銀行的期貨合約。因此，除非交易所本身面臨系統性的金融市場崩潰，否則場內合約實質上是無信用風險的。另外，場內合約的逐日核對保證金制度也減少了違約風險，避免了合約損失和收益的累積。對於場外交易（如遠期、互換），由於既沒有交易所的保證，也沒有保證金和交易對手資格等方面的限制，通常只能以信用為保證，合約的履行存在很大的風險。一般來說，場外合約的違約風險隨合約到期日的臨近而增加，基礎證券價格、利率、匯率的波動也能增加合約的違約風險。

（三）流動性風險

流動性風險可以分為資金風險和流通量風險。資金風險主要是指交易方在結算日或在被要求增加保證金時不能履行支付責任。而流通量風險則指由於市場深度不夠或市場混亂，金融機構在市場上不能以接近原價格的水平結束或對沖某一交易頭寸。場內衍生產品的流通量可以用衍生工具的每日成交量和市場上未平倉合約數來衡量。市場上未平倉合約越多，相應的流通量風險越低。相對而言，場外衍生產品市場的流動性風險更大，因為市場上大部分的流通量都是由少數幾個主要的做市者提供的。

（四）操作風險

操作風險是指由於計算機系統或金融機構內部控製系統不完善而導致的風險，它與人為失誤、系統錯誤、程序不嚴謹和控製不充分有關。尤其是某些衍生產品的結算方式和價值計算比較複雜，因而會加劇這種風險。在衍生工具的交易中，操作風險可能造成比其他風險更為嚴重的損失，如巴林銀行因內部控製不嚴，使尼克·里森得以越權操作，最終使銀行陷入倒閉的境地。

（五）基差風險

這裡的基差是指在現貨市場上和在期貨市場上的利率差或價格差，而基差風險

就是指在交易中由於基差變化而產生損失的可能性。金融機構從事表外業務所面臨的基差風險主要是由期貨交易引起的。在運用金融期貨進行套期保值時，主要目的是規避市場風險。套期保值作用的大小主要取決於期貨價與現貨價變動的方向與幅度。只有現貨價和期貨價的變動一致、幅度相同時，套期保值才會有效，但事實上並非如此。當基差變動時，用期貨規避風險的能力可能會減弱。

(六) 法律風險

眾所周知，許多衍生工具在近十年才出現，因此相關的法律顯得很不健全，有些衍生合約可能不具有法律效力，交易雙方的權利得不到法律保護，其義務也可能不受法律的約束。相對而言，場外衍生產品的交易中法律風險體現得更為明顯。法律風險會使金融機構的整個投資策略無法得以實施，或者導致該金融機構損失增大、收益減少，這將對金融機構本身的實力產生一定的影響。

儘管金融衍生工具具有上述風險，但金融機構仍使用它們來規避和管理利率風險、外匯風險、信用風險等風險。當使用這些工具對利率、外匯、信用風險進行套期保值時，它們確實能起到減少金融機構整體清償力風險的作用。例如，儘管遠期匯率合約中存在對方可能違約的風險，但這種風險可能大大低於金融機構未使用遠期合約對外匯資產進行套期保值時面臨的清償力風險。隨著套期保值的監管成本的上升，如限制這些工具的使用或實施特殊的資本充足率要求，金融機構可能將趨向於不進行套期保值，這樣可能會增加金融機構的清償力風險。

四、票據發行便利

票據發行便利是一種中期的（一般期限為 5～7 年）具有法律約束力的循環融資承諾。根據這種承諾，客戶（借款者）可以在協議期限內用自己的名義以不高於預定利率的水平發行短期票據籌集資金，金融機構承諾購買客戶在市場上未能出售的票據或向客戶提供等額貸款。

金融機構提供票據發行便利，實際上是運用自己發達的票據發行網路及豐富的客戶資源，幫助特定的客戶出售短期票據並通過循環融資實現籌集中長期資金的目的。這項業務不僅滿足了客戶對資金的需求，也節約了金融機構自己的寶貴資源。票據發行便利可避免由一家金融機構單獨向客戶提供資金，其功能類似於辛迪加貸款，可以分散信貸集中造成的風險，規避金融當局對同一客戶大額貸款不超過金融機構資本金一定比例的規定。此外，提供票據發行便利的成本大大低於組織辛迪加貸款的成本，極具靈活性，可以使金融機構獲得更多的手續費收入。同時，由於它

屬於表外業務，銀行無需將這種承諾反應在資產負債表上，因此避免了資產負債表上資產及相應的資本金要求的增加。

票據發行便利業務的主要風險為：

(一) 信用風險

在票據發行便利業務中，金融機構所面臨的信用風險主要是在承諾期內客戶財務狀況惡化和信用等級降低的可能性。在一般情況下，票據發行便利使金融機構面臨的信用風險要遠遠低於直接貸款的信用風險，但如果發行人的資信下降，必然會導致票據發行狀況的惡化，這樣的結果可能會使金融機構需要承購的金額增大，從而增加了金融機構的負擔。

(二) 流動性風險

在票據發行便利業務中，若票據未能如期出售，則金融機構就必須承擔用其自有資金購入未出售票據的義務。在金融機構自身可用頭寸不足的情況下，就會產生嚴重的流動性問題。在採用票據發行便利為客戶融通資金時，金融機構一般無法控製需要融資的金額和時間。當客戶通知金融機構需要短期融資時，如果金融機構不能及時籌足需要承購的金額，這就可能損害金融機構的聲譽。

五、貸款銷售

貸款銷售是指銀行或其他金融機構通過直接出售或以證券化的方式，把貸款轉讓給第三方。第三方包括其他銀行、保險公司、互助基金，甚至還包括一般的公司。作為貸款的發放者和出售者，金融機構的運作方式更像一個貸款經紀人而非傳統的資產轉換者。在貸款銷售之後，金融機構還可為購買者提供相關的服務，如代其收取本息、監督借款者的財務狀況等，但是要收取一定的手續費。

當出售沒有追索權的貸款時，如果借款者不能如期償還貸款，貸款的購買者將獨自承擔全部的損失，不能把不良貸款返還給出售貸款的金融機構，即出售貸款的金融機構無連帶責任，因此，出售沒有追索權的貸款不會形成金融機構的表外或有負債。但如果出售的貸款是有追索權的，那麼貸款出售對出售貸款的金融機構意味著長期或有信用風險，貸款的購買者將長期擁有把貸款返還給出售方的權利，即如果貸款的信用質量下降，購買者就可執行該權利。一般來說，金融機構往往願意出售有追索權的貸款，這是因為有追索權貸款的價格一般高於無追索權貸款的價格，並且這種貸款出售形成的資產不會出現在資產負債表中，而是以表外或有資產的形式存在，因而可以避免資本金要求。當借款者的信用等級較高時，金融機構往往更

傾向於出售有追索權的貸款。

出售貸款的金融機構面臨的風險主要有信用風險和利率風險。對於有追索權的貸款出售，如果借款者違約，金融機構將承擔向貸款購買方付款的責任。當利率上升時，借款者違約的風險更大，金融機構被迫買回貸款的可能性更大。對於無追索權的貸款出售，銀行往往出於信譽的考慮，在借款者違約時也會買回貸款。

復習思考題

1. 某銀行的資產負債表如下：

表 8.3　　　　　　　　　　　　　　　　　　　　　　　　　　　　　　　　單位：萬元

資產		負債	
現金	3,000	存款	30,000
貸款	34,000	所有者權益	7,000
	37,000		37,000

如果該銀行還有市場價值為 10,000 萬元的或有資產和市場價值為 8,000 萬元的或有負債，該銀行的真實淨值為多少？

2. 某銀行作出 300 萬元的貸款承諾，承諾期為 1 年，預付費用為 0.5%，未使用部分貸款的後端費用為 0.25%，貸款的支取為 60%，該銀行總共收取的費用是多少？若資金成本為 7%，該銀行 1 年末的費用總收入為多少？

3. 銀行簽訂貸款承諾後，為什麼會暴露在利率風險和信用風險之下？

4. 一家美國銀行為一個美國客戶開立了一張為期 4 個月的信用證。該客戶計劃從中國進口價值 20 萬元的貨物，銀行收取 1% 的手續費。

A. 以人民幣表示的銀行手續費是多少？

B. 如果中國出口商在收到美國銀行的信用證後將信用證貼現，出口商會得到多少貼現收入？假設當時的利率為 5%，信用證還有 90 天到期。

C. 發行這張信用證的美國銀行將會面臨什麼樣的風險？

5. 什麼是票據發行便利？該業務的主要風險有哪些？

6. 區別有追索權和無追索權的貸款出售。為什麼銀行願意出售有追索權的貸款？

參考文獻

［1］李志輝. 商業銀行業務經營與管理［M］. 北京：中國金融出版社，2004.

［2］劉園. 商業銀行表外業務及風險管理［M］. 北京：對外經濟貿易大學出版社，2000.

［3］殷孟波. 商業銀行經營管理［M］. 北京：中國人民大學出版社，2003.

［4］戴國強. 商業銀行經營學［M］. 北京：高等教育出版社，2004.

［5］Basel Committee. International Convergence of Capital Measurement and Capital Standard—A Revised Framework. Publications No. 107, 2004.

［6］Anthony Saunders, Marcia M. Cornett. Financial Institutions Management. McGraw-Hill, 2003.

［7］Anthony Saunders, Marcia M. Cornett. Fundamentals of Financial Institutions Management. McGraw-Hill, 1999.

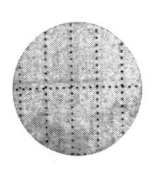

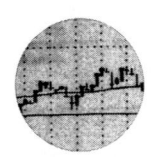

第九章　外匯風險和管理

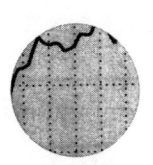

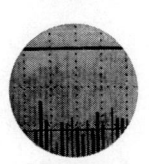

隨著全球經濟一體化進程的加快，金融機構的業務日趨國際化，國際業務風險也日益增大。由於幾乎所有的國際業務都是以外匯為載體進行的，外匯風險成為金融機構國際業務中最主要的風險之一。本章將介紹金融機構的國際業務及其面臨的外匯風險，並介紹金融機構如何通過淨外匯風險敞口來分析外匯風險暴露，以及如何通過外匯資產負債匹配和通過遠期外匯合約進行套期保值來防範外匯風險，最後簡要介紹外匯風險管理技術。

第一節　金融機構國際業務簡介

金融機構的國際業務主要包括兩個方面：一是進入外國市場和多邊國際金融市場從事業務活動；二是在本國從事涉外業務活動。具體而言，包括國際融資業務、國際投資業務、國際中間業務和外匯買賣業務等。

一、國際融資業務

國際融資業務是金融機構籌集外匯資金的業務，主要種類有外匯借款和發行外幣債券。

（一）外匯借款

外匯借款是金融機構以外匯形式向外借款的活動，具體形式包括：

（1）國際同業借款。國際同業借款是指不同國家的金融機構之間相互的短期外匯借款，也就是外匯頭寸的借貸。

（2）國際存款。國際存款是指金融機構吸收的外匯存款，包括金融機構間存款和非金融機構間存款。通常情況下，它是金融機構國際融資業務的主要形式和外匯資金的主要來源。

（3）其他借款。其他借款指的是除國際同業借款之外，金融機構從其他渠道獲得的資金。其主要方式包括發售大額可轉讓定期存單和回購協議交易以及票據發行便利等。

（二）發售外幣債券

發售外幣債券包括發售國際債券和在國內市場發售以外幣計價的債券兩種形式。最主要的融資方式是前者，由於全球融資證券化趨勢的影響，發售國際債券逐

漸成為金融機構籌集中長期外匯資金的主要方式。

常見的外幣債券類型有兩種，即外國債券和歐洲債券。外國債券是指債券發行者在外國發行的、以發行市場所在國的貨幣計價的債券。歐洲債券是指發行者在外國金融市場上發行的以銷售國以外的貨幣計價的債券。這類債券主要在歐洲貨幣市場發售，實際上屬於離岸債券。

二、國際投資業務

國際投資業務是指金融機構利用其所籌集的資金在國外和國內從事以外匯為載體的營利性活動，主要業務類型是國際信貸業務和國際證券投資業務。

（一）國際信貸業務

國際信貸業務指的是金融機構為國際經濟金融交易活動發放貸款並從中獲取收益的業務，其主要形式有：

（1）出口信貸。出口信貸指的是出口國的金融機構向本國的出口商和外國的進口商提供的與商品進出口有關的貸款。出口信貸的形式有賣方信貸和買方信貸。前者指的是金融機構向本國的出口商發放的貸款。出口商獲得貸款後，以商業信用的方式向外國進口商出口商品，進口商分期向出口商支付貨款。後者指的是出口國的金融機構向外國的進口商發放的貸款。進口商獲得貸款後，一般只能用來購買提供貸款的國家的商品，然後向出口國的金融機構償還貸款本息。

（2）進出口押匯。進出口押匯包括進口押匯和出口押匯兩種形式。出口商在與進口商訂立貿易合同並取得進口商申請開立的信用證之後，持發貨的有關單據和信用證向自己的開戶銀行請求提前支付貨款；出口商的開戶銀行審核單據無誤後，先行支付貨款，然後憑全部單據向進口商的銀行收回所付款項；進口商的開證銀行再向進口商要求支付貨款。由出口商銀行先行付款給出口商的為出口押匯，而由進口商銀行在審單付款環節先行付款給出口商開戶行，再由出口商開戶行將款項劃撥到出口商的帳戶上的則為進口押匯。

（3）打包貸款。打包貸款指的是出口商銀行在出口商備貨過程中因出口商資金不足而向出口商發放的具有特定用途的短期貸款。這種貸款因以前主要用於包裝貨物而被稱為打包貸款。銀行在發放打包貸款時必須以出口商提交的信用證作抵押。

（4）票據承兌。在國際業務中一般指信用證下的票據承兌，即由進口商銀行對進出口活動中所產生的票據承諾付款的行為。

（5）購買應收帳款。購買應收帳款是指金融機構為了滿足客戶應收帳款融資的

需要，對客戶發放的以應收帳款作擔保的貸款或是直接購買客戶的帳款。

（6）福費廷。這是金融機構為國際貿易提供的一種中長期融資，指的是在延期付款的國際貿易中，出口商把經過進口商承兌並經進口商的金融機構擔保的、期限在半年以上（一般為5～10年）的遠期匯票，以貼現方式無追索權地售賣給出口商的金融機構或其他金融機構。

（7）國際貸款。國際貸款主要是金融機構在國外從事的與貿易無直接關係的資金貸放業務，其具體種類按不同的標準有不同的分類。按期限的不同，可分為短期貸款、中長期貸款和長期貸款；按貸款對象的不同，可分為金融機構同業貸款、企業貸款、個人貸款、對外國政府及其機構貸款和國際經濟組織貸款等。

（二）國際證券投資業務

金融機構的國際證券投資業務主要是指其在海外買賣有價證券的業務。這些有價證券主要包括外國政府債券、外國政府機構債券、外國地方政府債券、跨國公司債券及股票、金融機構債券和國際經濟機構債券等。

三、國際中間業務

金融機構的國際中間業務是指金融機構接受客戶的委託，代客戶從事相關事務並從中收取手續費的業務。其主要業務種類有國際結算、國際信託、國際租賃、國際諮詢和其他代理業務。

四、外匯買賣業務

在金融機構的國際業務中，外匯買賣業務是一種重要的業務活動，主要是在國際外匯市場從事買賣外匯的業務，當然也包括在國內市場買賣外匯。

外匯買賣也稱為外匯交易，是指持有外匯的債權人以一定的價格將其外匯出售以換取本幣或其他外國貨幣的行為，或是需要清償外匯的債務人按一定的價格用本幣買進外匯的行為。金融機構的外匯買賣業務的種類，按買賣的性質可分為自營買賣和經紀買賣；按買賣的方法則可分為即期外匯買賣、遠期外匯買賣、掉期買賣、套匯、套利和外匯期貨及期權交易等。

除以上四種業務之外，金融機構的國際業務還有表外業務等其他業務種類，如商業信用證、備用信用證、貸款承諾、擔保見證及互換交易等衍生產品業務。儘管各種業務種類不同，但都與外匯風險有著密切的聯繫，因此外匯風險管理是所有國際業務經營管理中的重要內容。

第二節　金融機構外匯風險的含義和種類

一、外匯風險

(一) 匯率

匯率是一國貨幣相對於另一國貨幣的價格。在任何時候，市場都存在想買入和賣出貨幣的人，外匯匯率就是使得買入的貨幣數額和賣出的貨幣數額正好匹配的價格。

當外匯交易不受限制時，匯率由外匯的供給和需求來決定。如果某種貨幣供大於求，則該種貨幣匯率就下降，反之，則該種貨幣匯率上升。在有管制的外匯市場中，政府和中央銀行試圖使匯率固定，或限制其波動的範圍。但是，外匯的供給和需求會對匯率產生升值或貶值的壓力，從而迫使中央銀行為維持固定匯率而不斷賣出或買入本幣。

匯率可以表示成外幣的本幣價格或一單位外幣可以兌換的本幣數量，即直接標價法 (direct quotation)；也可以表示為本幣的外幣價格或一單位本幣可以兌換的外幣數量，即間接標價法 (indirect quotation)。例如，美元對人民幣的匯率為￥8.27/＄，是以直接標價法表示的。而人民幣對美元的匯率為＄0.12/￥，是以間接標價法表示的。

因為美元是世界儲備貨幣，一般用美元對某一國家貨幣的匯率來表示外匯匯率。如美元對人民幣的匯率、美元對日元的匯率等。

(二) 匯率的決定

在供求力量的背後，外匯市場的參與者還關心是什麼推動了外匯供求的變化，從而決定了短期和長期的均衡匯率。在實際中，金融機構常運用「購買力平價理論」(PPP) 和「利率平價理論」(IRPT) 來分析和測算長期和短期的均衡匯率，從而為它們的外匯風險管理提供決策參考。

購買力平價理論認為，在信息充分、不存在關稅和交易成本的開放經濟條件下，匯率取決於兩國的物價水平或相對物價水平之比。也就是說，一國通脹率高於 (低於) 另一國通脹率的幅度與其匯率的貶值 (升值) 幅度是一樣的。若購買力平價成立，則一國的對內購買力等於對外購買力。由於成立的條件苛刻，購買力平價匯率與短期均衡匯率可能存在很大的偏差。實際中，購買力平價理論常被用來分析和測算長期均衡匯率。

相對於購買力平價理論對物價因素的關注，利率平價理論更關注資本流動對匯率的影響。利率平價理論可以簡要表述為：在沒有交易成本的有效金融市場上，投資者持有本幣的收益（本國利率決定）與持有外幣的收益（由外幣利率和匯率決定）是相同的。當利率平價條件成立時，外匯市場不存在套利的機會，就算這種機會存在，也會由於市場力量的作用很快消失。利率平價條件是外匯市場均衡的前提條件。實證研究表明，利率平價理論對均衡匯率的短期分析和長期分析都是有效的。

(三) 影響匯率變動的因素

從總體上說，一國的宏觀經濟狀況和實力是影響該國貨幣匯率變動的最基本因素。如一國的生產發展速度快，財政收支狀況良好，物價穩定，出口貿易增加，則該國貨幣升值，即以間接法表示的匯率會上升；反之，若一國生產停滯，財政收支赤字擴大，通貨膨脹不斷發生，出口貿易減少，則該國貨幣貶值，即以間接法表示的匯率將下降。具體來說，宏觀經濟中的許多變量都會對匯率產生影響，下面介紹幾個主要的因素：

1. 國際收支

國際收支狀況是影響匯率變動的主要的直接因素，因為一國外匯供求狀況主要是由一國國際收支狀況決定的。如果一國的國際收支是順差，則不僅外匯的流入增多，流出減少，而且別國對順差國的貨幣需求增大，順差國對別國貨幣的需求減少，從而順差國貨幣的供不應求引起順差國的貨幣匯率上升。如果一國國際收支順差現象長時間持續，這個國家的貨幣在國際外匯市場上將成為強勢貨幣或硬貨幣，其匯率將不斷走高。

2. 通貨膨脹

通貨膨脹意味著國家發行的貨幣量超過了流通中正常需要的貨幣量，使其貨幣所代表的實際價值減少，從而引起貨幣的購買力下降，物價上漲，相應地貨幣的對外價值也下降。所以，當一國發生通貨膨脹之後，會出現物價上漲，本國貨幣貶值。

3. 利率

在通常情況下，一國利率提高，銀根緊縮，會吸引大量外國短期資金流入，使該國貨幣升值；反之，一國利率降低，銀根放鬆，會使短期資金外流，該國對外幣的需求增加，最終導致該國貨幣的匯率下跌。所以，各國利率的變化，尤其是各國利率水平之間的差異，是當今影響匯率變動的十分重要的因素。特別在金融全球化

趨勢日益加劇的今天，國際市場上大量的遊資使得利率狀況對匯率變動的影響更加巨大。

4. 各國的宏觀經濟政策

各國的宏觀經濟政策將會影響其自身的經濟增長、國際收支、就業率、物價水平和利率等經濟變量，最終會影響到匯率的變動。其中，特別是貨幣政策對匯率的影響更為直接和明顯。例如，當一國實施緊縮的貨幣政策時，將促使該國貨幣匯率上升；反之，將促使該國貨幣匯率下降。

5. 市場預期

預期對匯率的影響主要是通過人們對貨幣未來價值的評價來影響外匯的供求的。預期對匯率的影響很大，其程度有時遠遠超過其他因素對匯率的影響。當人們預期未來匯率水平會下降時，就會不斷地拋出該種貨幣，使得該貨幣供大於求，匯率水平下跌；反之，當人們預期未來匯率水平會上升時，則不斷買入該貨幣，使得該貨幣供不應求，匯率水平上升。

6. 其他因素

除上述所講的因素之外，還有其他一些因素影響匯率水平的變動，如股票、債券和外匯期貨期權價格的變動、國際政治局勢、自然災害等。

(四) 即期外匯市場和遠期外匯市場

外匯市場根據交割時間的不同，可分為兩種類型：第一種是即期外匯市場。該市場中貨幣以即期匯率進行交易，並且在交割日進行結算。交割日通常是指在買賣雙方達成交易協議之後的兩個交易日。第二種是遠期外匯市場。在遠期外匯市場上，外匯交易雙方通過簽訂遠期外匯合約，約定在未來的某一日，按合約規定的價格將一種貨幣兌換成另一種貨幣。合約上的價格就是該交易日的遠期外匯匯率。遠期外匯合約的期限從幾天到幾個月不等，若交易的貨幣是硬通貨，合約期限甚至會長達好幾年。

(五) 外匯風險

外匯風險，又稱匯兌風險，一般是指一個經濟主體持有的以外幣計價的資產與負債、經營活動中的外匯收入與支出以及未來可能產生的以外幣計價的現金流的現值，因匯率的變動而發生損失或產生額外收益的可能性。

外匯風險有廣義風險和狹義風險兩個不同的範疇。廣義外匯風險是指匯率變化對經濟活動的影響。如匯率的變動會從宏觀上影響一國進出口的變動，進而波及國民經濟的其他部門，使該國的貿易、對外貿易和債權出現不良反應，妨礙經濟正常

發展。狹義外匯風險則是指外匯匯率變動對某一項具體的經濟活動的影響。如某一項以外幣結算的出口貿易，在取得收入時因外匯匯率下跌而導致兌換本幣的數量減少，這會給出口商帶來損失。

二、外匯風險的種類

金融機構從事國際業務可能面臨的外匯風險，主要有以下三個主要的類型：

（一）交易風險

交易風險是指在運用外幣計價和收付的交易中，經濟主體因外匯匯率變動而蒙受損失的可能性，它是一種流量風險。例如，如果金融機構對進口商進行信用支持，那麼當支付外匯貨款時外匯匯率較合同訂立時上漲，進口商就必須付出更多的本國貨幣，從而首先遭受外匯風險損失。如果外幣升值造成了進口商的虧損，使其不能按期足額償付對金融機構的欠款，這又會進一步導致金融機構的外匯風險暴露增大，並遭受信用風險。

（二）折算風險

折算風險又稱為換算風險，是指經濟主體（包括金融機構）對資產負債表進行會計處理中，在將功能貨幣轉換成其他記帳貨幣時，因匯率變動而呈現出帳面損失的可能性。在這裡，功能貨幣就是指經濟主體在經營活動中流轉使用的各種貨幣；記帳貨幣則是指經濟主體在編制綜合財務報表時使用的報告貨幣，通常也就是母國貨幣。一旦功能貨幣與記帳貨幣不一致，在會計上就要作相應的折算，也就不可避免地出現折算風險。折算風險是一種存量風險。一般來講，按照相關法規的規定和要求，金融機構應以母國貨幣為單位編制匯總的財務報表，而不能在財務報表中使用幾種不同的貨幣單位。但在其國際業務中，一般是以外幣入帳進行反應和核算的。所以，擁有以外幣入帳的會計科目的金融機構在編制正式財務報表時，都要將外幣科目的餘額折算成本幣表示的餘額。但在客觀上，入帳時使用的匯率與合併折算時的匯率可能會不一致，並最終對金融機構的財務狀況造成影響。折算風險就是因為在折算時所使用的匯率與當初入帳時使用的匯率不同而產生帳面損益的可能性。入帳時的匯率與折算時的匯率不同，改變了金融機構的資產和負債價值以及淨資產、淨收益與現金流量，使金融機構產生了外匯風險暴露。

（三）經濟風險

經濟風險是指由於未預料到的匯率變動所引起的金融機構未來一定期間的收益或現金流量發生變化的潛在風險。收益的變化，既可能是增加，也可能是減少，這

主要取決於匯率變動對資產負債數量、價格和成本的影響程度。對金融機構而言，經濟風險比由交易風險和折算風險所引起的變化更為重要。原因在於，經濟風險將會直接影響金融機構在國際業務中的經營成果，並且這種風險的受險部分是未來的長期收益和長期現金流量。由於經濟風險所經歷的時間過程比較長，因而防範和控製的難度也比較大，對金融機構的影響也比前兩種風險的影響要大得多。

值得注意的是，非金融機構企業也同樣面臨上述三種外匯風險。

第三節　金融機構外匯風險分析

金融服務業的全球化致使金融機構日益暴露在越來越大的外匯風險中。直接從事外匯交易，提供外匯貸款，購買以外匯標價的證券或發行以外匯標價的外債都會產生外匯風險。最具代表性的外匯風險案例就是1997年爆發的亞洲金融危機。這場危機始於1997年7月2日，泰銖相對於美元跌了近50%，導致了亞洲其他國家貨幣貶值，最後導致亞洲以外的其他國家貨幣(如巴西里拉和俄羅斯盧布)貶值。例如，1997年11月2日，在泰銖貶值5個月之後，韓元相對於美元貶值10%。由於此次貨幣危機的衝擊，許多金融機構的收益都受到了影響。金融危機對貨幣價值的劇烈衝擊使得金融機構越來越重視加強對外匯風險的分析、防範和管理。我們將在本節介紹金融機構常常運用的分析和防範外匯風險的方法。

一、外匯風險的根源

(一)　外匯頭寸

近年來，商業銀行已經成為外匯買賣和交易的主要參與者，如花旗銀行和大通銀行，它們同時在外匯資產和負債上佔有大量份額。表9.1表明了美國銀行在1993—2000年外幣資產和負債的餘額。2000年，外幣資產（債權）為569億美元，外幣負債為761億美元。從表9.1中可以看到，1993—1997年美國銀行的外幣資產和外幣負債都呈現增加趨勢；1997年後開始減少。其原因可能是1997—1998年的金融危機導致持有某些外幣的風險陡然增大，銀行減少了對這些高風險貨幣的投資。

表 9.1　　　　　　　　　美國銀行報告的外幣負債和債權表

（以外幣方式支付；期末數據）　　　　　　　　單位：百萬美元

項目	1993	1994	1995	1996	1997	1998	1999	2000
銀行負債	78,259	89,284	109,713	103,383	117,524	101,125	88,537	76,120
銀行債權	62,017	60,689	74,016	66,018	83,038	78,162	67,365	56,867
存款	20,993	19,661	22,696	22,467	28,661	45,985	34,426	22,907
其他債權	41,024	41,028	51,320	43,551	54,337	32,177	32,939	33,960
銀行國內客戶債權	12,854	10,878	6,145	10,978	8,191	20,718	20,826	29,782

資料來源：Federal Reserve Bulletin, Table3.16, various issues. www.federalreserve.gov

表 9.2 給出了 2001 年美國銀行五種外幣資產的數額。

表 9.2　　　　　2001 年 3 月美國銀行外幣資產和外幣負債總頭寸表　　（以標價貨幣表示）

	資產 ①	負債 ②	外匯買入 ③	外匯賣出 ④	淨外幣敞口 ⑤
加拿大元（百萬）	64,301	62,363	377,773	383,869	-4,158
德國馬克（百萬）	29,381	27,724	187,776	194,559	-5,126
日元（十億）	64,769	70,358	466,789	462,150	-950
瑞士法郎（百萬）	139,233	126,469	546,984	549,708	10,040
歐元（百萬）	656,005	670,869	2,171,835	2,193,308	-36,337

資料來源：Treasury Bulletin, June 2001, pp. 102~114. www.ustreas.gov

表 9.2 顯示了 2001 年 3 月美國所有銀行的主要外幣頭寸。其中，第②列和第①列為銀行的金融貸款組合情況，所持有的資產和發行的債務都是以外幣進行標價的。第③列和第④列表示外幣交易業務，買賣每種主要貨幣的即期外匯合約和遠期外匯合約。如表所示，以德國馬克為例，外幣交易的金額遠遠超過直接的貸款投資組合，儘管總交易頭寸顯得非常大——銀行買進 1,878 億德國馬克，但它們的總頭寸或淨外幣敞口相對較小，為 -51 億德國馬克。

無論使用哪一種外幣，銀行的所有外匯風險都可由它們的淨外幣敞口來表示：

$$\text{淨外幣敞口}_i = \left(\text{外匯資產} - \text{外匯負債}\right) + \left(\text{外匯買入} - \text{外匯賣出}\right)$$

$$= \text{淨外匯資產} + \text{淨外匯買入} \tag{9.1}$$

其中：i = 第 i 種外幣。

顯然，金融機構能夠通過匹配其外幣資產和外幣負債，以及在外匯買賣中匹配其外匯買入和外匯賣出來規避外匯風險。金融機構也可以通過使用外匯買賣中的頭寸來衝銷外匯的資產和負債頭寸，從而使得用某一種外幣表示的淨敞口頭寸為零。

儘管只給出了商業銀行的外匯風險的例子，絕大多數的非銀行金融機構同樣因為持有外匯資產或負債以及進行外匯買賣而面臨外匯風險。它們遭受外匯風險的絕對規模要小於主要的貨幣中心銀行。其原因主要有三方面：較小的資產規模，審慎的個人關注和管制。例如，退休金基金投資了大約15%的資產在外匯證券上，人壽保險公司通常持有的外匯證券不超過其資產的10%。有趣的是，美國金融機構持有的海外資產少於日本和英國金融機構持有的海外資產數量。

（二）匯率的波動性和外匯風險

一般通過分析資產負債表中的資產、負債和外匯交易的不匹配以及匯率運動的潛在波動性來衡量金融機構的外匯風險的潛在規模。具體來講是：

$$本幣在外幣 i 上的損失/收益 = (外幣 i 用本幣計價的淨外幣敞口) \times 本幣/外幣 i 的匯率波動 \tag{9.2}$$

金融機構的外匯頭寸越大，該種外幣匯率的波動性越大，則金融機構的潛在損失或收益越大。也就是說，它的風險日收益（daily earnings at risk）越大。匯率波動性的潛在影響因素也會影響一國貨幣的供給和需求波動。這就是說，從概念上講，匯率就像任何商品的價格一樣，當一國貨幣的供給低而需求相對高的時候，它就會相對別國貨幣升值；當一國貨幣的供給高而需求低的時候，它就會相對別國貨幣貶值。

二、外匯交易

外匯市場已經成為所有金融市場中最大的市場，日交易額超過 30,000 億美元。倫敦擁有最大的外匯市場，其次是紐約和東京。而且，外匯市場是一個 24 小時交易的市場，先從東京開始，接下來是倫敦、紐約。因此，外匯風險在夜間也繼續存在。這就加劇了持有不匹配外匯頭寸的外匯風險。金融機構在外匯市場的頭寸反應了四種交易活動。

（一）外匯交易活動

（1）購買、出售外幣，使客戶參加和完成國際商業交易。

（2）購買、出售外幣，使客戶或金融機構對國外進行真實投資和金融投資。

（3）以套期保值為目的，購買、出售外幣，以抵消客戶或金融機構的特定外幣

的敞口頭寸。

(4) 通過預測外匯匯率走勢，以投機為目的購買、出售外幣。

在前兩種活動中，金融機構通常作為其客戶的仲介機構而收取一定的服務費，本身並不承擔外匯風險。花旗銀行是美國主要的外匯供應商，它將外匯零售給客戶。在第三種活動中，金融機構主要是通過對沖交易，來防禦性地減少外匯風險。因此，外匯風險本質上與敞口頭寸，即以投機為目的的第四種活動相關。通常情況下，金融機構在與別的金融機構進行外匯交易的時候並不對沖。金融機構可以通過直接同別的金融機構進行交易，或同專門的外匯經紀人交易。外匯經紀人因安排金融機構雙方的交易而獲得一定的佣金。投機性交易可以通過一系列的外匯工具來實現。即期現匯交易是最普遍的，金融機構通過買賣的價差或者說通過叫買、叫賣價運動方向的不一致來獲利。然而，金融機構也可以通過外匯遠期交易、期貨和期權來獲利。越來越多的金融機構介入到由投資者操作的專門對沖基金，如約瑟夫·劉易斯（Joseph Lewis）和喬治·索羅斯（George Soros），他們的投機活動致使貨幣幣值劇烈波動，並對此進行豪賭。索羅斯的所作所為已是眾所周知，而英國人約瑟夫·劉易斯卻幾乎不為人所知，他的交易主要在其百慕大群島的基地。1998年美國長期資產管理公司（Long-Term Capital Management）的倒閉、對沖基金的操作者如索羅斯和劉易斯的投機行為，已經促使金融機構認識到對外匯交易需要更大力度的規範和監管。

(二) 外匯交易的獲利性

外匯交易的大部分利潤和損失都來自於持有敞口頭寸或在外匯市場上進行投機活動。金融機構通過做市或作為仲介機構向客戶提供零售或批發服務而獲得的佣金都是次要的、補充性的利潤來源。

表9.3顯示了一些美國大銀行外匯交易的收入來源。如表9.3所示，近些年整個交易收入基本保持穩定。在外匯交易業務量上占主導地位的是花旗銀行和大通銀行。外匯交易利潤緩慢增長的一個主要原因是：歐洲主要國家的匯率波動性趨於下降，這就抵消了亞洲貨幣的劇烈波動。歐洲主要國家匯率波動趨於下降是由兩個原因造成的：第一個原因是這些國家的通貨膨脹率下降了，第二個原因是歐洲主要國家形成了統一的歐洲貨幣區，使用統一的貨幣——歐元，匯率相對穩定。不過，正如上面所提到的，亞洲的一些新興市場國家，如泰國、印度尼西亞和馬來西亞的匯率波動越來越大，但這些國家的貨幣在主要金融機構的外匯交易中所占比重仍然不大。

表9.3　　　　　　　　　　美國主要銀行外匯交易收入表　　　　　　單位：百萬美元

	1988	1990	1995	2000
1. 美洲銀行	135.0	207.0	303.0	524.0
2. 銀行家信託公司	153.9	425.0	36.0	30.0
3. 大通銀行	249.7	217.2	241.0	—
4. 化學銀行	143.2	207.2	291.0	—
5. J.P. 摩根公司	186.8	309.0	253.0	—
6. J.P. 摩根大通	—	—	—	1,456.0
7. 製造商漢諾銀行	103.0	106.0	—	—
8. 花旗銀行	616.0	657.0	1,053.0	1,243.0
9. 大陸銀行公司	20.9	187.0	—	—
10. 芝加哥第一國民銀行	148.6	102.8	106.0	—
11. 紐約銀行	30.9	47.6	42.0	—
12. Marine Midland	5.0	3.4	3.8	—
13. 紐約共和公司	35.4	77.3	113.1	—
合計	1,828.4	2,546.5	2,441.9	3,253.0

資料來源：Annual reports, 10-Qs, call report data.

三、外匯資產和負債的頭寸

金融機構外匯敞口風險還來源於外匯金融資產和外匯金融負債組合不匹配。如果一個金融機構持有的外匯資產超過它的外匯負債，那麼在該種貨幣上就是淨多頭；如果一個金融機構持有的外匯負債超過它的外匯資產，那麼在該種貨幣上就是淨空頭。外匯金融資產包括以瑞士法郎為面值的債券，以英國英鎊標價的金邊債券，甚至包括以比索標價的墨西哥債券。外匯金融負債包括發行英國英鎊存款或在歐元市場上為獲得日元融資而發行的以日元標價的債券。金融市場的全球化使得獲得多國貨幣的融資成為可能。因此，對於金融機構而言，極其重要的是：不僅要多樣化地使用他們的資產和資金，而且要探求外匯市場的不完美之處，從而為實現更高的資產回報或達到更低的資金成本創造機會。

（一）對外投資收益和風險

為了考察金融機構資產負債表中增加了外幣資產和負債後的收益和風險，先考慮下面的簡單例子：

表9.4　　　　　　　增加了外幣資產後的金融機構的資產負債表

資產	負債
1億元人民幣貸款（8%）（1年）	2億元人民幣存款（6%）（1年）
（以人民幣計價）	（以人民幣計價）
等價於1億元人民幣的美元貸款（10%）（1年）	
（以美元計價）	

金融機構的負債以人民幣計價，但其中的50%投資於以人民幣計價的資產，50%投資於以美元計價的資產。在這個例子中，金融機構資產和負債的久期匹配都為1年，但其資產和負債組合的貨幣不匹配。假設預期1年期人民幣存款利率是6%，1年期人民幣無風險信用貸款的收益率為8%。若只投資於國內，金融機構可以賺取2%的利差。

現在金融機構將2億元人民幣中的50%投資於1年期美元貸款，其餘的50%投資於人民幣貸款。其具體操作如下：

第一步，年初，在即期市場上賣出1億元人民幣買入美元。如果匯率為 $1 = ¥8.260，那麼可以兌換到 ¥100,000,000/（¥8.260/$）＝ $12,106,538。

第二步，將 $12,106,538 投資於年利率為10%的1年期美元貸款。

第三步，年末，這些貸款的收入為 $12,106,538 × 1.1 = $13,317,192。

第四步，把這些美元資金轉化為人民幣，即在外匯市場上以年末的即期匯率賣出美元，買進人民幣。

根據年末美元的即期匯率，即美元的遠期匯率的變化，可以分為以下三種情況：

（1）年末美元的即期匯率仍然保持在 ¥8.260/$。

美元貸款收入轉化為人民幣為：$13,317,192 × ¥8.260/$ ＝ ¥110,000,006

或者以收益率表示為：（¥110,000,006 － ¥100,000,000）/ ¥100,000,000 ＝ 10.00%

金融機構貸款組合的加權收益率為：0.5 × 8% ＋ 0.5 × 10% ＝ 9%

投資收益率9%減去融資成本6%，得到淨收益率3%。

（2）美元貶值為 ¥7.765/$。

美元貸款收入轉化為人民幣為：$13,317,192 × ¥7.765/$ ＝ ¥103,407,996

或者以收益率表示為：　　（¥103,407,996 － ¥100,000,000）/ ¥100,000,000 ＝ 3.41%

貸款組合的加權平均收益率為：0.5 × 8% ＋ 0.5 × 3.41% ＝ 5.71%

投資收益率5.71%減去融資成本6%，得到淨收益率 －0.29%。

年末美元匯率的下降抵消了美元貸款相對於人民幣貸款的較高的收益率,使淨收益率為負。

(3) 美元升值為¥8.285/$。

美元貸款收入轉化為人民幣為:$13,317,192 × ¥8.285/$ = ¥110,332,936

或者以收益率表示為:(¥110,332,936 - ¥100,000,000)/¥100,000,000 = 10.33%

貸款組合的加權平均收益率為:0.5×8% + 0.5×10.33% = 9.17%

投資收益率9.17%減去融資成本6%,得到淨收益率3.17%。

金融機構將會從美元投資中獲得雙重收益——美元貸款的高收益率加上在投資期內美元的升值。

(二) 風險與套期保值

因為管理者事先不可能確定年末美元對人民幣的即期匯率,所以只持有美元資產,而沒有美元負債的策略是有風險的。如前所述,如果美元由¥8.260/$升值到¥8.285/$,美元貸款的收益率為10.33%;如果美元對人民幣貶值為¥7.765/$,那麼美元貸款產生的收益率僅為3.41%。這樣會影響金融機構的資產加權平均收益率,進而使淨收益率降低,甚至可能為負。

理論上,金融機構管理者有兩種方法能更好地控製外匯敞口的規模:資產負債表表內套期保值和表外套期保值。

1. 表內套期保值

假設投資於利率為10%的美元貸款的資金來源不是人民幣存款,而是1年期的利率為7%的美元存款。現在金融機構的資產負債表如表9.5所示。

表9.5　　　　同時持有外匯資產和負債的金融機構的資產負債表

資產	負債
1億元人民幣貸款(8%)(1年)(以人民幣計價)	1億元人民幣存款(6%)(1年)(以人民幣計價)
等價於1億元人民幣的美元貸款(10%)(1年)(以美元計價)	等價於1億元人民幣的美元存款(7%)(1年)(以美元計價)

這樣金融機構外幣資產負債表的到期日和幣種都匹配了。現在考慮兩種情況:

(1) 美元貶值為¥7.765/$

由於金融機構的資產沒有發生變化,貸款組合的收益率仍然是5.71%,即在沒

有進行套期保值的情況下，美元匯率為￥7.765/$時的收益率。現在我們來考慮價值為1億元人民幣的美元負債以人民幣表示的成本。

年初，金融機構以美元存款方式融入相當於100,000,000元人民幣的資金，存款為1年期，利率為7%。當時的匯率為￥8.260/$。與100,000,000元人民幣等值的美元數為￥100,000,000/（￥8.260/$）= $12,106,538。

年末，金融機構必須向美元存款持有人返還本金和利息 $12,106,538×1.07 = $12,953,996。

同時，年末美元貶值為￥7.765/$，則以人民幣表示的需支付的金額為：

$12,953,996×￥7.765/$ = ￥100,587,779

或以百分比表示為：

（￥100,587,779 − ￥100,000,000）/￥100,000,000 = 0.59%

因此在年末：

貸款組合的加權平均收益率為：5.71%

融資平均成本為：0.5×6% + 0.5×0.59% = 3.30%

淨收益率為：5.71% − 3.30% = 2.41%

（2）美元升值為￥8.285/$。

同樣，貸款組合的收益率仍然是9.17%，即在沒有進行套期保值的情況下，美元匯率為￥8.825/$時的收益率。現在考慮當國內金融機構在年末必須向美元存款者支付利息和本金時國內1年期存款的人民幣成本：

$12,106,538×1.07×￥8.285/$ = ￥107,323,854

或者以百分比表示為：

（￥107,323,854 − ￥100,000,000）/￥100,000,000 = 7.32%

因此在年末：

貸款組合的加權平均收益率為：9.17%

融資平均成本為：0.5×6% + 0.5×7.32% = 6.66%

淨收益率為：9.17% − 6.66% = 2.51%

由此可見，無論在投資期內匯率朝何種方向變動，通過直接匹配金融機構的外幣資產和外幣負債，金融機構都可以鎖定正的淨收益或利差。

我們能夠看出，在資本可以自由流動的情況下，若不考慮外匯風險，當國外利差高於國內利差時，金融機構會逐漸地撤出國內市場，而把它們的業務放在國外。國內金融機構間競爭的緩和擴大了存貸款利差，而國外的競爭日益激烈，減小了存

貸差，直到國外業務的這種獲利機會消失。但在涉足國外業務時，任何一家金融機構都必須考慮到外匯風險對淨收益的影響。

2. 用遠期合約套期保值

除了用相同金額和期限的外幣負債與外幣資產相匹配外，金融機構還可以通過外幣遠期市場來套期保值。由於擁有一年期的美元資產，即年末會產生一筆美元收入，金融機構可以在遠期市場上簽訂一份遠期合同，以約定的美元價格賣出遠期美元，買入遠期人民幣，從而鎖定年末以人民幣表示的美元貸款收入，規避匯率變動帶來的風險。遠期頭寸作為一種表外項目並不反應在資產負債表中。仍採用表9.4中的數據，金融機構通過遠期合約套期保值的操作步驟如下：

第一步，金融機構以當天的即期匯率出售 100,000,000 元人民幣換取美元，那麼可兌換到美元數為 ¥100,000,000/（¥8.260/$） = $12,106,538。

第二步，立刻以10%的年利率將這 $12,106,538 貸出。

第三步，同時，以現在的1年期遠期匯率出售由美元貸款產生的預期本金和利息。設人民幣和美元現在的1年期遠期匯率為¥8.285/$，即美元遠期升水0.30%：

（¥8.285 - ¥8.260）/ ¥8.260 = 0.30%

第四步，一年後，金融機構收到美元貸款本息為 $13,317,192：

$12,106,538 × 1.10 = $13,317,192

第五步，金融機構將 $13,317,192 交割給1年期遠期合約的購買者，收到事先承諾的 ¥110,332,936：

$13,317,192 ×（¥8.285/$） = ¥110,332,936

或者以收益率表示為：

（¥110,332,936 - ¥100,000,000）/ ¥100,000,000 = 10.33%

金融機構貸款組合的加權收益率為：0.5 × 8% + 0.5 × 10.33% = 9.17%

加權收益率 9.17% 減去融資成本 6%，得到淨收益率 3.17%。

通過遠期合約交易，金融機構將美元貸款收益率鎖定在了 10.33%，將貸款組合的加權收益率鎖定在了 9.17%，從而鎖定了淨收益率 3.17%。

在這個例子中，金融機構不斷從國內人民幣貸款中抽出資金注入套期保值的美元貸款是有利可圖的，因為已經套期保值的美元貸款收益率是 10.33%，遠遠高於國內貸款的收益率 8%。當金融機構尋找到更多的美元貸款投資機會時，它必須買入更多的現貨美元。這使得美元兌人民幣的即期匯率超過 ¥8.260/$。另外，金融機構將出售更多的遠期美元（美元貸款收入），導致美元遠期匯率低於 ¥8.285/$，

美元遠期發生貼水，投資收益下降。這一過程一直將持續到金融機構6%的資金成本等於美元貸款遠期套期保值的收益率。換句話說，此時借入人民幣投資於美元貸款並以遠期合約套期保值的投資方式將無利可圖。用公式表示即為：

$$1 + r_{cn,t}^D = \frac{1}{S_t} \times (1 + r_{cn,t}^L) \times F_t \tag{9.3}$$

式中：$r_{cn,t}^D$——在 t 時刻金融機構國內存款利率；

S_t——在 t 時刻美元兌人民幣的即期匯率；

$r_{cn,t}^L$——在 t 時刻美元貸款的利率；

F_t——在 t 時刻美元兌人民幣的遠期匯率。

假設 $r_{cn,t}^D = 6\%$，$r_{cn,t}^L = 10\%$，其他數據與表9.4中的一致。當金融機構把更多的資金投資於美元貸款時，購入美元的即期匯率從￥8.260/＄升到￥8.285/＄。在均衡狀態下，遠期匯率將降為￥7.984/＄，這樣就完全消除了美國投資對國內金融機構的吸引力。即：

$$1 + 0.06 = \frac{1}{8.285} \times (1 + 0.1) \times F_t$$

$$F_t = ￥7.984/＄$$

上式體現了利率平價條件下的遠期匯率的計算，這是一種無套利平價條件，意思是套期保值後以人民幣表示的國外投資收益剛好等於以國內存款利率表示的融資成本。這種關係可表述為：

$$\frac{r_{cn,t}^L - r_{cn,t}^D}{1 + r_{cn,t}^L} \approx -\frac{F_t - S_t}{S_t} \tag{9.4}$$

$$\frac{0.1 - 0.06}{1.1} \approx -\frac{7.984 - 8.285}{8.285}$$

$$0.036,36 \approx 0.036,33$$

也就是說，在均衡條件下，國內國外之間的存、貸款利差按國外貸款收益率貼現得到的值約等於外匯的貼水率。這種關係就是利率平價理論所揭示的無套利均衡條件。它的含義是：在競爭性存款、貸款和外匯市場上，對金融機構管理者來說，國外投資的獲利機會很小而且轉瞬即逝。換句話說，就是只有當國際存款、貸款和其他金融市場出現重大缺陷，包括跨境資金流動障礙時，才會長期出現違反這種關係的情況。

(三) 多幣種外國資產負債頭寸

到目前為止，我們都是以單一貨幣為例來說明資產、負債組合匹配或不匹配的

情況。實際上，許多金融機構，包括銀行、共同基金和養老基金，都持有多幣種資產和負債。對多幣種交易組合，在資產和負債市場中進行分散交易可以降低組合收益的風險及資金的成本。在一段時間內，當國內與國外利率或股票收益率的變化不完全一致時，分散化的資產負債組合的潛在收益能夠抵消不匹配的單一貨幣資產負債頭寸的風險。

在理論上，任何一個特定國家的固定收益證券的名義利率都包含以下兩個主要因素：第一是真實利率，它反應了真實經濟部門對該貨幣的需求和供給；第二是預期的通貨膨脹率，它反應了資金的供應者要求資金的需求者支付的額外報酬以補償貸款期間內由於預期的物價水平上漲給貸款者造成的損失。用公式可以表示為：

$$r_i = rr_i + r_i^e \qquad (9.5)$$

式中：r_i——國家 i 的名義利率；

rr_i——國家 i 的真實利率；

r_i^e——國家 i 一段時期內預期的通貨膨脹率。

如果各國間的實際儲蓄、投資需求和供給壓力及通貨膨脹預期緊密相關，我們會發現名義利率與金融市場高度相關。例如，由於對投資資金需求強烈，美國真實利率上升，可能會引起資金從其他國家流向美國。其他國家的政策制定者和借款者，為了減少其資本流出，通常會提高本國的真實利率和名義利率。另一方面，如果世界資本並非完全一體化，在國際資金流動達到平衡之前，名義利率和真實利率會存在相當大的差別。國內外資產或負債的收益率呈弱相關性關係，並存在巨大的分散化機會。

表 9.6 列出了 1986—1998 年主要債券市場債券年收益率之間的相關性。

表 9.6　　1986—1998 年 10 月以本幣計量長期政府債券年收益之間的相關性表

	美國	英國	德國	荷蘭
美國	1.000,0	0.869,2	0.588,2	0.600,0
英國	0.869,2	1.000,0	0.763,2	0.770,5
德國	0.588,2	0.763,2	1.000,0	0.993,2
荷蘭	0.600,0	0.770,5	0.993,2	1.000,0

資料來源：A Saunders and A. Schmeits. The Determinants of Bank Lending Rates: Evidence from the Netherlands and Other Countries. Working Paper. Stern School of Business, New York University, June 2001.

從表 9.6 中可以看出，各國政府債券間相關性的差別很大，德國政府債券與荷

蘭政府債券相關係數為 0.993,2，而與美國政府債券的相關係數為 0.588,2。而且，這些國家的債券呈較高的正相關關係，類似於其股票收益率的相關性關係。

第四節　金融機構外匯風險的管理

一、交易風險的管理技術

商業銀行在外匯市場上的參與程度不同，有些銀行可能很少涉足外匯市場，而另一些銀行則是外匯市場的活躍參與者。在後者中，有些銀行只是客戶外匯交易的代理人，而另一些銀行自己也進行交易。通常外匯風險的報告採取較為簡單直接的方式，只需記錄即期與遠期市場的各種貨幣頭寸。交易者為外匯風險設置一個額度限制，然後就實時監測匯率變化，或只監視每日的收盤情況；也有一些外匯交易活躍的商業銀行開始對風險管理工具如 VaR（Value At Risk）方法產生了濃厚的興趣，並逐漸在外匯風險管理中使用這種方法。額度控製仍然是外匯交易風險控製的主要方法，它對所交易的幣種的即期和遠期頭寸都設置了限制。許多銀行都根據以往的經驗或主觀判斷為外匯風險暴露頭寸設置限制，然而也有一些銀行嘗試利用類似於利率風險管理模型的方法，以使決策更加客觀。針對交易中存在的外匯風險，銀行大多採用以下幾種限額控製方法：

（1）即期外匯頭寸限額。這種限額一般根據交易貨幣的穩定性、交易的難易程度以及相關業務的交易量來確定。

（2）掉期外匯買賣限額。由於掉期匯價受到兩種貨幣同業拆放利率的影響，故在制定限額時，必須考慮到該種貨幣利率的穩定性，遠期期限越長，風險越大。同時，還應制定不匹配遠期外匯的買賣限額。

（3）敞口頭寸限額。敞口頭寸也稱為缺口頭寸，是指沒有及時抵補而形成的某種貨幣的多頭或者空頭頭寸。敞口頭寸限額一般需要規定相應的時間和金額。

（4）止損點限額。止損點限額是銀行對交易人員建立外匯頭寸後，面對外匯風險引起的外匯損失的限制，是銀行對最高損失的容忍程度。而這種容忍程度主要取決於銀行對外匯業務的參與程度和對外匯業務收益的期望值。在外匯市場中參與程度越高，期望收益率越高，願意承擔的風險就越大。

除了制定每天各類交易的限額之外，還需制定每日各類交易的最高虧損限額和總計最高虧損限額。當突破了這些限額時，銀行將進入市場，進行相應的外匯即期、遠期、掉期以及期貨和期權等交易，將多餘的頭寸對沖掉。這些金融市場工具

也經常用於非金融機構風險管理中。

二、折算風險的管理技術

對於折算風險而言，由於折算損益只是一種會計帳面上的損益，並不涉及金融機構真實價值的變動，因此折算風險與交易風險、經濟風險並不相同。這種帳面風險主要影響向股東和債權人提供的會計報表，但是這種折算損益也在一定程度上反應了金融機構所承擔的外匯風險，有可能在未來成為實際的損失。

折算風險的管理技術主要有兩種：一是資產負債表中性化；二是風險對沖。資產負債表中性化方法要求金融機構調整資產和負債，使得以各種功能貨幣表示的資產和負債的數額相等，折算風險頭寸為零，因此無論匯率怎樣變動，也不會帶來會計折算上的損失。風險對沖法則是通過金融市場操作，利用外匯合約的盈虧來衝銷折算盈虧。

三、經濟風險的管理技術

經濟風險是衡量銀行未來現金流對潛在匯率變動的敏感性，其管理的主要目標是隔離這種影響。經濟風險管理的第一步是考慮匯率變動的影響期間。如果匯率變動僅僅是暫時的，為此對銀行經營進行大規模的調整很可能使管理風險的成本大於可能帶來的收益，因此是不可取的；如果這種變動是持久的，對銀行的影響也將是持久的，則相應的經營調整是必要的。第二步是銀行需要決定經濟風險管理的政策。這種政策取決於現金流與其變動的性質，以及管理人員對風險的態度。如果根據所預測的匯率變動時間、方向和幅度可以確定未來現金流的變動將有利於銀行，管理人員大可不必採取行動。

經濟風險的管理原則應當是盡可能降低匯率變動對現金流的負影響。銀行可以通過資產債務匹配、業務分散化、融資分散化、營運資本管理等措施來管理經濟風險。

復習思考題

1. 金融機構的國際業務主要包括哪幾種？
2. 影響匯率變動的因素有哪些？

3. 外匯風險的種類有哪幾種？

4. 如何計量金融機構的淨外幣敞口？

5. 如果金融機構持有存在美國的美元多頭，當人民幣對美元升值時，金融機構是獲利還是損失？

6. 金融機構有1,000萬美元的資產和700萬美元的負債，它又在外幣交易中購買了800萬美元。金融機構以美元表示的淨外幣敞口是什麼？

7. 四種主要的外匯交易活動是什麼？

8. 什麼動機驅使金融機構對外幣敞口進行套期保值？套期保值的局限性是什麼？

9. 如果金融市場不完全相關，金融機構持有多幣種外國資產和負債是有利還是無利？

10. 金融機構管理者控製外匯敞口的兩種方法是什麼？

11. 假設國內1年的預期通貨膨脹率是8%，1年期名義利率是10%，真實利率是多少？

12. 某金融機構在國內以6.5%的利率發行價值2億元人民幣的1年期存款。它把這筆資金的50%投資於某公司發行的1年期年利率為7%的債券，另外50%投資於1年期年利率為8%的美國政府債券。當前匯率是￥8.265/$。問：

　A. 如果人民幣對美元匯率不變，投資於債券的2億元人民幣的淨收益率是多少？

　B. 如果匯率降為￥8.255/$，投資於債券的2億元人民幣的淨收益率是多少？

　C. 如果匯率升為￥8.275/$，投資於債券的2億元人民幣的淨收益率是多少？

參考文獻

[1] 倪錦忠. 現代金融機構風險管理[M]. 北京：中國金融出版社，2004.

[2] 彭江平. 金融機構風險管理的理論與系統[M]. 成都：西南財經大學出版社，2001.

[3] 李志輝. 金融機構業務經營與管理[M]. 北京：中國金融出版社，2004.

[4] Anthony Saunders, Marcia M. Cornett. Financial Institutions Management. McGraw-Hill, 2003.

[5] Anthony Saunders, Marcia M. Cornett. Fundamentals of Financial Institutions

Management. McGraw-Hill, 1999.

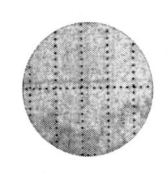

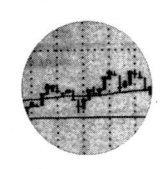

第十章　資本充足率

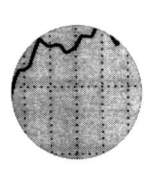

金融機構在經營過程中不可避免地面臨著各種各樣的風險，充足的資本能夠彌補金融機構未預料到的損失，使其有效地維持清償力。由於金融機構在整個經濟中的特殊地位，任何一家金融機構出現清償力不足問題，都會危機到整個金融系統的安全和穩定，因此，充足的資本對金融機構持續經營具有十分重要的作用。巴塞爾協議確定了統一的資本充足率的計算方法和標準，並成為大多數國家金融監管當局計算和衡量資本充足率的標準。

第一節　資本概述

一、資本的定義

（一）資本的定義

在市場經濟中，任何一個以盈利為目的的企業，在申請開業時，都必須具備一定數量的資本金，它是企業經營的基礎。金融機構也不例外，必須投入一定的自有資本，它代表著股東對金融機構的所有權。由於金融機構在整個經濟中的特殊地位，資本具有更為重要的作用即防止金融機構遭遇清償力不足的風險。首先我們給資本下一個比較準確的定義。事實上，從不同的角度來看，資本的定義是不同的。具體地說，從會計學的角度看，資本被定義為總資產與總負債的帳面價值之差。從經濟學的角度看，金融機構的資本，即所有者權益的市場價值，被定義為總資產與總負債的市場價值之差，也稱為經濟淨值。而從金融機構監管當局的角度看，由於資本的市值不易確定，因此，對資本以及一些與資本相關比率的規定是建立在金融機構的帳面或歷史價值之上。

（二）資本市場價值與帳面價值的比較

資本與風險的聯繫是十分緊密的。金融機構在經營過程中面臨著巨大的風險，主要是利率風險、信用風險等。而資本對防止金融機構出現清償力不足的風險發揮著重要作用。

1. 資本的市場價值

下面用一個例子來說明經濟意義上的淨值或所有者權益是如何抵禦金融機構所面臨的風險。表 10.1 是一張簡單的金融機構的資產負債表，其中所有的資產和負債都是以當前的市場價格計價。

表 10.1　　　　　　　　　一家金融機構的資產負債表　　　　　　　單位：百萬元

資產		負債及所有者權益	
長期證券投資	80	負債（短期、浮動利率存款）	90
長期貸款	20	淨值（所有者權益）	10
合計	100	合計	100

在市場價值計價的基礎上，該金融機構的經濟淨值（所有者權益）為 1,000 萬元，即總資產的市場價值 1 億元減去總負債的市場價值 9,000 萬元，在這種情況下，如果金融機構現在被清算，那麼在經濟上它是具有清償力的，存款者不會遭受損失。以下主要考慮金融機構面臨的兩類風險——信用風險和利率風險對經濟淨值的影響。

（1）資本的市場價值和信用風險

表 10.1 顯示，金融機構擁有 2,000 萬的長期貸款。假設由於經濟不景氣，大量的貸款人面臨著現金流問題，不能履行還款義務，這將導致金融機構當前和未來預期的現金流減少，該信貸組合的市場價值由 2,000 萬元降低為 1,200 萬元（金融機構在二級市場上只能以 1,200 萬元出售這些貸款）。此時金融機構的經濟淨值只有 200 萬元。表 10.2 為調整後的資產負債表。

表 10.2　　　　　　　　調整後的金融機構的資產負債表　　　　　　單位：百萬元

資產		負債及所有者權益	
長期證券投資	80	負債（短期、浮動利率存款）	90
長期貸款	12	淨值（所有者權益）	2
合計	92	合計	92

從表 10.2 中可以看出，信貸組合的市場價值損失了 800 萬元，在資產負債表的負債及所有者權益方則表現為金融機構經濟淨值（所有者權益）損失 800 萬元。根據法律規定，在企業破產清算時，債權人享有對資產的第一要求權，而股東只具有對剩餘資產的要求權。表 10.2 中負債仍為 9,000 萬元，因此，債權人（存款者）的債權可完全得到保護。而股東的投資則最先遭受了損失。在本例中，只有當信貸組合的市場價值的損失超過 1,000 萬元（即金融機構的初始淨值）時，債權人才會遭受損失。現在假設金融機構面臨更大的信用風險，其信貸組合的市場價值從最初的 2,000 萬元急遽下降到了 800 萬元，即資產遭受了 1,200 萬元的損失。如表 10.3 所示。

表 10.3　　　　　　　　　調整後的金融機構的資產負債表　　　　　　　單位：百萬元

資產		負債及所有者權益	
長期證券投資	80	負債（短期、浮動利率存款）	90
長期貸款	8	淨值（所有者權益）	-2
合計	88	合計	88

這個更大的損失導致了金融機構出現清償力不足的現象：當前金融機構資產的市場價值（8,800 萬元）低於了負債的市場價值（9,000 萬元），而經濟淨值從 1,000 萬元減少到了 -200 萬元，即產生了負的經濟淨值。此時，債權人也承受了一定程度的損失。但這 1,200 萬元的損失中，股東最先承擔了 1,000 萬元的損失。也就是說，只有在淨值完全損失後，債權人才開始承擔損失。在本例中，金融機構出現清償力不足情況後，可將剩餘的 8,800 萬元資產變現，用於償還存款者。

這個例子清楚地闡述了經濟淨值的概念。金融機構的經濟淨值相對於其資產越大，其流動性就越強，就更能有效地維持其清償力。

（2）資本的市場價值和利率風險

我們知道，利率上升會導致金融機構所擁有的長期固定收入證券和貸款的市場價值下降，但對浮動利率的金融工具的影響不會太大。在前面例子中，如果利率上升，市場價值會發生什麼變化呢？假設利率上升使該金融機構的長期證券投資的市場價值從 8,000 萬元下降到 7,500 萬元，長期貸款的市場價值從 2,000 萬元下降到 1,700 萬元。由於所有負債都被視為短期浮動利率存款，所以它們的市場價值不發生變化，仍保持 9,000 萬元。利率變動後的資產負債表如表 10.4 所示。

表 10.4　　　　　　　　　調整後的金融機構的資產負債表　　　　　　　單位：百萬元

資產		負債及所有者權益	
長期證券投資	75	負債（短期、浮動利率存款）	90
長期貸款	17	淨值（所有者權益）	2
合計	92	合計	92

金融機構資產的市場價值損失了 800 萬元，在資產負債表的負債及所有者權益方表現為經濟淨值（所有者權益）從 1,000 萬元下降到 200 萬元，即降低了 800 萬元。也就是說，當利率發生不利變動時，股東最先承擔了資產的損失。只要資產的市場價值下跌超過了 1,000 萬元，作為金融機構資產第一要求人的債權人就會受到不利影響。

這些例子說明了資產負債表內的經濟淨值（即清償能力）的計算。股東直接承擔著信用風險和利率風險。當資產的市場價值下降時，經濟淨值（所有者權益）將會遭到一定程度的損失。但只要所有者的資本或所有者權益是充足的，債權人則可以避免清償力不足的風險。也就是說，如果監管當局在經濟淨值變為 0 之前就關閉金融機構，那麼債權人和提供債權擔保的監管機構就不會遭受到損失。

（3）使用資本市場價值記帳可能存在的一些問題

首先，資本的市場價值難以確定。這主要是因為很多小商業銀行擁有大量的非交易性資產，如他們資產負債表中的小額貸款。如果這些非交易性資產的市場價值不能被準確地測定出來，那麼使用市場價值記帳，就會產生誤差。

其次，由於資本的收益和損失要反應在損益表中，因此，使用市場價值記帳可能會引起金融機構的利潤和所有者權益做出一些不必要的變動。如果金融機構打算將這些資產持有到期，那麼資本收益和損失根本沒有實現，將這些未實現的收益和損失反應在表上是不合理的。同時，監管當局也認為使用市場價值記帳很可能會導致銀行被迫過早地倒閉。

最後，由於長期資產對利率的反應一般比短期資產更靈敏，如果金融機構長期資產的市場價值必須反應不斷變化的信用風險和利率風險，那麼金融機構就不願意持有長期資產，這妨礙了金融機構作為貸款人的職能。

2. 資本的帳面價值

考慮到上述資本市場價值存在的問題，金融機構監管當局對資本的規定通常是建立在資本的帳面價值之上。表 10.5 是基於帳面價值的資產負債表，除了使用的是帳面價值外，其餘的都與表 10.1 一致。

表 10.5　　　　　　　　一家金融機構的資產負債表　　　　　　　　單位：百萬元

資產		負債及所有者權益	
長期證券投資	80	負債（短期、浮動利率存款）	90
長期貸款	20	淨值（所有者權益）	10
合計	100	合計	100

在表 10.5 中，長期證券投資 8,000 萬元和長期貸款 2,000 萬元均反應的是這些資產的歷史或初始帳面價值。也就是說，它們反應了發放貸款和購買證券時的價值，這可能是很多年以前的價值。同樣，在負債及所有者權益方，負債 9,000 萬元是它們的歷史成本，淨值或所有者權益 1,000 萬元反應的是所有者權益的帳面價

值,而不是市場價值。在本例中資本的帳面價值為1,000萬元,與其市場價值相等,但通常資本的帳面價值與市場價值是不一致的。下面分析信用風險和利率風險對金融機構資本帳面價值的影響。

(1) 資本的帳面價值與信用風險

在前面的表10.2中,我們假設現金流的減少使貸款的市場價值從2,000萬下降到了1,200萬元,即市場價值損失了800萬元。相比而言,當使用帳面價值會計方法時,金融機構在選擇問題貸款損失的確認時間以及反應該損失對資本的影響方面,具有較大的決定權。事實上,金融機構都願意向存款者和監管當局提供良好的記錄,而盡量抵制或拖延對問題貸款的公布。如果金融機構不對問題貸款作調整,信用風險將不會反應在帳面價值上。

(2) 資本的帳面價值與利率風險

帳面價值會計系統雖然在一定程度上可以反應信用風險,但對利率風險影響的認識是非常有限的。在前面的表10.4中,利率上升使長期證券投資和貸款的市場價值損失了800萬元,同時,使經濟淨值從1,000萬元下降為200萬元。但在帳面價值會計系統中,當所有資產和負債的價值都反應的是它們購買時的原始價值時,利率的上升對資產、負債和所有者權益的帳面價值沒有影響。也就是說,資產負債表保持不變,仍如表10.5所示。但使用帳面價值記帳也存在問題,當利率大幅上升時,如果金融機構仍使用帳面價值,資本則保持為正值,但此時,其資產的市場價值可能已遠遠小於了資產負債表中的帳面價值,甚至在經濟意義上已出現了清償力不足現象。

3. 資本的市場價值與帳面價值之間的差值

金融機構資本的帳面價值對其市場價值的偏離程度取決於很多因素。其中主要的影響因素一方面是利率的變動。利率波動越大,偏離就越大。另一方面是監管的嚴格程度。如果金融機構監管當局檢查越頻繁以及對問題貸款核銷的監管標準越嚴格,偏離就越小。

二、資本的職能以及作用

(一) 資本的職能

充足的資本可以使金融機構維持有效的清償力、降低營運風險。一般說來,金融機構的資本具有保護職能、營業職能和管理職能。

1. 保護職能

金融機構在經營過程中不可避免地存在風險,資本有遭受損失的可能性。充足

的資本為存款者、債權人和監管當局提供了一個「資本緩衝器」。當銀行發生損失或倒閉時，資本為客戶提供了物質保障，並對債務清償起到了最後的保障作用，增強了公眾的信心。

2. 營業職能

資本是股東在金融機構開業時投入的預付資金，是金融機構經營的啓動器，是開業購置設備、房屋及其他營業所需的非盈利資產的資金來源，為金融機構的開業和正常業務的經營提供了基礎。

3. 管理職能

金融機構擁有充足的資本才能滿足金融監管當局有關風險管理的要求。各國金融監管部門對金融機構的資本都有要求，包括對開業有最低資本限額的規定。當金融機構業務發展或設立分支機構時，對分支機構的營運資金也有要求。同時，金融監管當局還規定資本與資產的比率，迫使金融機構在擴張資產的同時繼續增加相應的資本，從而降低經營風險，形成對社會、客戶和自身的安全保障。

隨著競爭的加劇和要求的規範化，儘管上述職能中已包含有限制資產膨脹的意思，但很多國家還通過各種方式強調這一點。如美國通貨總監官員布雷頓·雷維特在銀行家和銀行監管會議上強調了金融機構的資本有四種職能，即以充足的資本金彌補未預料到的損失，以增強公眾的信心，維持金融機構的持續經營；當金融機構出現清償力不足和發生流動性危機時保護未保險的存款者；為購置房屋設備和其他基本必需品提供資金；對金融機構不合理的資產膨脹進行限制。

(二) 資本的作用

從以上職能可以看出，金融機構資本金的數量以及這些資本為存款者和債權人提供的保護作用決定著金融機構聚集資金的能力，同時也影響著金融機構承擔風險的能力。因此，資本的作用體現在以下幾個方面：①資本為金融機構提供了經營的先決物質條件，成為維持公眾信心的基礎；②資本是監管當局監管金融機構的重要手段；③資本是銀行承擔損失和維持清償力的「資本緩衝器」，保護存款者的利益；④資本既支持了金融機構資產規模的擴張，又限制了資產的過度膨脹。

第二節 資本的充足性與巴塞爾協議

資本充足性對金融機構的安全經營具有重要的意義。從存款者看，他們希望銀行擁有充足的資本，使他們的債權得以保障；從社會公眾和金融監管當局看，他們

也要求金融機構資本充足,以維持金融機構的安全經營;從金融機構自身看,保持充足的資本是其安全經營,穩健發展的基礎。因此,金融機構持有充足的資本是風險管理的要求、是維護金融穩定發展的保障。

　　基於第一節中談到的金融機構資本的市場價值和帳面價值的優缺點,大多數金融機構監管當局對金融機構資本充足性的衡量是建立在資本的帳面價值基礎之上的。中國金融體系是以銀行為主導的金融體系,銀行是金融系統的中心,如果它們因為資本充足率未達到要求而倒閉,就會危及整個金融系統的穩定性。下面將主要介紹商業銀行的資本充足率的測量指標——資本與風險資產比率。

　　1988年,國際清算銀行的成員國達成一項協議,要求其成員國在1993年1月之前,逐步完全採用風險資本比率,這就是著名的《巴塞爾協議Ⅰ》。《巴塞爾協議Ⅰ》規定了商業銀行的資本構成、銀行資產的風險權數和加權比率、資產負債表表外項目的信用換算系數以及標準比率目標等;並提出了資本充足率不低於8%,核心資本充足率不低於4%。1993年1月1日,為執行《巴塞爾協議》(《巴塞爾協議Ⅰ》),國際清算銀行(BIS)開始逐步引入並全面實施資本與風險資產比率。1993年的巴塞爾協議明確地將資產(包括表內和表外)的不同信用風險加入到資本充足率的測量中。在1998年的修訂中,還以信用風險附加的形式(在8%的基礎上附加)考慮到了市場風險。2004年,國際清算銀行正式頒布了《巴塞爾協議Ⅱ》,建議設定資本充足率要求時考慮操作風險,並對1993年協議中信用風險的評估方法進行了改進。

　　《巴塞爾協議Ⅱ》由相輔相成的三大支柱組成,三者共同促進了金融體系的安全穩健。第一大支柱包括監管部門對信用風險、市場風險以及操作風險的最低資本要求。市場風險的測量方法與1998年採用的一樣。在2001年的草案中,國際清算銀行對信用風險和操作風險提出了一系列可以選擇的辦法。信用風險的計量有兩種方法,一是標準法,如下所述。二是內部評級法。標準法與1993年協議中的類似,但是提高了風險敏感度。內部評級法允許銀行根據自身對借款人的資信狀況的估計,來評價自己資產組合的信用風險(使用自己的內部評級系統及信用評級模型),但要嚴格遵守評價程序和信息披露標準,而且需要得到銀行監管機構明確的批准。操作風險的測量有三種方法:基本指標法、標準法和高級計量法。

　　國際清算銀行的第二大支柱強調監管程序的重要性,並把其作為最低資本要求的重要補充。《巴塞爾協議Ⅱ》特別創立了具體程序,通過該程序,監管機構能夠確保每個銀行具有健全的資本充足率內部評級體系,同時確保銀行的資本目標與其

具體的風險狀況和控製環境相適應。國際清算銀行的第三大支柱,對資本結構、風險和資本充足率方面的信息披露作出了詳細的規定,這些信息披露的要求使市場參與者能夠對銀行風險狀況和資本充足率等關鍵信息作出評判(見表10.6)。

表10.6　　　　　《巴塞爾協議Ⅱ》中資本監管的三大支柱

第一支柱	第二支柱	第三支柱
監管部門最低資本要求的計算 1. 表內和表外的信用風險(標準法;內部評級法) 2. 市場風險(標準法;內部評級法) 3. 操作風險(基本指標法;標準法;高級計量法)	將監管作為對第一支柱中最低資本要求的補充,並使第一支柱下計算出的最低資本要求得到貫徹執行	要求按規定披露資本結構、風險和資本充足率等信息,以增加金融機構的透明度,強化市場與投資者約束

2008年9月,爆發了全球金融危機,不少銀行在金融危機中倒閉,同時也暴露了在銀行監管方面《巴塞爾協議Ⅱ》的不足。2010年12月,巴塞爾委員會發布了《巴塞爾協議Ⅲ》的正式版本。在《巴塞爾協議Ⅱ》三大支柱的基礎上,《巴塞爾協議Ⅲ》強化了商業銀行的資本監管,其主要變化如下:

(1)提高了資本監管要求。把商業銀行資本分類為核心一級資本,其他一級資本和二級資本,並提高了資本充足率的要求。還有,額外增加儲備資本及逆週期資本要求,以及增加了系統重要性銀行附加資本要求。

(2)對認可的資本工具提出了更嚴格的要求。在計算核心一級資本時,須調整/扣減某些缺少吸收損失能力的資產。

(3)對如下風險暴露提出新的資本要求及更高的風險權重,如衍生工具,回購協議或證券化融資等業務,大幅度提高資產證券化風險暴露的資本要求,交易帳戶風險暴露須計提壓力VaR資本要求等。

(4)引入了槓桿率的監管標準,即一級資本占表內外資產金額的比例不低於3%。

(5)提出了如下兩個流動性比率的要求:

$$\text{流動性覆蓋率(LCR)} = \frac{\text{高質量的流動資產數量}}{\text{未來30天內淨現金流出}} \geq 100\%$$

$$\text{淨穩定融資比率(NSFR)} = \frac{\text{銀行可用的穩定資金數量}}{\text{銀行必需的穩定資金數量}} \geq 100\%$$

接下來,我們要討論在《巴塞爾協議Ⅲ》下的資本構成、信用風險加權資產、

資本充足率要求，最後給出一個案例分析。這個案例是基於信用風險加權資產所應滿足的資本充足率要求。至於市場風險和操作風險所需要的資本，將在接下來的兩章分別討論之。

一、資本構成

商業銀行的資本劃分為一級資本和二級資本，其中一級資本又劃分為核心一級資本和其他一級資本。核心一級資本、其他一級資本和二級資本的構成列如表 10.7 所示。

表 10.7　　　　　　　　　　《巴塞爾協議Ⅲ》的資本構成

核心一級資本	1. 銀行發行的滿足監管標準的普通股(或非股份制公司發行的等同普通股的工具) 2. 發行核心一級資本工具產生的股本盈餘（股票溢價） 3. 留存收益 4. 累計其他綜合收益和公開儲備 5. 由銀行並表子公司發行的且由第三方持有的普通股（即少數股東權益）但必須滿足一定標準，才能計入核心一級資本 6. 核心一級資本的監管調整項
其他一級資本	1. 銀行發行的滿足其他一級資本標準的工具（不應包含在核心一級資本中） 2. 發行其他一級資本工具產生的股本盈餘（股票溢價） 3. 由銀行並表子公司發行的且由第三方持有的工具，該工具應滿足計入其他一級資本工具的標準同時未計入核心一級資本 4. 其他一級資本的監管調整項
二級資本	1. 銀行發行的滿足二級資本標準的工具（未包含在一級資本中） 2. 發行二級資本工具時產生的股本盈餘（股票溢價） 3. 由銀行並表子公司發行的且由第三方持有的工具，該工具應滿足計入二級資本的標準，同時未計入一級資本 4. 《巴塞爾協議Ⅲ》中列明的貸款損失準備 5. 二級資本的監管調整項

（一）核心一級資本

核心一級資本與銀行股權的帳面價值聯繫緊密，反應了銀行所有者對核心資本的貢獻。核心一級資本反應了可以用於吸收損失的股權資金。通常來說，它包括普通股的帳面價值和銀行對附屬機構少數股東權益之和與商譽之差。商譽是一項會計記錄，反應了銀行在收購其他銀行或附屬機構時，支付的高於市場價值的那部分金額。

（二）其他一級資本

其他一級資本是除了銀行普通股以外可以吸收損失的其餘資金，包括永久（無到期日）或不可贖回的金融工具，例如非累積永續優先股。只有在這些工具可以被

更有利的金融工具所替代時，它們才可能在發行 5 年後被贖回。
（三）二級資本
二級資本指的是破產清算狀況吸收損失的資本，是一系列次級資本的來源。它包括銀行的貸款損失準備以及多種具有上限的可轉換和次級債務工具。

二、資本與風險資產比率的計算
根據《巴塞爾協議Ⅲ》的資本充足率規劃，信用風險加權資產由兩個部分構成：一是表內信用風險加權資產；二是表外信用風險加權資產。下面分別加以討論。
（一）表內業務的信用風險加權資產
1. 《巴塞爾協議Ⅲ》中的表內信用風險加權資產

《巴塞爾協議Ⅲ》規定銀行信用風險資產包括兩個部分：一是資產負債表表內信用風險加權資產；二是資產負債表表外信用風險系數調整資產。

各個國家在銀行資產負債表表內的資產風險類別與風險權數的判斷標準上有所不同。2010 年《巴塞爾協議Ⅲ》對資本充足性規定了國際統一的標準，規定銀行根據信用風險情況，將風險權數分為自 0～1,250% 等多種風險權重類別。風險小的資產，所賦予的風險權數就小。表 10.8 列舉了美聯儲按照《巴塞爾協議Ⅲ》制定的風險權數的主要類型及其對應的資產的美國標準。

表 10.8　　　　　《巴塞爾協議Ⅲ》中表內風險資產權重的美國標準

第一類（風險權重為 0 的資產） 現金；金塊；中央銀行存款餘額；對美國政府、美國中央銀行或者美國政府機構的直接無條件債權；由美國政府、美國央行和美國政府機構無條件擔保的風險暴露；對特定超國家機構（例如，國際貨幣基金組織）和多邊開發銀行的債權；對符合某些條件（將在下文探討）的主權機構無條件擔保的債權和風險。
第二類（風險權重為 20% 的資產） 托收中的現金項目；由美國政府、美國央行或者美國政府機構有條件擔保的風險暴露；對政府支持企業的債權；對美國存款機構或者已參保的信貸組織的債權；一般債權以及由地方政府（以及任何其他公共部門實體）充分信用擔保的債權；符合特定主權條件的外國銀行和公共部門實體的擔保債權和風險暴露（詳見下文）。
第三類（風險權重為 35%） 第 1～4 類居民住房抵押貸款（詳見下文）。
第四類（風險權重為 50%） 符合特定條件的「法定」多戶住房抵押貸款；符合特定條件的預售住宅建設貸款；由美國州政府和地方政府發行的收入債券；由符合特定條件的主權實體、外國銀行和外國公共部門實體擔保的債券和風險暴露（詳見下文）；第 1～4 類居民住房抵押貸款（詳見下文）。

表10.8(續)

第五類（風險權重為 75%） 第 1～4 類居民住房抵押貸款（詳見下文）。
第六類（風險權重為 100%） 商業貸款；消費貸款；由符合特定條件的主權實體、外國銀行和外國公共部門實體擔保的債券和風險暴露（詳見下文）；所有其餘未列入的表內資產，包括不動產、非居民用房、固定資產以及其餘自有不動產；第 1～4 類居民住房抵押貸款（詳見下文）。
第七類（風險權重為 150%） 已逾期超過九十天及以上的貸款或其他風險暴露；高波動性的商業不動產貸款；第 1～4 類居民住房抵押貸款（詳見下文）。
第八類（風險權重為 200%） 第 1～4 類居民住房抵押貸款（詳見下文）
第九類（風險權重為 1,250%） 資產證券化風險暴露。
股權的風險權重 大多數公開交易股權風險暴露：300% 非公開交易股權風險暴露：400% 投資基金股權風險暴露：600%

第 1～4 類居民住房抵押貸款的風險權重

貸款與房屋價值比	第一類住房抵押貸款的風險權重	第二類住房抵押貸款的風險權重
≤60%	35%	100%
60%～80%	50%	100%
80%～90%	75%	150%
≥90%	100%	200%

主權暴露的風險權重

		風險權重
主權國家風險分類	0～1	0
	2	20%
	3	50%
	4～6	100%
	7	150%
非國家風險分類		100%
主權違約		150%

表10.8(續)

外國銀行風險權重	
主權國家風險分類	風險權重
0~1	0
2	20%
3	50%
4~7	150%
非國家風險分類	100%
主權違約	150%

銀行根據給定的風險權數，使用加權平均法，將資產負債表表內各項資產的金額分別乘以相應的風險權數，得到該項資產的風險加權值，然後將各項資產的風險加權值相加，就算出了銀行資產負債表表內風險加權資產數額。其計算公式如下：

表內風險資產＝表內各項資產 × 相應的風險權數　　　　　　　　(10.1)

第1~4類居民住房抵押貸款被分為兩類風險類別（第一類居民住房抵押貸款風險和第二類居民住房抵押貸款風險）。第一類居民住房抵押貸款包括傳統的、第一留置權、審慎的包銷抵押貸款。第二類居民住房抵押貸款包括次級留置權和非傳統抵押產品。因此，居民住宅抵押貸款風險的權重取決於抵押貸款與房屋價值的比率。例如，貸款占房屋價值低於60%的第1類抵押貸款的風險權重為35%；該比率大於90%的第2類抵押貸款的風險權重為200%。

對於主權暴露的風險權重和外國銀行風險權重，使用經合組織國家風險分類（CRC）確定主權風險敞口的風險權重。這兩個組成部分組合併分為八個風險類別（0~7類）。分配給類別0~1的國家風險評估最低，風險權重為0%，而分配給第7類國家的風險評估最高，風險權重為150%。

對外國銀行的風險承擔風險也將以銀行本國的國家風險分類為基礎。被評級為0~1風險類別的國家的銀行具有最低的風險評估，風險權重為0%，而被評級為4~7風險類別國家，其銀行風險權重為150%。銀行位於沒有國家風險分類的國家的信用風險權重為100%；在確定發生主權違約事件或過去五年發生主權違約的情況下，主權風險權重將立即調為150%。

2. 資本充足率要求

根據《巴塞爾協議Ⅲ》，最低核心一級資本充足率（核心一級資本/風險加權

資產）為4.5%；最低一級資本充足率［（核心一級資本＋其他一級資本）/風險加權資產］為6%；最低資本充足率［（一級資本＋二級資本）/風險加權資產］在任何時候都不得低於8%。

《巴塞爾協議Ⅲ》還提出了儲備資本要求，要求銀行應該持有高於最低監管要求的超額資本，以增強銀行吸收損失的能力，保證即使危機爆發，銀行資本充足率仍能達到最低資本要求標準。其儲備資本要求為2.5%。這樣，加上儲備資本要求，銀行核心一級資本充足率要求從4.5%提高至7%，一級資本充足率要求從6%提高到8.5%，資本充足率要求從8%提高到10.5%。

《巴塞爾協議Ⅲ》還要求銀行持有與信貸超常規增長相掛勾的超額資本，又稱為逆週期超額資本，其數額為0～2.5%。此外，巴塞爾委員會還建議29家全球系統重要銀行（其中包括中國銀行），對其實施1%～2.5%的附加資本要求。《巴塞爾協議Ⅲ》資本充足率要求如表10.9所示。

表10.9　　　　　　　　　《巴塞爾協議Ⅲ》的資本充足率要求

	核心一級資本	一級資本	總資本
最低要求（1）	4.5%	6%	8%
儲備資本（2）	2.5%		
（1）＋（2）	7%	8.5%	10.5%
逆週期超額資本	0～2.5%		
重要性銀行附加資本要求	2011年6月，巴塞爾委員會領導小組確定系統重要性銀行附加資本要求為1%～2.5%普通股資本間，對於系統性風險大者另加1%。		
槓桿率	3%		
過渡期	2011年進入觀察期，2013—2017年為過渡期，2018年正式納入第一支柱。		

【例10.1】表10.10是根據《巴塞爾協議Ⅲ》的風險權重分類後的銀行資產負債表。根據《巴塞爾協議Ⅲ》，該銀行表內資產的信用風險加權價值為：

表內資產信用風險加權價值＝0×(8＋13＋60＋50＋42)＋0.2×(10＋10＋20＋55＋10)＋0.5×(34＋308＋75)＋1×(390＋108＋22)＋1.5×(10)＝7.645（億元）

表內資產的直接帳面價值為12.15億元，但根據《巴塞爾協議Ⅲ》，銀行的信用風險加權價值為7.645億元。

表 10.10　　按《巴塞爾協議Ⅲ》列出的銀行資產負債表　　單位：百萬元

權重	資產		負債/權益		資本級別
0	現金	8	活期存款	150	
	中央銀行存款餘額	13	定期存款	500	
	短期國債	60	定期存單	380	
	長期國債	50	購買政府基金	80	
	長期政府機構債券	42			
20%	在途現金	10	可轉換債券	10	二級資本
	長期政府機構債券	10	次級債券	10	二級資本
	市政債券（普通債務債券）	20			
	根據OECD標準，向被評級為第2類風險的國家貸款	55			
	根據OECD標準，向被評級為第2類風險的國家的外國商業銀行貸款	10			
50%	大學公寓債券（收入債券）	34	（不受限定的）永久性優先股	5	二級資本
	1~4類居民家庭住房抵押貸款類別1：貸款與住房價值比位於60%~80%之間	308	留存收益	40	核心一級資本
	根據OECD標準，向被評級為第3類風險的國家的外國商業銀行貸款	75	普通股	30	核心一級資本
100%	商業貸款	390	（受限定的）非累積永久性優先股	10	其他一級資本
	消費貸款	108			
	房屋和設備	22			
150%	根據OECD標準，向被評級為第7類風險的國家貸款	10			
N/A	貸款損失準備	(10)			二級資本
	資產總額	1,215	負債/權益總額	1,215	
表外業務					
100%	向一家甲公司提供8,000萬元的2年期貸款承諾				
	向一家乙公司簽發1,000萬元的備用信用證作為直接信用擔保				
	向一家丙公司簽發5,000萬元的商業信用證				
50%	一筆名義值為1億元的4年期利率互換（定息與浮息互換），重置成本為300萬元				
	一筆價值為4,000萬元的2年期歐洲美元合約，重置成本為-100萬元				

(二) 表外業務的信用風險加權價值

表內資產的信用風險加權價值是資本與風險加權資本比率中分母的一個組成部分,另一個組成部分是銀行表外(OBS)業務的信用風險加權價值。這些表外業務代表了對存款機構的或有債權,而不是實際債權。因此,監管機構的法規並不要求以這些業務的全部面值來持有資本,而是要求以這些表外業務可能會給存款機構帶來的表內信用風險等值額來持有資本。所以,在計算這些表外業務的信用風險加權價值時,首先要將它轉換成信用風險等值額,即基於表內業務信用風險等值的金額。然後,對不同的表外業務,信用風險等值額的轉換步驟有所不同。比如,信用證這樣的或有合約或擔保合約的信用風險或信用風險加權資產金額的計算,與遠期外匯合約、遠期利率合約、期權合約和互換合約等衍生工具的信用風險加權資產金額的計算是不同的。我們首先介紹擔保類合約及或有合約等表外業務的信用風險加權資產價值,然後介紹衍生工具或市場合約的信用風險加權資產價值。

1. 表外或有擔保合約的信用風險加權資產價值

參見表 10.11 中相應轉換系數的規定。需要指出的是,根據《巴塞爾協議 III》,銀行簽發的直接代替信用擔保的備用信用證所具有的轉換率為 100%。同樣的,銷售與回購協議以及有追索權的資產出售也具有 100% 的轉換率。與履約相關的備用信用證和期限在 1 年以上的未使用貸款承諾,具有 50% 的轉換率。其他貸款承諾——那些期限不超過 1 年的貸款承諾具有 20% 的信用轉換率。與貿易相關的標準信用證和所售出的銀行承兌匯票具有 20% 的轉換率。根據《巴塞爾協議 III》,分配給銀行表外(OBS)業務或有擔保合約的風險權重與銀行作為委託人訂立交易相同。因此,用於分配表內資產(見表 10.8)的信用風險權重的信用評級也適用於分配表外業務的信用風險權重(例如,向被經合組織信用風險評級為第 4 類國家的外國銀行提供的兩年期貸款承諾的風險權重為 150%)。

表 10.11　《巴塞爾協議 III》所規定的表外或有合約或擔保合約的轉換系數

不包括在資產負債表中銷售和回購協議以及有追索權的資產出售(100%)
作為直接信用擔保的備用信用證(100%)
與履約相關的備用信用證(50%)
初始期限在 1 年以下的貸款承諾的未使用部分(20%)
初始期限在 1 年以上的貸款承諾的未使用部分(50%)
商業信用證(20%)
銀行承兌匯票的轉讓(20%)
其他貸款承諾(10%)

【例10.2】為了理解如何將表外業務納入到風險比率中，我們將表10.11的內容進行擴展。假設除了其資產負債表中擁有的7.645億元表內信用風險加權資產之外，該銀行還有下列表外或有業務或擔保業務。

1. 向甲公司提供8,000萬元的2年期貸款承諾；
2. 向乙公司簽發1,000萬元的備用信用證作為直接信用擔保；
3. 向丙公司簽發5,000萬元的商業信用證。

我們按照下面兩個步驟來計算這些表外業務的分析加權資產價值。

第一步：將表外價值轉換成表內信用等額值

在第一步中，我們以表外業務的面值乘以表10.11給出的轉換系數（CF），算出信用等值額。

表外業務	面值		轉換系數		信用等值額
2年貸款承諾	8,000萬元	×	0.5	=	4,000萬元
備用信用證	1,000萬元	×	1.0	=	1,000萬元
商業信用證	5,000萬元	×	0.2	=	1,000萬元

因此，貸款承諾、備用信用證和商業信用證的信用等值額分別為4,000萬元、1,000萬元和1,000萬元。這些轉換系數將表外業務轉換成了等值信用的表內業務。

第二步：賦予表外信用等值額一個風險類別

在第二步中，我們以相應的風險權重乘以信用等值額。根據《巴塞爾協議Ⅲ》，每種情況下的相應風險權重取決於表外業務標的證券的交易對手（如市政當局、中央政府或公司）。比如，如果被擔保的標的證券的交易對手是發行普通債務（GO）債券的市政當局，而某銀行簽發表外備用信用證向這種市政普通債務債券的信用風險提供擔保，那麼，這時的風險權重為0.2。可是，如果像例子中的那樣，被擔保的交易對手為某私營機構，那麼，各種情況下，相應的風險權重均為1。請注意，如果交易對手為中央政府，那麼風險權重將為0。在本例中，風險權重為：

表外業務	信用等值額		風險權重（w_j）		風險加權資產
2年貸款承諾	4,000萬元	×	1.0	=	4,000萬元
備用信用證	1,000萬元	×	1.0	=	1,000萬元
商業信用證	1,000萬元	×	1.0	=	1,000萬元
6,000萬元					

因此，銀行表外或有業務和擔保業務的信用風險加權資產價值為6,000萬元。

2. 表外市場合約或衍生工具的信用風險加權資產價值

除了從事表外或有業務和擔保業務之外，為了達到利率風險、信用風險和外匯風險管理以及套期保值等目的，現代金融機構還大量從事期貨、期權、遠期、互換、利率上限和其他衍生工具合約等表外業務的買賣；同時，他們還替自己的客戶買賣這些金融產品。這些交易中的任何一種都可能使金融機構面臨交易對手信用風險，即當面臨實際或潛在的巨大交易虧損時，交易對手（含合約的另一方）有可能違約的風險。這種違約意味著金融機構不得不按照（可能是）不利的條件，重新進行市場交易來取代此合約。

按照風險加權資本比率規則，場內衍生工具合約（交易所內的衍生產品交易合約）和場外金融工具（如遠期合約、互換合約、利率上限和下限合約等）之間有著重大的差別。場內衍生合約的信用或違約風險幾乎為0，因此當交易對手對其債務違約時，交易所自身會完全承擔交易對手的債務。然而，在場外雙邊合約交易市場上，卻並不存在這種保證。根據《巴塞爾協議Ⅲ》，對於場內交易的衍生工具，銀行必須持有等於其保證金要求的2%的資本。2%的名義風險權重是為了反應場內交易衍生工具的違約風險非常低這一事實。

因此，對銀行從事的大多數期貨和期權等表外交易都沒有資本要求，但對大多數的遠期、互換、利率上限和下限合約等卻都有資本要求。

與或有合約或擔保合約一樣，表外市場合約風險加權資產價值的計算，也需要採用兩步計算法。首先，我們要計算出轉換系數，以獲得信用等值額。其次，我們以相應的風險權重乘以信用等值額。

第一步，將表外價值轉換成表內信用等值額

我們首先將場外互換、遠期和其他衍生合約的名義值或面值轉換成信用等值額。信用等值額本身被分解為潛在風險和現有風險兩部分。即：

表外衍生證券交易的信用等值額 = 潛在風險 + 現有風險

潛在風險部分反應了未來合約的另一方違約所產生的信用風險。該信用風險發生的概率取決於利率合約中利率的未來波動、信貸合約中的信用風險或者外匯合約中匯率的未來波動。表10.12列出了計算潛在風險時，利率合約和外匯合約的信用轉換系數。美聯儲在進行了大量的模擬後，發現匯率的波動遠大於利率的波動，因此，外匯合約的信用轉換系數大於利率合約的信用轉換系數。同時從表中可知，這兩類合約的期限越長，潛在的信用風險越大。

表 10.12　　　計算潛在風險時使用的衍生合約的信用轉換系數

剩餘期限	利率合約	外匯合約	信貸合約（投資級）	信貸合約（非投資級）	股票合約	貴金屬合約	其他
1 年以內	0	1.0%	5.0%	10.0%	6.0%	7.0%	10.0%
1～5 年	0.5%	5.0%	5.0%	10.0%	8.0%	7.0%	12.0%
5 年以上	1.5%	7.5%	5.0%	10.0%	10.0%	8.0%	15.0%

除了計算表外市場衍生合約工具的潛在風險之外，銀行還必須計算現有風險。這一風險反應了合約的交易對手目前違約時進行合約替換的成本。銀行計算此類替換成本或現有風險的方法是：首先，使用類似合約的當前利率或價格代替原合約中的利率或價格；其次，計算在當前利率或匯率下產生的所有當期和未來各期的現金流；最後，將所有的未來現金流貼現，計算出合約的淨損失或淨收益的現值，即合約替換成本的現值。如果合約替換成本為負值（即交易對手違約時，銀行可以從合約替換中獲利），那麼，監管當局要求將替換成本（現有風險）確定為零。如果替換成本為正值（即交易對手違約時，銀行將因為合約替換而遭受損失），那麼這一價值就用於衡量現有風險的價值。由於互換和遠期合約所固有的特殊性，因此，計算現有風險就給金融機構的管理信息系統增加了繁重的計算處理工作。實際中，小型的銀行會委託專業化服務機構來完成這項工作。

第二步，確定表外信用等值額的風險類別

將現有和潛在風險加總就得到了每一項合約的信用等值額，然後再用適當的風險權數乘以本幣表示的信用等值額，就得到最後的衍生金融工具合約風險加權資產。即：

衍生合約風險加權資產＝衍生合約總的信貸風險等額×適當的風險權數

根據《巴塞爾協議Ⅲ》，相應的風險權重為100%或1.0。即：

表外市場衍生合約的信用風險加權價值＝表外市場衍生合約的信用等值總額×1.0（風險權重）

【例10.3】假設例10.1和例10.2的銀行進行過如下交易：一筆名義值為1億元的4年期利率互換（定息與浮息互換）的套期保值交易；一筆價值為4,000萬元的2年期遠期外匯交易合約。

第一步，我們按如下表所示計算出每筆業務或每份合約的信用等值額。

表 10.13

合約類型 (剩餘期限)	名義本金	×	潛在風險+現有風險					
			潛在風險轉換系數	=	潛在風險	替換成本	現有風險	=	信用等值額
4 年期利率定息與浮息互換	1 億元	×	0.005	=	50 萬元	300 萬元	300 萬元	=	350 萬元
2 年期遠期外匯交易合約	4,000 萬元	×	0.05	=	200 萬元	-100 萬元	0	=	200 萬元

　　4 年期利率定息與浮息互換的名義值（合約面值）為 1 億元。由於這是一份長期（1～5 年）利率市場合約，因此，將其面值乘以 0.005 後，可以看出潛在風險或信用風險等額為 50 萬元，將潛在風險與該合約給銀行帶來的替換成本（現有風險）相加。替換成本反應了互換交易對手違約時，銀行不得不按目前的利率，簽訂一份新的 4 年期定息與浮息互換協議所涉及的成本。假設目前的利率不太有利，按現值衡量，替換現有未到期合約的成本為 300 萬元。因此，利率互換總的信用等值額（潛在風險+現有風險）為 350 萬元。

　　下面我們來看面值為 4,000 萬元的外匯遠期（2 年）合約。由於該外匯合約的期限在 1～5 年內，故潛在信用風險為 4,000 萬元×0.05，即 200 萬元。然而，這筆業務的替換成本為 -100 萬元，也就是說，在這個例子中，如果對手違約，我們的銀行實際會獲利。究竟交易對手為什麼會在有利的情況下違約，這一點我們並不清楚。可是，監管當局不可能讓銀行從交易對手的違約中獲利，因為這樣會激勵各種惡意的冒險行為。因此本例中現有風險確定為 0。所以，該合約的潛在風險（200 萬元）與現有風險（0）相加，得出的信用等值額為 200 萬元。由於銀行只有兩份表外衍生合約，將兩個信用等值額相加，就可以得到該行表外市場合約全部的信用等值額：350 萬元+200 萬元=550 萬元。

　　第二步，以相應的風險權重乘以全部的信用等值額。具體來看，為了計算出銀行表外衍生或市場合約的風險加權價值，我們將以相應的風險權重，通常來說為 1.0 或 100%。

　　表外衍生或市場合約的信用風險加權資產價值 = 550 萬元（信用等值額）× 1.0（風險權重）= 550 萬元

(三) 根據《巴塞爾協議Ⅲ》計算出的總信用風險加權資產

根據《巴塞爾協議Ⅲ》，總信用風險加權資產為8.3億元（表內業務7.645億元，加上表外或有和擔保業務的風險加權價值6,000萬元，再加上表外衍生合約風險加權價值550萬元）。

(四) 資本充足率的計算

計算出存款機構的風險加權資產之後，最後一步就是計算出核心資本以及總風險加權資本比率。

【例10.4】根據表10.9和表10.10可知，銀行的核心一級資本（留存收益和普通股）總額為7,000萬元；其他一級資本（受限定的永久優先股）總額為1,000萬元；二級資本（可轉債券、次級債券、不受限定的永久優先股和貸款損失準備）總額為3,500萬元。

現在，我們分別根據《巴塞爾協議Ⅲ》規定的風險加權資本要求，來計算該銀行總的資本充足率：

表10.14　　　　　　　　　　　　　　　　　　　　　　　　　單位：百萬元

	《巴塞爾協議Ⅲ》
核心一級資本與風險加權資產比率	$\frac{70}{830} = 8.43\%$
一級資本與風險加權資本比	$\frac{70+10}{830} = 9.64\%$
總資本與風險加權資產比率	$\frac{70+10+35}{830} = 13.86\%$

根據表10.9的資本充足率要求，該銀行的資本充足率已超過了最低核心一級資本充足率4.5%，最低一級資本充足率6%，以及最低總資本充足率8%的要求。考慮到附加儲備資本2.5%的情況，該銀行資本充足率也達到核心一級資本充足率7%，一級資本充足率8.5%和總資本充足率10.5%的要求。

第三節　中國銀行業資本充足率的規定

在中國，1995年頒布實施的《商業銀行法》對中國商業銀行資本充足率的要求與《巴塞爾協議Ⅰ》完全一致，規定商業銀行的資本充足率不得低於8%。1996年，中國人民銀行頒布的《商業銀行資產負債比例管理監控、監測指標和考核辦

法》對商業銀行信用風險資本充足率的計算方法進一步提出了具體的要求。該方法參考了1988年資本協議的總體框架，並考慮到中國國情，因此在諸多方面放寬了標準。中國的資本監管制度在許多方面與國際標準差距較大，存在如沒有明確規定對資本充足率偏低的銀行的監管措施，以及由於中國商業銀行損失準備計提嚴重不足，導致資本充足率明顯高估等諸多問題。

2003年12月27日，第十屆全國人大常委會第六次會議通過了《中華人民共和國銀行業監督管理法》和《中華人民共和國商業銀行法》的修改決定。其中，修改後的《商業銀行法》第三十九條有關商業銀行資本充足率不得低於8%的規定為實施資本充足率監管奠定了法律基礎。中國自2004年3月1日起實施的《商業銀行資本充足率管理辦法》，在資本監管方面做出了重大的改進，該辦法借鑑了1988年的《巴塞爾協議Ⅰ》，同時吸收了《巴塞爾協議Ⅱ》有關監管和信息披露的規定。中國銀監會把中國商業銀行實施《巴塞爾協議Ⅱ》的基本策略確定為「兩步走」和「雙軌制」。所謂「兩步走」就是商業銀行應首先按照《商業銀行資本充足率管理辦法》的要求，提高資本充足率水平，在2007年1月1日加入WTO過渡期結束時，確保絕大多數商業銀行資本充足率達到或超過8%；與此同時，鼓勵大型商業銀行開發內部評級系統，在條件成熟時採取內部評級法進行資本監管。「雙軌制」就是將來對商業銀行資本監管不搞「一刀切」，具備條件的大型商業銀行採取《巴塞爾協議Ⅱ》，對其他銀行，繼續按照《商業銀行資本充足率管理辦法》實施資本監管。

為穩步推進新資本協議在中國的實施，推動商業銀行增強風險管理能力，提升資本監管有效性，銀監會於2007年2月28日頒布了《中國銀行業實施新資本協議指導意見》，並提出了實施《巴塞爾協議Ⅱ》的時間表，2008年年底前，銀監會又陸續發布了有關新資本協議實施的監管法規，修訂現行資本監管規定，並在業內徵求意見。同時要求商業銀行從2010年年底開始實施新資本協議，屆時達不到最低要求的商業銀行，經批准可暫緩實行，但不遲於2013年年底。

2010年12月，巴塞爾委員會發布了《巴塞爾協議Ⅲ》。根據《巴塞爾協議Ⅲ》，2012年6月中國銀監會發布了《商業銀行資本管理辦法（試行）》。並於2013年1月1日起實施。該辦法根據《巴塞爾協議Ⅲ》確定的銀行資本和流動性監管新標準，在全面評估現行審慎監管制度有效性的基礎上，提高資本充足率、槓桿率、流動性、貸款損失準備等監管標準。

1. 強化資本充足率監管

（1）改進資本充足率計算方法。一是嚴格資本定義，提高監管資本的損失吸收能力。將監管資本從現行的兩級分類（一級資本和二級資本）修改為三級分類，即

核心一級資本、其他一級資本和二級資本；嚴格執行對核心一級資本的扣除規定，提升資本工具吸收損失能力。二是優化風險加權資產計算方法，擴大資本覆蓋的風險範圍。採用更為細化的信用風險權重方法，推動銀行業金融機構提升信用風險管理能力；明確操作風險的資本要求；提高交易性業務、資產證券化業務、場外衍生品交易等複雜金融工具的風險權重。

（2）提高資本充足率監管要求。將現行的兩個最低資本充足率要求（一級資本和總資本占風險資產的比例分別不低於4%和8%）調整為三個層次的資本充足率要求：一是明確三個最低資本充足率要求，即核心一級資本充足率、一級資本充足率和總資本充足率分別不低於5%、6%和8%。二是引入逆週期資本監管框架，包括：2.5%的儲備資本和0~2.5%的逆週期超額資本。三是增加系統重要性銀行的附加資本要求，暫定為1%。新標準實施後，正常條件下系統重要性銀行和非系統重要性銀行的資本充足率分別不低於11.5%和10.5%；若出現系統性的信貸過快增長，商業銀行需計提逆週期超額資本。

2. 建立槓桿率監管標準

引入槓桿率監管標準，即一級資本占調整後表內外資產餘額的比例不低於4%，彌補資本充足率的不足，控製銀行業金融機構以及銀行體系的槓桿率累積。

3. 改進流動性風險監管

建立多維度的流動性風險監管標準和檢測指標體系。建立流動性覆蓋率、淨穩定融資比例、流動性比例、存貸比以及核心負債依存度、流動性缺口率、客戶存款集中度以及同業負債集中度多個流動性風險監管和檢測指標，其中流動性覆蓋率、淨穩定融資比例均不得低於100%。同時，推動銀行業金融機構建立多情景、多方法、多幣種和多時間跨度的流動性風險內部監控指標體系。

4. 強化貸款損失準備監管

建立貸款撥備率和撥備覆蓋率監管標準。貸款撥備率（貸款損失準備占貸款的比例）不低於2.5%，撥備覆蓋率（貸款損失準備占不良貸款的比例）不低於150%，原則上按兩者孰高的方法確定銀行業金融機構貸款損失準備監管要求。

下面將討論《商業銀行資本管理辦法》中有關資本構成、風險加權資產的風險權重以及資本充足率的要求。

一、資本的構成

按照2012年6月《商業銀行資本管理辦法（試行）》的要求，商業銀行資本構成內容如下：

(一) 核心一級資本
（1）實收資本；
（2）資本公積可計入部分；
（3）盈餘公積；
（4）一般風險準備；
（5）未分配利潤；
（6）少數股東資本可計入部分；
（7）其他；
（8）核心一級資本扣除項目有：商譽、其他無形資產（土地使用權除外）、對未按公允價值計量的項目進行現金流套期形成的儲備、對有控製權但不並表的金融機構的核心一級資本投資。

(二) 其他一級資本
（1）其他一級資本工具及其溢價；
（2）少數股東可計入部分。

(三) 二級資本
（1）二級資本工具及溢價可計入金額；
（2）超額貸款損失準備；
（3）少數股東資本可計入部分；
（4）二級資本扣除有：對未並表金融機構大額少數資本投資中的二級資本。

二、風險加權資產的風險權重

表內信用資產權重和表外信用轉換系數分別見表 10.15 和表 10.16。

表 10.15　　　　商業銀行資本管理辦法各項債權的風險權重表

		AAA-AA-	A+-A-	BBB+-BBB-	BB+-B-	B-以下	未評級
境外債權	其他國家/地區政府及中央銀行的債權	0%	20%	50%	100%	150%	100%
	境外商業銀行的債權（註冊所在國/地區的評級）	25%	50%	100%	100%	150%	100%
	境外其他金融機構的債權	100%				
多邊開發銀行、BIS 和 IMF 的債權		0%				

表10.15(續)

		AAA- AA-	A+ -A-	BBB+ -BBB-	BB+ -B-	B-以下	未評級
境內債權	中央政府和中國人民銀行的債權		0%				
	政策性銀行的債權		0%				
	其他商業銀行債權		□ 原始期限三個月以內（含三個月）債權的風險權重為20%，其他期限為25%。 □ 以風險權重為0%的金融資產作為質押的債權，其覆蓋部分的風險權重為0%。 □ 商業銀行持有中國其他商業銀行的次級債權（未扣除部分）的風險權重為100%。				
	金融資產管理公司的債權		□ 對中央政府投資的金融資產管理公司為收購國有銀行不良貸款而定向發行的債券的風險權重為0%。 □ 對中國中央政府投資的金融資產管理公司的其他債權的風險權重為100%。				
	其他金融機構的債權		100%				
	企業債權	一般企業		100%			
		微小企業		對同時符合以下三個條件的微小企業債權的風險權重為75%： □ 企業符合國家相關部門規定的微小企業認定標準 □ 商業銀行對單家企業(或企業集團)的風險暴露不超過500萬元； □ 商業銀行對單家企業（或企業集團）的風險暴露占本行信用風險暴露總額的比例不高於0.5%。			
	個人債權		□ 個人住房抵押貸款的風險權重為45%； □ 對已抵押房產，在購房人沒有全部歸還貸款前，商業銀行以再評估後的淨值為抵押追加貸款的，追加部分的風險權重為150%； □ 對個人其他債權的風險權重為75%。				
	租賃業務		租賃業務的租賃資產餘值的風險權重為100%，租賃業務形成的應收款項按照貸款的方式處理。				

風險暴露	風險權重
未扣除的金融機構股權風險暴露	250%
未扣除的淨遞延稅股權風險暴露	
工商企業股權風險暴露	商業銀行被持有的對工商企業股權風險暴露的風險權重為400%
	商業銀行因政策性原因並經國務院特別批准的對工商企業股權風險暴露的風險權重為400%
	商業銀行持有的對工商企業其他股權風險暴露的風險權重為1,250%
非自用不動產	1,250%
其他資產	100%

表 10.16　　　　　商業銀行資本管理辦法中表外項目的信用轉換系數

項目		信用轉換系數
等同於貸款的授信業務		100%
承諾	原始期限不超過一年的貸款承諾	20%
	原始期限超過一年的貸款承諾	50%
	可隨時無條件撤銷的貸款承諾	0%
不可隨時無條件撤銷的未使用信用卡授信額度		50%
可隨時無條件撤銷的未使用信用卡授信額度		20%
票據發行便利		50%
循環認購便利		50%
銀行借出的證券或用作抵押物的證券		100%
與貿易直接相關的短期或有項目		20%
與交易直接相關的或有項目		50%
信用風險仍在銀行的資產銷售與購買協議		100%
其他表外項目		100%

三、資本充足率與最低資本要求

表 10.17 列出了《巴塞爾協議Ⅲ》與中國銀監會的新資本標準要求。

表 10.17　　　　　《巴塞爾協議Ⅲ》與中國銀監會新的資本標準

	《巴塞爾協議Ⅲ》要求			中國銀監會要求		
	核心一級資本	一級資本	總資本	核心一級資本	一級資本	總資本
最低要求（1）	4.5%	6%	8%	5%	6%	8%
儲備資本（2）	2.5%			3%		
（1）+（2）	7%	8.5%	10.5%	7.5%	8.5%	10.5%
逆週期超額資本	0~2.5%			0~2.5%		
重要性銀行附加資本要求	2011年6月，巴塞爾委員會領導小組確定系統重要性銀行附加資本要求為1~2.5%普通股資本間，對於系統性風險大者另加1%。			國內重要系統性銀行1%，若被定為全球系統重要性銀行，不得低於巴塞爾委員會規定。		
槓桿率	3%			4%		
過渡期	2011年進入觀察期，2013—2017年為過渡期，2018年正式納入第一支柱。			2012年1月1日開始執行，系統重要性銀行和非系統重要性銀行應分別於2013年年底和2016年年底前達標。		

復習思考題

1. 銀行的資本充足率對銀行的安全性十分重要，那麼從會計、經濟以及監管當局角度看，對資本的定義有何區別？

2. 下面是一家銀行的資產負債表（單位：百萬元）

表 10.18

資產		負債及所有者權益	
長期證券投資	10	負債（短期、浮動利率存款）	90
長期貸款	90	淨值（所有者權益）	10
合計	100	合計	100

其中，貸款主要是固定利率的中長期貸款，存款主要是短期存款。

當前利率上升導致一家重要的客戶企業倒閉，結果造成了該銀行3%的貸款不能收回，銀行未核銷這部分損失。試分析利率上升對該銀行的資產負債表的影響。

3. 資本的職能有哪些？其作用是什麼？

4. 《巴塞爾協議Ⅲ》規定的商業銀行的資本構成有哪些？

5. 試述2012年6月《商業銀行資本管理辦法（試行）》中商業銀行的資本充足率規定。

6. 請根據表10.19所示某家銀行資產負債表的相關數據來回答下列問題：

（1）根據《巴塞爾協議Ⅲ》，該銀行風險加權資產是多少？

（2）為了保證4.5%的最低核心一級資本充足率要求、6%的最低一級資本充足率要求以及8%的最低總資本充足率要求，該銀行需要持有多少核心一級資本、一級資本以及總資本？

（3）如果不考慮儲備資本，假設股權的面值為22.5萬元，股權的剩餘價值為20萬元，限定永久優先股為5萬元，次級債為5萬元，貸款損失準備為8.5萬元，根據《巴塞爾協議Ⅲ》，該銀行資本充足率水平為多少？該銀行是否符合《巴塞爾協議Ⅲ》的（核心一級資本、一級資本以及總資本）資本充足率要求？

（4）如果包括2.5%的儲備資本要求，銀行是否滿足《巴塞爾協議Ⅲ》的7%的最低核心一級資本充足率要求、8.5%的最低一級資本充足率要求以及10.5%的最低總資本充足率要求？

表 10.19　　　　　　　　　　　　　　　　　　　　　　　　　　　　單位：元

表內業務	面值
現金	121,600
短期政府債券（<92 天）	5,400
長期政府債券（>92 天）	414,400
中央銀行的存款餘額	9,800
政府機構擔保的回購協議	159,000
對本國存款機構的債權	937,900
根據 OECD 標準，對評級為第 2 類風險的國家的銀行的短期債權	1,640,000
市政普通債務債券	170,000
對政府機構或由政府機構擔保的債權	26,500
市政收入債券	112,900
第 1 類居民住房抵押貸款，貸款價值比為75%	5,000,000
商業貸款	4,667,669
根據 OECD 標準，對評級為第 3 類風險的國家的主權貸款	11,600
房屋和設備	455,000

表外業務	轉換系數	面值
以政府為交易對手		
貸款承諾		
<1 年	20%	300
1~5 年	50%	1,140
備用信用證		
與履約相關	50%	200
直接信用擔保	100%	100
以本國存款機構為交易對手（第 2 類風險權重）		
貸款承諾		
<1 年	20%	100
>1 年	50%	3,000
備用信用證		
與履約相關	50%	200
直接信用擔保	100%	56,400
商業信用證	20%	400

表10.19(表)

表外業務	轉換系數	面值
以地方政府為交易對手（第3類風險權重）		
貸款承諾		
>1年	50%	100
備用信用證		
與履約相關	50%	135,400
以公司客戶為交易對手		
貸款承諾		
<1年	20%	3,212,400
>1年	50%	3,046,278
備用信用證		
與履約相關	50%	101,543
直接信用擔保	100%	490,900
商業信用證	20%	78,978
以主權為交易對手		
根據OCED標準，對評級為第1類風險的國家的貸款承諾		
<1年	20%	110,500
>1年	50%	1,225,400
以主權為交易對手		
根據OCED標準，對評級為第2類風險的國家的貸款承諾		
<1年	20%	85,000
>1年	50%	115,500
以主權為交易對手		
根據OCED標準，對評級為第7類風險的國家的貸款承諾		
>1年	50%	30,000
利率市場合約（假設現有風險為0）		
<1年（名義值）	0	2,000
1~5年（名義值）	0.5%	5,000

參考文獻

[1] 殷孟波. 商業銀行經營管理 [M]. 北京：中國人民大學出版社, 2003.

[2] 中國銀行業協會. 解讀商業銀行資本管理辦法 [M]. 北京：中國金融出版社, 2012.

[3] 張曉艷. 商業銀行管理 [M]. 北京：中國金融出版社, 2013.

[4] Anthony Saunders, Maricia M. Cornett. Financial Institutions Management. McGraw‑Hill, 2013.

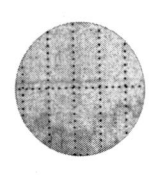

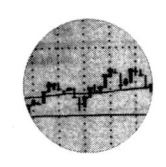

第十一章　市場風險和管理

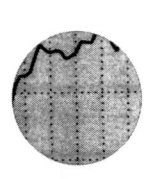

近年來，隨著利率市場化和人民幣匯率形成機制改革進程加快，中國商業銀行所面臨的市場風險迅速增加，因此，加強對市場風險的監管顯得更加重要和迫切。中國銀行業監督管理委員會在 2004 年年底公布了《商業銀行市場風險管理指引》，對銀行業金融機構加快金融創新和加強市場風險管理提出了最基本的要求。2005年，為了切實引導銀行監管人員和銀行管理者形成正確的市場風險監管理念和方法，銀監會成立專門小組研究編寫了《商業銀行市場風險監管現場檢查手冊》，並於同年 11 月 23 日正式頒布了該手冊。這樣，一套相對完整的商業銀行市場風險管理和監管的法規體系在中國已基本建立。在這一章中，我們將介紹市場風險的定義，並深入分析測度市場風險的方法以及巴塞爾委員會監管市場風險的標準框架，最後還會對 2010 年 12 月巴塞爾委員會發布的《巴塞爾協議Ⅲ》和 2012 年 6 月中國銀監會發布的《商業銀行資本管理辦法（試行）》中有關市場風險新增內容作一些簡單介紹。

第一節　市場風險的概念以及測度的一般方法

一、市場風險的定義

從概念上講，金融機構的交易性組合資產與投資性組合資產在期限和流動性上是不一致的。交易性資產組合包括了能夠在有組織的市場上迅速購買或出售的資產、負債以及衍生金融工具合約。而投資性資產組合包括相對來說不流動的資產、負債和衍生金融工具合約，銀行會在一個較長的時期內持有它們。從會計角度，對銀行的表內外資產的記錄可分為銀行帳戶（Banking book）和交易帳戶（Trading book）兩大類。巴塞爾委員會 2004 年的《巴塞爾協議Ⅱ》對其 1996 年《資本協議市場風險補充規定》中的交易帳戶定義進行了修改，修改後的定義為：交易帳戶記錄的是銀行為交易目的或規避交易帳戶其他項目的風險而持有的可以自由交易的金融工具和商品頭寸，持有它的目的是為了從實際或預期的短期波動中獲利。與交易帳戶相對應，銀行的其他業務歸入銀行帳戶，最典型的是存貸款業務。交易帳戶中的項目通常按市場價格計價（mark-to-market），當缺乏可參考的市場價格時，可以按模型定價（mark-to-model）。銀行帳戶中的項目則通常按歷史成本計價。表 11.1 列出了一家典型的商業銀行的銀行業帳戶和交易帳戶的明細情況。需要指出的

是，銀行一旦發生損失，無論該損失是屬於交易性損失還是投資性損失，資本對存款者、銀行的債權人以及監管當局都起到了一個「緩衝器」的作用（見第十章）。從表11.1中可以看到，投資性的帳戶包括了絕大部分的貸款、存款以及其他的不流動資產。交易帳戶主要包括了各種市場可交易的工具的多頭和空頭，這些資產工具包括債券、商品①、外匯、股票和衍生金融工具。

表11.1　　　　　　　　商業銀行的投資性帳戶和交易性帳戶表

	資產	負債
銀行帳戶 （投資性組合資產）	貸款	資本
	其他不流動資產	存款
交易帳戶 （交易性組合資產）	債券（多頭）	債券（空頭）
	商品（多頭）	商品（空頭）
	外匯（多頭）	外匯（空頭）
	股票（多頭）	股票（空頭）
	衍生金融工具（多頭）	衍生金融工具（空頭）

註：衍生金融工具被列入表外業務（見第八章）。

　　隨著銀行貸款證券化的流行，越來越多的資產成為可流動的和可交易的。從監管當局的角度，通常將持有期低於一年的資產視為可交易資產，而對金融機構而言可交易資產的持有期就更短了。具體來說，金融機構關注著它們交易性帳戶中資產和負債價值的波動，或稱為風險價值（Value at Risk，或簡寫為VaR），甚至還要關注它們交易性帳戶中資產和負債價值的每日波動情況，即日風險價值（Daily Value at Risk，或簡寫為DVaR），特別是當這些價值的變化足以影響到金融機構的清償力時，金融機構會更加重視這些價值的變化。根據定義，風險價值是指在一定的持有期和給定的置信水平下，利率、匯率等市場風險要素發生變化時可能對某項資金頭寸、資產組合或機構造成的潛在最大損失。因此，VaR或DVaR實際上是對市場風險的一種測量方法，它所關注的是潛在的最大損失，這樣市場風險可以定義為由市場條件變化所引起的金融機構交易性組合資產收益的不確定性的風險，其中市場條件包括資產價格、利率水平、市場波動性、市場流動性等。根據中國銀監會2004

---

　　① 指可以在二級市場上交易的某些實物產品，如農產品、礦產品（包括石油）和貴金屬（不包括黃金）等。

年 12 月 29 日所頒布的《商業銀行市場風險管理指引》，市場風險被定義為因市場價格（利率、匯率、股票價格和商品價格）的不利變動而使銀行表內業務和表外業務發生損失的風險。

二、測度市場風險的一般方法

當金融機構積極地交易各種資產和負債（包括衍生金融工具），而不是將這些資產和負債作為投資或套期保值目的來長期持有時，市場風險就會產生。在目前一些國際型的大型金融機構中，交易性活動給他們帶來的利潤逐漸開始取代傳統的由吸收存款和發放貸款的利差所帶來的利潤。這些主要的金融機構大都建立了自己的模型來測量由此帶來的收益的不確定性，而這種對不確定性的測度可以精確到每一天也可以擴展到一年。更具體地說，我們需要通過計算得到一個數字來描述市場風險，這就是我們上面所提到的風險價值方法，或 VaR 方法。

假設，我們對一給定的資產發生損失的可能性感興趣，具體來說，我們希望是對這樣的一筆損失在 100 個交易日內發生的次數不超過一次感興趣。這樣，可表述為我們對在 99% 的置信度水平下的日風險價值感興趣。比如，一個銀行可以報告它的日風險價值在 99% 的置信度水平下為 100 萬元。這個表述意味著銀行估計有低於 1% 的概率它會在下一個交易日中損失 100 萬元。下面是對日風險價值的確切定義。

在 99% 的置信度水平下的風險價值是指一個最小的數值 x，資產或資產組合（外匯也被看成一種資產）在下一交易日產生損失超過 x 的概率不超過 1%。

如果假設 L 為下一個交易日所發生的損失，上述定義就可以用數學符號表示為：

$$P[L \geq x] \leq 0.01 \tag{11.1}$$

風險價值就是使上述條件成立的最小數值，即損失水平在 99% 的置信度水平下不會超過該數值。也就是說，如果銀行在 99% 的置信度水平下日風險價值為 100 萬元，就意味著下一個交易日損失超過 100 萬元的概率不超過 1%。反過來講，該銀行的資產組合在 1 天中的損失有 99% 的可能性不會超過 100 萬美元。同時我們還可以說，該銀行在可預期的未來 100 天裡有 1 天，損失至少為 100 萬美元（置信度水平為 99%）。

同樣我們也可以定義更長時間段、不同置信度水平下的風險價值，監管機構通常要求銀行計算 10 天的風險價值。例如，我們說某銀行在 95% 置信度水平下的 10 天的風險價值為 100 萬元，這就意味著該銀行在接下的 10 個交易日中，損失超過 100 萬元的概率小於 5%。

只要我們假設給定資產的收益率有一特定的分佈，這樣我們就可以使用概率論的方法來計算 VaR。這個方法包含了兩個步驟：一是要選擇和確定資產收益率的分佈；二是使用歷史數據或其他方法來估計該分佈的參數。

在多數情況下，我們都假設收益率的分佈為正態分佈，該正態分佈的均值為 μ，方差為 σ^2。注意我們可以通過歷史數據估計出收益率的均值和方差。如圖 11.1 所示，圖中陰影部分表示損失超過 2.33 的概率區間僅有 1%。

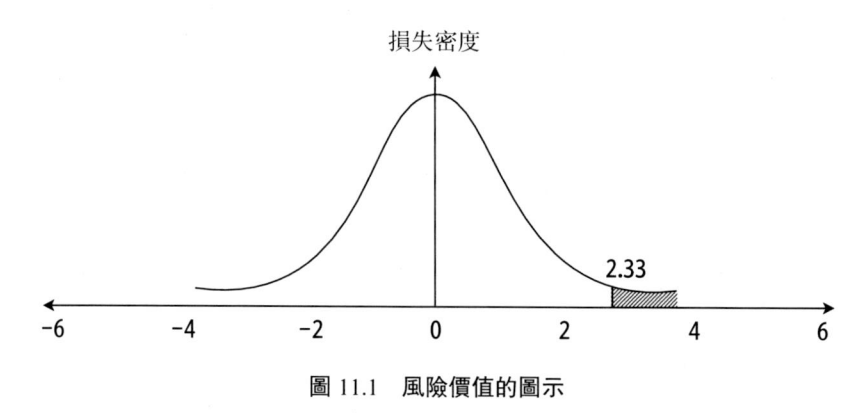

圖 11.1　風險價值的圖示

接著，我們用 R 表示資產的收益率，X（t）表示資產在 t 時刻的市場價值，這樣就有

$$R = \frac{X(1) - X(0)}{X(0)} \tag{11.2}$$

把等式右邊的分母 X（0）移項到等式左邊，兩邊再同時乘以負號，就可以得到實際損失

$$L = -X(0) \cdot R \tag{11.3}$$

如果 R 服從正態分佈，則變量 $Z = (R-\mu)/\sigma$ 也就服從標準正態分佈，這樣我們就可以通過下面的式子來計算置信度為 99% 時的 VaR：

$$0.01 = P[L \geq x] = P[-X(0) \cdot R \geq x] = P[R \leq -x/X(0)]$$

$$= P\left[\frac{R-\mu}{\sigma} \leq \frac{-x/X(0) - \mu}{\sigma}\right]$$

$$= P\left[Z \leq \frac{-x/X(0) - \mu}{\sigma}\right] \tag{11.4}$$

查閱標準正態分佈表（Z 表），我們就可以找到

$$P[Z \leq -2.33] = 0.01$$

這樣，我們就可以通過

$$\frac{-x/X(0) - \mu}{\sigma} = -2.33$$

找到數值 x，即我們所定義的 VaR。所以，在 99% 的置信度水平下，假設收益率的分佈為標準正態分佈時，求解 VaR 的公式為

$$VaR = X(0)[2.33\sigma - \mu] \tag{11.5}$$

【例 11.1】假設一個投資的平均日收益率為 0.03%，標準差為 1%，目前的價值為 100 萬元，求 VaR 為多少。

VaR = 1,000,000 × (2.33×1% − 0.03%) = 23,000（元）

由於上面所計算的是金融機構在下一個交易日有可能遭受的損失，因此我們經常稱上述的 VaR 為日風險價值，即 DVaR。當然我們還可以把上述的分析擴展到 2 天，3 天，直到 N 天。如果假設市場條件對收益率的衝擊是獨立的，且用方差來衡量的風險即收益率的日波動是一致的。這就是說，N 天內各天的日收益率是呈獨立同分佈的。這樣，銀行持有該種資產 N 天，其 N 天的市場風險就為：

$$VaR = DVaR \times \sqrt{N} \tag{11.6}$$

同樣 VaR 方法還能夠拓展到對交易組合市場風險的計算，我們將利用下一節所介紹的風險度量模型來進行說明。

第二節 風險度量模型

VaR 方法目前已經成了銀行業計算市場風險的一個行業標準，許多銀行在其基礎上都開發了自己的用於計算市場風險的內部模型，其中最有代表性的就是摩根大通的風險度量模型（Riskmetrics Model）。在這裡我們引用該公司前主席 Dennis Weatherstone 的話來表達市場風險測度模型最後所要達到的目標，即「在每一個營業日結束時，告訴我所有地區及所有業務的市場風險」。簡而言之，摩根大通的主席想在紐約時間下午 4:15 分得到一個數字，特別是當市場趨於惡化時他更希望得到這樣一個數字，即該集團在下一個交易日中所暴露的市場風險。需要指出的是，在本章我們僅討論固定收益證券、外匯和股票三種最主要的交易性資產的市場風險。

為什麼金融機構如此關注市場風險呢？從表 11.2 中我們不難理解這一問題。當摩根集團 1994 年開發其風險度量模型時，它已經在 14 個國家或地區擁有 120 個

獨立單位的可交易的固定收益證券、外匯、商品、衍生金融工具、新興市場國家債券以及所有權類資產①（主要品種是股票），日交易額達到了 500 億美元。我們假設摩根大通交易性組合資產的收益率服從例 1 中的分佈，粗略估計一下，摩根集團當時的置信度水平為 99% 的日風險價值就為 11.5 億美元。那麼就意味著摩根集團在下一個交易日有不超過 1% 的可能性遭受超過 11.5 億美元的損失。

表 11.2　　　　　　　　　　摩根大通交易性業務表

	固定收益證券	外匯	商品	衍生金融工具	股票	新興市場債券	所有權類資產	合計
交易的地區數量	14	12	5	11	8	7	11	14
獨立風險承擔單位的數量	30	21	8	16	14	11	19	120
日交易次數（千次）	5	5	1	1	5	1	1	20
日交易額（10 億美元）	10	30	1	1	1	1	8	50

資料來源：摩根大通．風險度量介紹，1994。

現在，我們將使用風險度量模型對一個假設的但又是十分典型的銀行的市場風險進行測度。這家銀行的交易帳戶中主要有三項資產：固定收益證券、外匯以及股票，而這三項資產當前的市值均為 100 萬元。首先我們仍然將討論一下在風險度量模型中市場風險的定義及其一般公式。

一、風險度量模型中的市場風險

在由摩根集團所建立的模型中，金融機構的經營者最關心的就是當下一個交易日的市場條件向不利方變化時，該集團潛在的損失為多少，即

市場風險 = 在不利市場環境中所估計出的潛在損失　　　　　　　　　　（11.7）

更具體地說，摩根集團用日風險收益（Daily Earnings at Risk，或簡寫為 DEAR）來表示市場風險，它有三個可以量化的組成部分：

日風險價值（DEAR）= 頭寸的本幣市場價值 × 頭寸的價格敏感度
　　　　　　　　　　× 收益的潛在不利變化　　　　　　　　　　　　（11.8）

由於後兩項的乘積實際上就是某項資產價格波動的程度，這樣我們就可以把式

---

① 包括普通股、優先股、股權證書、股票認購權等。

(11.8) 改寫成：

日風險價值＝頭寸的本幣市場價值×價格的波動　　　　　　　　　　　(11.9)

價格敏感性以及「收益的不利變化」的測度取決於金融機構對測度價格敏感度模型的選擇及其對價格或收益不利變化的認識。在這裡我們將集中討論風險度量模型是如何來計算固定收益證券、外匯以及股票的日風險價值，並如何得出交易性資產組合的總市場風險，這一數字測度了摩根集團在下一個交易日所暴露的全部市場風險。

二、固定收益證券的市場風險

假設一個銀行有一筆零息票債券，這筆債券的市場價值為100萬元，剩餘期限為10年，面值為2,209,424元[1]，該債券當前的年收益率為8.250%。這些債券是該銀行交易性組合資產中的一部分。因此，頭寸的本幣市場價值＝￥1,000,000。

當利率向不利方向變化時，銀行的管理者就需要知道該銀行所面臨的潛在的風險暴露。當給定銀行債券的市值時，該銀行此時可能遭受的損失就取決於債券價格的波動程度。回顧我們在第五章所學習的久期模型，我們知道：

$$\frac{dP}{P} = -MD \times dR$$

也就是說價格的日波動的計算方法應該為：

價格的日波動＝－MD×日收益的不利變化　　　　　　　　　　　　(11.10)

在我們的例子中，由於該銀行持有的是零息票債券，所以它的久期就等於它的剩餘期限。因此，當給定債券的收益率R＝8.25%時，該債券修正的久期MD，應該為：

$$MD = \frac{D}{1+R} = \frac{10}{1.082,5} = 9.238$$

這樣，如果要計算價格的日波動，只需要用修正的久期乘以債券收益率每日的不利變動即可。現在我們假設債券的不利變動如圖11.2所示。在這一個分佈中，收益率的變化被假定為服從正態分佈，這樣我們就可以找到時間上最近的過去收益率的具體正態分佈來估計當前收益率的變化。在這裡我們定義「不利」變動存在一個最大的變動值，無論收益率如何變動，超過該最大值的概率僅為5%。由於我們

---

[1]　之所以為2,209,424元，是因為2,209,424／(1.082,5)^{10}＝1,000,000。

僅僅關注的是不利變動，因此5%就意味著20天中有1天，收益率的不利變動將超過給定的最大值。

運用統計學的知識，我們知道在正態分佈的條件下，90%的值落在均值的標準差正負1.65倍的範圍裡，即1.65σ。假設上一年，10年期零息票債券的收益率均值為0%，[①] 而標準差σ為10個基點[②]（或0.001），因此1.65σ就等於16.5個基點。從圖11.2中可以看到，債券收益率的變化無論是向好的方向還是向壞的方向變化，僅有5%的概率能夠超過所給定的變化程度，即16.5個基點。而由於我們僅考慮的是收益率向不利的方向變化，因此從圖11.2中可以看到，僅有5%的概率下一個交易日的損失會超過16.5個基點。也就是說，20天中有1天損失會超過16.5個基點。

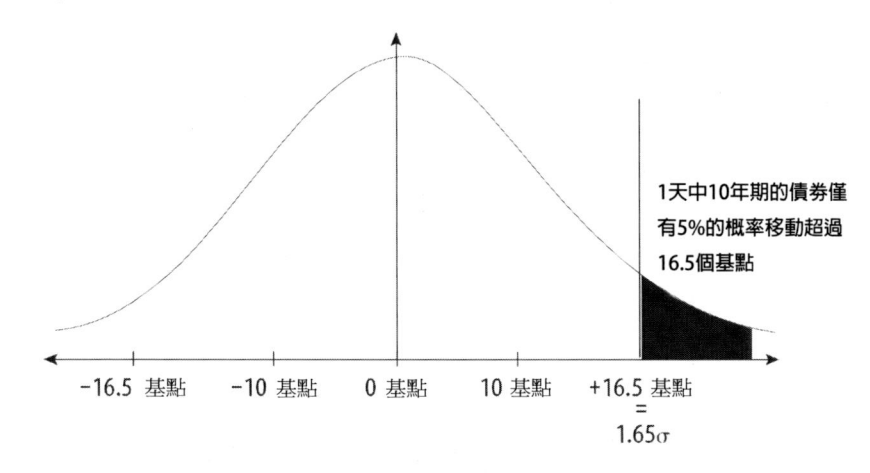

图 11.2　10年期零息票債券收益率不利變化

現在我們可以計算10年期零息票債券的潛在的價格的日變動水平了，即

價格變動 = −MD × 收益率潛在的不利變動

$= -9.238 \times 0.001,65$

$= -1.524\%$

當給定價格的變動水平和10年期零息票債券初始的市場價值後，由於我們僅考慮的是不利變化，因此運用式（11.9），就可以得到

DEAR = ￥1,000,000 × 1.524% = ￥15,240

[①] 若非零，例如為+1個基點，那麼收益率的變化就為16.5個基點加上1個基點。
[②] 1個基點為0.000,1。

這就是說，100 萬元的零息票債券，20 天裡有一天的損失至少為 15,240 元。換句話說，如果明天就是 20 天中的壞日子，該日的潛在損失就為 15,240 元。與上一節所介紹的 VaR 方法一樣，我們可以將上述的分析拓展到 2 天，3 天，……N 天。如果收益率的變化是獨立的，並且日波動水平大約是一致的，金融機構將持有這種資產 N 天，這樣 N 天的市場風險就可以與上述的 DEAR 相聯繫，即

VaR = DEAR × $\sqrt{N}$

因此，當利率朝著對金融機構不利的方向變化時，金融機構持有債券的風險價值（VaR）就是日風險價值（DEAR）和持有天數的函數。具體來說，DEAR 假設金融機構能夠在下一個交易日出售所有的債券，但是事實上由於市場不流動因素的存在，金融機構往往需要幾天來賣出他所有的債券頭寸。所以說，市場的不流動性迫使金融機構擴大了其損失的程度。如果 N 為 5 天的話，即：

VaR = ￥15,240 × $\sqrt{5}$ = ￥34,077.68

如果持有時間更長的話，例如 10 天，就會有：

VaR = ￥15,240 × $\sqrt{10}$ = ￥48,193.11

可以看到，持有的時間越長，金融機構潛在損失的幅度就越大。

需要指出的是，在上面的計算中，我們使用了修正的久期，但是在摩根集團中，技術人員使用風險度量模型時，更傾向於使用現金流現值的變化來描述價格的敏感性。現在我們承上例，如果債券的收益率變化 1 個基點，使用現金流現值的方法，債券市場每 1 元債券的價值變化就應該為：

$$\left[\frac{2,209,424}{(1+8.260\%)^{10}} - \frac{2,209,424}{(1+8.250\%)^{10}}\right] \div 1,000,000 = -0.000,923,3$$

但是，實際上收益率的不利變化為 16.5 個基點，因此

DEAR = ￥1,000,000 × 0.000,923,3 × 16.5 = ￥15,234.45

這樣，如果使用直接的現金流計算方法，潛在的損失就為 15,234.45 元，這個結果跟使用修正的久期所計算的結果 15,240 元非常接近。

三、外匯的市場風險

與其他的大型金融機構一樣，我們所假設的銀行的外匯交易也非常頻繁，記住：

日風險價值（DEAR）= 頭寸的本幣市場價值 × 價格的波動

假設該銀行在某個交易日結束時有 125 萬港幣即期頭寸。現在銀行的經營者想知道該頭寸的日風險價值，即當下一個交易日對銀行來說是「壞日子」時，與港幣

的人民幣價值的變化相關的該筆頭寸的風險暴露。

首先我們要計算該頭寸的人民幣價值，假設此時港幣/人民幣的即期匯率為 1.250,0，即 1 港幣等於 1.25 元人民幣，那麼就有：

該外匯頭寸的本幣價值 = 外匯頭寸 × 人民幣/港幣的即期匯率
$$= 1,250,000 \times (1 \div 1.25)$$
$$= ¥1,000,000$$

假設我們回顧 2005 年的港幣/人民幣的匯率變化，即期匯率的標準差（波動程度）為 65.8 個基點。同時假設該銀行的管理者僅僅對不利變化感興趣，即不利變化發生的概率不超過 5%。因此從統計學看，如果匯率的變化在歷史上是呈正態分佈的，那麼匯率向不利方向變化的程度就為 1.65σ，而這種情況 20 天中僅可能發生一次，那麼外匯的波動就為：

外匯波動 = $1.65 \times 65.8 \times 0.000,1 = 1.085,7\%$

換句話說，在 2005 年 5% 的時間中，港幣的人民幣價值的下降至少為 108.57 個基點，這樣就有：

DEAR = 頭寸的本幣價值 × 外匯的波動
$$= ¥1,000,000 \times 0.010,857$$
$$= ¥10,857$$

這就是當港幣的人民幣價值朝著對金融機構不利的方向變化時，金融機構由於持有了 125 萬港幣將面臨的潛在的日收益的暴露。

四、股票的市場風險

許多大型金融機構也要持有股票的頭寸。從資本資產定價模型（CAPM）中我們知道，持有單一股票 i 的頭寸所要面臨的兩種風險：

總風險 = 系統性風險 + 非系統性風險
$$= \sigma_i^2 = \beta_i^2 \sigma_m^2 + \sigma_{ei}^2 \tag{11.11}$$

其中，系統性風險所反應的是當整個市場發生變化時股票 i 針對這一變化的變化，它由整個市場組合風險（σ_m）和股票 i 的貝塔系數（β_i）共同決定。非系統性風險就是 i 公司自身的市場因素以外的個別風險（σ_{ei}）。根據 CAPM 理論，在一個充分分散化的組合中，非系統性風險可以被分散掉，也就是說組合的非系統風險可以等於零。如果金融機構的交易性組合的收益與股票市場指數的收益一致，那麼該組合的貝塔系數就為 1，也就是說金融機構交易性組合收益的變化與市場完全一

致，此時組合的標準差 σ_i 就等於股票市場指數的標準差 σ_m。

現在假設金融機構交易性的股票頭寸有 100 萬元，這一股票能夠完全反應中國股票市場指數。也就是說 $\beta=1$，因此該股票的 DEAR 就應該為：

DEAR = 頭寸的本幣價值 × 股票市場收益的波動

= ￥1,000,000 × 1.65σ_m

如果在上一年，股票市場指出日收益的 σ_m 為 5%，1.65σ_m = 8.25%，這就是說，股票市場日收益率向不利方向變動超過 8.25% 的概率為 5%。在這個例子中：

DEAR = ￥1,000,000 × 0.082,5

= ￥82,500

這就是說，如果明天市場向不利方向變化時，金融機構至少要損失 82,500 元。

需要說明的是，如果金融機構的股票組合沒有充分的分散化，那麼非系統性風險 σ_{ei} 對交易性頭寸的影響應當考慮進去。同時如果 CAPM 並不能很好地解釋資產價格，我們就需要將多指數的套利定價模型（APT）以及誤差度引入 DEAR 的計算。這已超出了本書的範圍，我們這裡不再作進一步的討論。

五、資產組合市場風險的計算

在上面的幾個部分裡，我們分別介紹了 10 年期的零息票債券（固定收益證券的一種，市值 100 萬元）、即期港幣頭寸（外匯，市值 100 萬元）、股票（市值 100 萬元）的 DEAR 的計算。表 11.3 列示了三種資產分別的日風險價值。但是管理者想要知道是整個交易性頭寸的總風險。要計算這一總風險，我們不能簡單地把單一風險加總，即 DEAR = ￥15,240 + ￥10,857 + ￥82,500 = ￥108,597。在這樣的計算中，忽略了固定收益證券、外匯、股票交易性頭寸之間的相關性，我們稱這樣計算出的風險為基礎交易性資產頭寸的風險。具體來說，一些資產間的相關性是正的，而另一些資產間的相關性是負的。根據現代資產組合理論，資產間的相關性為負可以減少資產組合的總風險。

表 11.3　　　　　固定收益證券、外匯、股票的日風險價值表

交易性資產	日風險價值
10 年期零息票債券	￥15,240
即期港幣頭寸	￥10,857
股票	￥82,500

表 11.4 列出了上述三種資產的相關係數矩陣。從矩陣中可以看到 10 年期零息票債券與匯率間的相關係數（$\rho_{z,HKD}$）為 -0.4，與股票的系數（$\rho_{z,s}$）為 0.2，匯率與股票（$\rho_{HKD,s}$）的系數為 0.1。

表 11.4　　　　　　　　　　資產間的相關係數（ρ_{ij}）表

	10 年期零息票證券	港幣/人民幣	股票
10 年期零息票證券	—	-0.4	0.2
港幣/人民幣	-0.4	—	0.1
股票	0.2	0.1	—

使用相關係數矩陣以及單個資產的 DEAR，我們就可以計算出整個交易性資產組合的總風險或標準差：

$$組合資產的 DEAR = \begin{bmatrix} (DEAR_z)^2 + (DEAR_{HKD})^2 + (DEAR_s)^2 \\ + (2 \times \rho_{z,HKD} \times DEAR_z \times DEAR_{HKD}) \\ + (2 \times \rho_{z,s} \times DEAR_z \times DEAR_s) \\ + (2 \times \rho_{s,HKD} \times DEAR_s \times DEAR_{HKD}) \end{bmatrix}^{1/2}$$

上面的公式實際上是現代組合資產理論（MPT）的直接應用，因為 DEAR 基本上類似於標準差。因此，我們將表 11.3 和表 11.4 中的數據代入上面的公式，就可以得到

$$組合資產的 DEAR = \begin{bmatrix} 15,240^2 + 10,857^2 + 82,500^2 \\ +2 \times (-0.04) \times 15,240 \times 10,857 \\ +2 \times 0.2 \times 15,240 \times 82,500 \\ +2 \times 0.1 \times 10,857 \times 82,500 \end{bmatrix}^{1/2} = 87,784.25$$

這一公式揭示了在計算組合資產的 DEAR 時，不僅要考慮組合資產中每一項資產的 DEAR，還要考慮資產間的相關係數。上面所計算出的組合資產的風險 87,784.25 元顯然要比基礎的交易性資產頭寸風險 108,597 元要低。如果我們假設固定收益證券、外匯、股票三種交易性資產之間的相關係數為 1，即 $\rho_{ij} = 1$，那麼可以迅速地算出組合資產的 DEAR 就為 108,597 元。因此，當我們假設資產間的收益是完全正相關時，事實上就是在計算交易風險暴露時放大了實際的市場風險暴露。

第三節　監管機構與市場風險

隨著越來越多的銀行開始進行交易性的活動，1993年國際清算銀行通過對銀行的交易性組合資產施加資本金的要求來測度和管理市場風險。與此同時，許多大型銀行都開發了自用的系統用於測度市場風險，如我們上一節所介紹的摩根集團的風險度量模型。隨著各銀行內部模型的逐漸成熟，國際清算銀行越來越認可這些模型，並在1998年1月開始允許銀行使用自己的內部模型來計算市場風險的資本金要求。當然，要使用內部模型必須要得到監管當局的認可。在這一節裡，我們首先將介紹國際清算銀行用於計算市場風險資本金要求的標準框架，接著將討論如何使用內部模型[1]來計算相應的資本金要求。

一、國際清算銀行的標準框架
（一）固定收益證券

我們現在可以通過一個由國際清算銀行提供的案例來考察在國際清算銀行的標準框架下如何計算固定收益證券的市場風險費用。表11.5列示了一家金融機構交易性帳戶中所持有的債券種類和數量。該金融機構持有的多頭或空頭的債券（第3列），期限從1個月到20年不等（第1列）。多頭的數值為正，而空頭的數值為負，在表中以括號來表示負號。要計算這一交易性資產組合的風險，國際清算銀行使用了兩種資本費用：具體風險費用（第4列和第5列）和總體市場風險費用（第6列和第7列）。

1. 具體風險費用

具體風險費用是用於測度在金融機構持有證券的時間內，證券流動性或信用質量下降所帶來的風險。如表11.5中第4列，財政部發行的證券被賦予了零的風險權重，而垃圾債券（在我們的例子中為10~15年期的無資質公司發行的公司債券）被賦予了8%的風險權重。另外，對於有資質的信用級別高的公司所發行的公司債，國際清算銀行根據債券期限的不同分別賦予了其不同的風險權數（在我們的例子中3~6月的風險權重為0.25%，其他期限的風險權重為1.6%）。現在用表11.5中第3列頭寸的絕對值乘以第4列的具體風險權數[2]，就可以得到第5列的每一個頭寸

---

[1] 我們仍然以摩根集團的風險度量模型為例。
[2] 該風險權數由國際清算銀行提供，見附錄1。

的具體風險資本要求或費用。把第 5 列的數據加總，即單個具體風險費用的加總，就可以得到具體風險費合計為 229 美元。

表 11.5　　　　　　　　金融機構持有的債券量及風險費用表

			具體風險		總體市場風險	
(1) 債券期限	(2) 發行者	(3) 頭寸（$）	(4) 權數（%）	(5) 費用（$）	(6) 權數（%）	(7) 費用（$）
0~1 月	財政部	5,000	0.00%	0.00	0.00%	0.00
1~3 月	財政部	5,000	0.00	0.00	0.20	10.00
3~6 月	有資質公司	4,000	0.25	10.00	0.40	16.00
6~12 月	有資質公司	(7,500)	1.00	75.00	0.70	(52.50)
1~2 年	財政部	(2,500)	0.00	0.00	1.25	(31.25)
2~3 年	財政部	2,500	0.00	0.00	1.75	43.75
3~4 年	財政部	2,500	0.00	0.00	2.25	56.25
3~4 年	有資質公司	(2,000)	1.60	32.00	2.25	(45.00)
4~5 年	財政部	1,500	0.00	0.00	2.75	41.25
5~7 年	有資質公司	(1,000)	1.60	16.00	3.25	(32.50)
7~10 年	財政部	(1,500)	0.00	0.00	3.75	(56.25)
10~15 年	財政部	(1,500)	0.00	0.00	4.50	(67.50)
10~15 年	無資質公司	1,000	8.00	80.00	4.50	45.00
15~20 年	財政部	1,500	0.00	0.00	5.25	78.75
20 年	有資質公司	1,000	1.60	16.00	6.00	60.00
具體風險合計				229.00		
總體市場風險合計						66.00

2. 總體市場風險費用

總體市場風險費用所反應的是每類期限的債券的市場風險。因此，根據我們上一節所介紹的內容，也就是說表 11.5 中第 6 列的風險權重實際上反應了每類期限的債券的修正久期與預期的利率振動的乘積，即 $-MD \times dR$。這個權數①的範圍從期限為 0~1 月的國庫券的 0% 到期限大於 20 年的優質公司債的 6%。用第 3 列頭寸的正或負的價值分別乘以其對應的第 6 列的權數，就得到單一證券的總體市場風險費用，即該頭寸的市場風險。現在將第 7 列的數據加總，那麼經多頭和空頭間的正負抵消後，最後就可以得到單個固定收益證券的總體市場風險費用，即 66 美元。

---

① 該權數由國際清算銀行提供，見附錄 2。

3. 對基差風險的處理①

（1）垂直補償

國際清算銀行的模型認為如果持有證券的多頭和空頭在期限上是一致的，但是債券的種類不一致（在我們的例子中有財政部發行的證券，也有優質公司所發行的公司債，還有無資質公司發行的垃圾債券），那麼多頭和空頭間並不能完全抵消。例如，一家銀行持有3～4年的國庫券的多頭100萬美元，而且同時持有3～4年的垃圾債券空頭100萬元，那麼我們不能說3～4年期的債券的頭寸為0。在表11.5的例子中，金融機構有10～15年期的國庫券的空頭為1,500美元，其總體市場風險費用為67.50美元；相反，它持有10～15年期的垃圾債券多頭為1,000美元，其總體市場風險費用為45美元。由於基差風險的存在，兩種證券的收益率的變化不完全同步，因此我們不能認為垃圾債券45美元的多頭能夠完全對沖同期限國庫券的等值的風險價值（45美元）。類似地，在我們的例子中，金融機構持有3～4年期的國庫券2,500美元的多頭（總體市場風險費用為56.25美元）和2,000美元3～4年期的優質的公司債券空頭（總體市場風險費用為45美元）。基於這樣的考慮，國際清算銀行要求對基差風險給予更多的資本費用，我們將這個資本費用稱為垂直補償或無效因子。目前該因子被確定為10%。

在表11.6中，我們給出了如何計算垂直補償。表11.6的第1列列示了債券的期限，那麼在我們的例子中只有3～4年期的債券和10～15年期的債券出現了需要進行垂直補償的情況。表11.6的第2列和第3列分別列示了上述兩種期限的債券的多頭或空頭的總體市場風險費用的數據。這一數據來源於表11.5中的第7列。表11.6的第4列是第2列減第3列數據的差，我們稱之為「剩餘」；第5列我們稱之為「補償」，它所描述的是每一類期限的債券中相對較小的風險費用。在我們的例子中，3～4年期的債券中空頭的風險費用為45美元，多頭的風險費用為56.25美元，因此空頭是用於「補償」多頭的部分；類似地，10～15年期的債券中多頭的風險費用為45美元小於空頭的67.50美元，因此，多頭是用於「補償」空頭的。如第6列所示，國際清算銀行認為公司債券的45美元的風險價值頭寸中只有90%能夠用於對沖國庫券的相應的45美元的風險價值，即無效因子為10%。也就是說，需要為基差風險收取額外的資本費用：$45 \times 10\% = \$4.5$。因此，垂直補償的總費用就為9美元。換句話說，銀行需要為該類基差風險提取額外的資本金9美元。

---

① 需要特別指出的是，所謂補償均是指對風險價值的補償，即我們進行的補償是針對表11.5中的第7列。因此，從現在開始，我們所提及的多頭和空頭均為市場價值風險的多空頭，即表11.5中的第7列。

表 11.6　　　　　　　　　　計算資本費用表

(1)	(2)	(3)	(4)	(5)	(6)	(7)
						費用（$）
1. 具體風險						229.00
2. 同樣期限債券的垂直補償						
債券期限	多頭	空頭	剩餘	補償	無效因子	費用
3～4 年	56.25	(45.00)	11.25	45.00	10.00%	4.50
10～15 年	45.00	(67.50)	(22.50)	45.00	10.00	4.50
						9
3. 相同期限段內的水平補償						
期限段 1						
0～1 月	0.00					
1～3 月	10.00					
3～6 月	16.00					
6～12 月		(52.50)				
期限段 1 合計	26.00	(52.50)	(26.50)	26.00	40.00%	10.40
期限段 2						
1～2 年		(31.25)				
2～3 年	43.75					
3～4 年	11.25					
期限段 2 合計	55.00	(31.25)	23.75	31.25	30.00%	9.38
期限段 3						
4～5 年	41.25					
5～7 年		(31.50)				
7～10 年		(56.25)				
10～15 年		(22.50)				
15～20 年	78.75					
>20 年	60.00					
期限段 3 合計	180.00	(111.25)	68.75	111.25	30.00%	33.38
						53.16
4. 不同期限段間的水平補償						
期限段 1 和期限段 2	23.75	(26.50)	(2.75)	23.75	40.00%	9.50
期限段 1 和期限段 3	68.75	(2.75)	66.00	2.75	150.00%	4.12
						13.62
5. 資本費用合計						
具體風險合計						229.00
垂直無效費用						9.00
水平無效費用						
期限段內的補償						53.16
期限段間的補償						13.62
總體市場風險合計						66.00
合計						370.78

（2）期限段內的水平補償

國際清算銀行根據債券的期限將交易性債券組合分為3個不同的期限段。期限段1表示1～12月的債券，期限段2表示1～4年的債券，期限段3為4年以上的債券。同樣由於基差風險的存在，在同一期限段內的不同期限的多頭和空頭也無法實現完全的對沖。這就導致我們在期限段內進行水平補償，並對不同的期限段設置不同的無效因子（期限段1的無效因子為40%，期限段2和期限段3的無效因子為30%）。表11.6中的第3部分描述了期限段內的水平補償方法。如表11.6中所示，期限段1的多頭共計為26.00美元，空頭為52.50美元，而這裡的多頭或空頭是指針對債券持有多頭或空頭的總體市場風險費用，因此數據來源於表11.5的第7列。那麼26.00是多頭和空頭其中較小的數字，因此它就是我們所指的「補償」價值，因此就要為它設定一個無效因子，即40%。這意味著多頭的26美元中僅有60%可以用於對沖空頭相應的價值。因此，監管機構就要求銀行對無效的部分提取額外的資本，即 $26×40% = 10.40 美元。同樣，在期限段2中，空頭的31.25美元是多頭和空頭其中較小的數字，即它為補償價值，因此監管機構對空頭的31.25美元設置了30%的無效因子，意味著空頭的31.25美元中僅有70%可以與多頭55.00美元中相應的價值。同樣監管機構就要求銀行對無效的部分提取額外的資本，即 $31.25×30% = $9.38。重複剛才的過程，期限段3的補償餘額為111.25美元，銀行就要按要求提取額外的資本 $111.25×30% = $33.38。這樣期限內的水平補償總費用就為 $10.40 + $9.38 + $33.38 = $53.16。換句話說，銀行就需要按要求提取額外的資本金53.16美元。

（3）期限段間的水平補償

由於短期債券的利率和長期債券的利率變化是不完全一致的，因此每一個期限段最後剩餘的多頭或空頭只能部分對沖另一個期限段剩餘的空頭或多頭。這就涉及了期限段之間的水平補償。在我們的例子中，期限段1風險價值「剩餘」26.50美元的空頭（表11.6中第4列），而期限段2和期限段3分別「剩餘」23.75美元和68.75美元的多頭，這就意味著期限段1中的空頭能與期限段2和期限段3中的多頭部分對沖，如表11.6的第4部分所示。與上面的方法一致，多頭和空頭中較小的那個數值是補償價值，因此在對期限段1和期限段2考察時，期限段2中23.75美元的多頭是補償價值。這裡我們需要定義臨近期限段和非臨近期限段。所謂臨近期限段就是指兩個期限段是相鄰的，因此期限段1和期限段2，期限段2和期限段3就互為臨近期限段，而期限段1和期限段3就互為非臨近期限段。國際清算銀行給

臨近期限段賦予的無效因子為50%，而非臨近期限段的無效因子為150%。回到我們的例子中，當考察期限段1和期限段2時，23.75美元為補償價值，由於監管機構給臨近期限段賦予的無效因子為40%，那麼銀行只需要按照要求提取額外的$23.75×40% = $9.50的資本金。當考察完上述的臨近期限段的情況後我們發現，期限段1的26.50美元的空頭對沖了期限段2的多頭23.75美元後，還剩下2.75美元，因此可以用它繼續與期限段3中的多頭進行對沖。同理，此時的補償價值就應該是2.75美元（因為2.75比68.75小得多），再與監管機構所賦予的無效因子150%相乘，就得到了期限段1和期限段3之間的水平補償費用4.12美元。因此，總的期限段間的水平補償費用就為$9.50 + $4.12 = $13.62。

4. 計算最低的資本金要求

現在由表11.5我們可以得到兩個數據：具體風險費用為229.00美元，總體市場風險費用為66.00美元。通過表11.6我們可以得到垂直補償費用為9.00美元，期限段內的水平無效費用為53.16美元，期限段間的水平補償費用為13.62美元，這就是說由於基差風險的存在，就需要額外的資本金共計$9.00 + $53.16 + $13.62 = 75.78美元。那麼該銀行交易性固定收益證券的總資本費用就為$229.00 + $66.00 + $75.78 = $370.78。換句話說，在國際清算銀行的標準框架下，該銀行需要為其交易性的固定收益證券頭寸配置370.78美元的資本金，這也是國際清算銀行對該銀行固定收益證券的市場風險的最低資本金要求。

(二) 外匯

國際清算銀行的標準框架要求金融機構計算每一種外幣的淨暴露，之後將它們用當前的即期匯率轉化為美元。我們用一個簡單的例子來說明。假設一家銀行用於日元、歐元、英鎊、加元及新加坡元的頭寸，分別用這些貨幣兌美元的即期匯率進行換算後，這家銀行有與50萬美元等值的日元多頭，與100萬美元等值的歐元多頭和與150萬美元等值的英鎊多頭，同時它還有與20萬美元等值的加元空頭和與180萬美元等值的新加坡元多頭。那麼這家銀行外幣的多頭合計為300萬美元，而空頭合計為200萬美元。在國際清算銀行的標準模型中，要求金融機構對外匯頭寸配置的資本金為空頭和多頭中絕對值相對較大的數值的8%。因此，在我們的例子中，銀行需要按要求配置的資本金為$300萬×8% = $24萬。在這一計算方法中考慮到了不同外幣間多頭和空頭的部分對沖問題。

(三) 股票

在風險度量市場價值模型我們談到，當金融機構持有股票時，它將面臨公司個

體的非系統性風險和市場的系統性風險。對於非系統性風險，國際清算銀行要求銀行對給定股票的多頭或空頭，對該股票的總頭寸（稱為 x 因子）按 4% 配置資本金。而對於系統性風險，國際清算銀行則要求對給定股票淨頭寸的 8% 配置資本金，作為系統性風險的資本費用。如果假設銀行持有了一種股票的多頭為 200 萬美元，同時還有該股票的空頭 50 萬美元。那麼按照國際清算銀行的模型，股票的資本費用的計算就應當分為兩個部分。

首先我們計算針對非系統性風險的資本費用，它應當等於該股票的總頭寸乘以 4%，即

（$2,000,000 + $500,000）×4% = $100,000

接著我們來計算針對系統性風險的資本費用，它應當等於該股票的淨頭寸乘以 8%，即

（$2,000,000 - $500,000）×8% = $120,000

因此，針對該股票銀行應當提取 $100,000 + $120,000 = $220,000 的資本金。

二、國際清算銀行與大型銀行的內部模型

如前所述，諸如摩根大通等國際型的金融機構都開發了自用的計算市場風險的內部模型。自 1998 年 1 月起，國際清算銀行允許大型銀行使用它們資金的內部模型來計算市場風險以及市場風險的資本金要求。然而，從監管的角度所要計算的資本金要求自然要比內部模型所要計算的保守一點。那麼國際清算銀行允許大型銀行所使用的內部模型與風險度量模型自然存在一些區別，其中主要的區別包括：

（1）國際清算銀行所定義的市場的不利變化的置信度水平為 99%，而不是風險度量模型中的 95%，用統計學的術語描述就是，在計算價格的波動水平時，是用 2.33 乘以 σ，而不是用風險度量模型中的 1.65。

（2）國際清算銀行要求證券的持有期最短為 10 天，這意味著風險度量模型中的 DEAR 必須乘以 $\sqrt{10}$。

（3）在進行資本金計算時，國際清算銀行所要求的計算方法是過去 60 天的平均 VaR 乘以一個乘數因子 k（multiplication factor），該乘子的最小值為 3。具體說就是資本費用 = DEAR × $\sqrt{10}$ × 3。那麼由於施加了這一因子，相對於銀行本身的內部模型，資本金要求被顯著地提高了。

例如，假設某銀行的交易性組合過去 60 天平均的 DEAR 是 100 萬美元，使用 1% 的最壞的情況，那麼最低資本金要求就為：

資本費用 = \$1,000,000 × $\sqrt{10}$ × 3 = \$9,486,800

從監管當局的角度考慮，10 天的時間對應著當金融機構或銀行開始出現問題時，銀行管理人員能夠採取補救性措施的時間。換句話說，當金融機構或銀行由於市場風險開始出現問題後，銀行的管理人員有 10 天的時間來採取補救性措施。同樣，99% 的置信度水平對應的是較小的銀行由於市場風險而失誤的概率。然而，即使是這樣，1% 的失敗對於銀行來說仍然過於頻繁。一年中有 52 個星期，以 10 天作為一個時間段，也就是有 52/2 = 26 個時間段。這樣 1% 的失誤就被預期會每 100/26 = 3.8 年發生一次，對於銀行來說這種失誤的頻率太高了。因此，國際清算銀行是用了大於 3 的乘數因子 k 來進一步保障確保銀行的安全。該乘數因子由監管當局確定，如果監管當局認為銀行的市場風險過大，就會使用提高乘子的方法來加大資本金要求，從而約束銀行的交易性活動。

第四節　《巴塞爾協議Ⅲ》和中國銀行業對市場風險計量的要求

一、巴塞爾委員會對市場風險計量的要求

巴塞爾委員會在 1988 年的《巴塞爾協議Ⅰ》中並未對市場風險計量進行規定。隨著市場風險的重要性日益凸現，巴塞爾委員會在 1996 年《資本協議市場風險補充規定》中強調對市場風險進行計量，並指出風險資本計量包括了市場風險和信用風險的計量。對市場風險資本的計量，提出兩類測定方法：一類為標準法，另一類為內部模型法。標準法包含了對利率風險、所有權益風險、匯率風險、商品價格風險以及衍生金融工具風險的資本計量標準；內部模型法允許銀行根據內部風險管理的模型進行管理，巴塞爾委員會認可的內部模型法為風險價值（VaR）模型。

巴塞爾委員會在 2004 年頒布的《巴塞爾協議Ⅱ》對市場風險的規定主要包括風險度量框架、資本要求、市場風險的標準計量法、市場風險的內部計量方法四個部分。在風險度量框架方面，市場風險的定義、範圍、計量方法和過渡期安排與《資本協議市場風險補充規定》基本一致，同時，提出了謹慎評估指引、交易帳戶交易對手信用風險處理等內容。在資本要求、市場風險的標準計量方法和內部計量方法等方面，與《資本協議市場風險補充規定》基本保持一致。其中標準法主要包括：重定價法、久期法、標準期限法（考慮總體風險和特定風險），重定價法測量期限少於 6 個月；久期法測量期限多於 6 個月；標準期限法無期限制約。

巴塞爾委員會於 2009 年接連頒布了《新資本協議市場風險框架修訂版》和

《交易帳戶新增風險資本計量指引》（亦稱《巴塞爾協議》2.5 版本），主要新增以下內容：

（1）引入壓力風險價值。

（2）對非證券化信用產品違約風險和遷移風險的新增風險資本要求。

2010 年 9 月，巴塞爾委員會通過了《巴塞爾協議Ⅲ》。其中，市場風險資本計量部分仍沿用 2009 年《新資本協議市場風險框架修訂版》的規定。

二、中國監管當局對市場風險計量的要求

中國監管當局重視市場風險的計量，在 2004 年頒布並在 2007 年修改的《商業銀行資本充足率管理辦法》中明確提出了商業銀行要在設立交易帳戶的基礎上對市場風險計提資本，對於計提市場風險的商業銀行的要求為：「交易帳戶總頭寸高於表內外總資產的 10% 或超過 85 億元人民幣的商業銀行，須計提市場風險資本」，「不需計提市場風險資本的商業銀行，必須每季向銀監會報告市場風險頭寸」。同時，《商業銀行資本充足率管理辦法》中明確規定了商業銀行應當按照標準法計算市場風險資本，經銀監會審查批准，可以使用內部模型法計算市場風險資本。從監管當局的管理辦法和指引來看，中國監管當局對市場風險計量的方式是根據《巴塞爾協議Ⅱ》的要求來進行規定的，分為標準法和內部模型法。標準法的計量方式基本上與《巴塞爾協議Ⅱ》保持一致，同時，銀監會批准的商業銀行可運用內部模型法計算市場風險資本要求，內部模型法主要為風險價值（VaR）模型。

2012 年 6 月，銀監會正式頒布《商業銀行資本管理辦法（試行）》，將市場風險資本計算納入統一的資本監管框架之中，同時考慮對中國實際情況的適用性，提出以下主要要求：

（1）在改進標準法計量方法的同時，首次推出以 VaR 值計量為核心市場風險內部模型法。

（2）明確了實施最低定性和定量要求，對返回檢驗、壓力測試、模型驗證等相關工作提出具體要求。

（3）增加壓力風險價值納入市場風險資本計量的要求。

（4）補充新增風險計量要求。隨衍生金融工具產品及交易規模的迅速增長，為信用風險可能轉化為市場風險進行資本計提。

三、當前中國商業銀行所使用的市場風險計量方法

從中國上市商業銀行近期的年報和季報中可以看出，市場風險是各家商業銀行

進行風險管理的重點內容。在商業銀行市場風險的識別中，中國上市商業銀行有的區分了銀行帳戶和交易帳戶，有的明確了交易性和非交易性產品。在這些區分的基礎上，運用模型計量市場風險，並採取有針對性的措施管理市場風險。從多家銀行2008年的年報中可以看出，工商銀行、中國銀行、建設銀行、交通銀行、民生銀行、浦東發展銀行、北京銀行、南京銀行和寧波銀行等明確了對市場風險的管理是從交易帳戶和銀行帳戶的角度來進行的；其他商業銀行對市場風險的管理主要是從交易性業務和非交易性業務的角度來進行的。這兩種方式雖然區別不明顯，但是明確劃分交易帳戶和銀行帳戶是《巴塞爾協議Ⅱ》和銀監會的規定。

1. 交易帳戶的市場風險

中國上市商業銀行對交易帳戶市場風險識別和計量的情況如表11.7所示。從表11.7可以看出，中國商業銀行對交易帳戶市場風險的識別和管理主要通過限額管理、組合管理等方式，並通過建立和完善市場風險管理信息系統來進行；市場風險主要計量方式為：風險價值（VaR）分析、敏感性分析、重定價分析、久期分析、凸性分析、壓力測試等。

表11.7　　　　中國上市商業銀行交易帳戶市場風險的識別和計量表

銀行名稱	主要識別和管理方式	主要計量指標和方式
工商銀行	建立統一的市場風險管理核心系統，實現交易帳戶資金業務數據集中、風險計量集中、限額管理集中；設定交易帳戶市場風險限額	計量方法包括：敏感性分析、風險價值（VaR）分析、久期、凸性、壓力測試等；風險限額管理指標有：敞口限額、止損限額、敏感性限額等
中國銀行	主要通過設定交易帳戶總體風險價值限額和止損限額，並對交易員設定頭寸限額和止損限額	通過敏感性分析、缺口分析、風險價值分析、情景分析和壓力測試等計量
建設銀行	運用資產負債管理訊息系統中的市場風險模塊進行系統管理；調整和優化市場風險限額管理體系	風險價值分析、淨利息收入敏感性分析、利率重定價缺口分析及貨幣集中度分析
交通銀行	對交易帳戶市場風險實行限額管理並對限額指標實施系統化監控；結合市場環境和頭寸分佈的分析，對交易帳戶進行組合管理、運用衍生工具進行管控和對沖	採用久期、凸度、基點價值等參數來分析頭寸分佈；敏感性分析是對市場風險進行評估和計量的主要手段；推行風險價值分析對部分交易帳戶市場風險進行檢測和計量

表11.7(續)

銀行名稱	主要識別和管理方式	主要計量指標和方式
招商銀行	市場風險主要來自所持有的自營性交易活動，通過設定風險敞口和止損限額並主動運用對沖工具來管理交易性風險	主要採用敞口分析、敏感性分析、壓力測試和風險價值來計量
民生銀行	對交易帳戶進行限額管理；採用Kondor＋、bloombergPTS、KNDP等覆蓋主要資金業務引進Riskmetrics風險計量系統，形成分風險類別、多層次的風險計量和市場風險報告	計量方法主要包括：敏感性分析、情景分析、風險價值、事後檢驗、壓力測試、敞口分析、缺口分析和久期分析等
華夏銀行	通過資金業務處理系統（REAPS），對各種交易市場風險敞口限額監控管理	運用敞口分析、敏感性分析、壓力測試、風險價值分析進行衡量、測評和報告
深圳發展銀行	限額頭寸管理；進行市場風險管理訊息系統開發	主要運用缺口分析
浦發銀行	主要持有外匯即期、外匯遠期及部分金融衍生品；主要採用限額管理	敏感性分析、壓力測試等
興業銀行	加強風險前中臺的聯動和實時監控；完善市場風險限額體系	運用敏感性缺口管理；提高投資類產品的動態評估水平
中信銀行	進行限額頭寸管理	以敏感性分析和外匯敞口分析為主，以風險價值分析作為輔助工具
北京銀行	建立了包括監管限額、頭寸限額、風險限額在內的限額管理體系	逐步採用風險價值分析法和壓力測試
南京銀行	頭寸管理和限額管理	主要運用缺口分析和壓力測試
寧波銀行	設定敞口限額和止損限額；採用Kondor＋對交易帳戶進行市值重估	缺口分析、利率敏感性分析和風險價值分析

資料來源：根據上海證券交易所和深圳證券交易所公布的上市商業銀行2007年和2008年年報整理而得。

2. 銀行帳戶的市場風險

正如多家商業銀行的年報中所披露的一樣，目前中國商業銀行中，銀行帳戶的市場風險主要來自於利率風險和匯率風險。從2008年上市商業銀行的年報中可以看出：

（1）中國商業銀行的利率風險主要來源於利率敏感的資產和負債的到期日或重新定價日的錯配；主要識別和計量的方式為重定價分析、久期分析、敏感性分析、情景分析和壓力測試等。

（2）中國商業銀行的匯率風險主要來源於外匯資產與外匯負債之間幣種結構不平衡以及從事外匯衍生交易業務所產生的外匯敞口因匯率的不利變動而蒙受損失的風險；主要識別和計量的方式為敞口分析、匯率敏感性分析和風險價值分析等。

復習思考題

1. 請簡要說明什麼是市場風險？什麼是VaR？

2. 假設銀行有5年期、零息票債券頭寸100萬元，面值為¥1,402,552。該債券的到期收益率為7.00%。歷史上該債券的平均收益率為0.0%，標準差為12個基點，置信度水平為95%。試求：
 (1) 該債券的修正的久期。
 (2) 該債券的價格波動率。
 (3) 債券的DEAR。

3. 一家銀行的DEAR為¥8,500，問10天的VaR為多少？20天的VaR為多少？為什麼20天的VaR比10天的VaR的兩倍少？

4. 某銀行有2,000萬瑞士法郎（SWF）和2,500萬英鎊（GBP）面臨市場風險。即期匯率分別為$0.40/SWF，$1.28/GBP。瑞士法郎和英鎊美元價值的標準差分別為65個基點和45個基點，置信度水平為95%。求兩種貨幣10天的VaR分別是多少？

5. 假設某金融機構股票、外匯和債券的DEAR分別為30萬元、20萬元和25萬元，根據下面資產的相關係數矩陣，求組合資產的DEAR。

	股票	外匯	債券
股票	-	-0.10	0.75
外匯	-0.10	-	0.20
債券	0.75	0.20	-

6. 請簡要敘述在《巴塞爾協議》的標準框架下，如何計算對市場風險的最低資本金要求。

參考文獻

[1] Anthony Saunders, Marcia M. Cornett. Fundamentals of Financial institutions management. McGraw－Hill, 1999.

[2] Anthony Saunders, Marcia M. Cornett. Financial Institutions Management. McGraw－Hill, 2003.

[3] Peter S. Rose and Sylvia C. Hudgins. Bank Management and Financial Services. McGraw－Hill/Irwin, 2005.

[4] Jaksa Cvitanic and Fernando Zapatero, Introduction to Economics and Mathematics of Financial Market, The MIT Press, 2004.

[5] 倪錦忠. 現代商業銀行風險管理 [M]. 北京：中國金融出版社, 2004.

[6] 李志輝. 商業銀行業務經營與管理 [M]. 北京：中國金融出版社, 2004.

[7] 陶菲, 等. 中國期貨市場理論問題研究 [M]. 北京：中國財經經濟出版社, 1997.

[8] 茲維·博迪, 羅伯特·C. 莫頓. 金融學 [M]. 伊志宏, 譯. 北京：中國人民大學出版社, 2000.

[9] 菲利普·喬瑞. 金融風險管理師手冊 [M]. 張陶偉, 彭永江, 譯. 北京：中國人民大學出版社, 2004.

[10] 張劍光, 劉江濤. 中國商業銀行市場風險計量的波動性研究 [J]. 國際金融研究, 2009 (9).

附錄 1

國際清算銀行對不同債券的具體風險權數

類別	外部評級	具體風險費用（%）	
政府	AAA 到 AA−		0
	A＋到 BBB−	期限 6 個月以下	0.25
		期限 6 個月到 1 年	1.00
		期限在 1 年以上	1.60
	BB＋到 B−		8.00
	B−以下		12.00
	未評級的		8.00
有資質的公司	BBB 以上	期限 6 個月以下	0.25
		期限 6 個月到 1 年	1.00
		期限在 1 年以上	1.60
其他①（包括無資質的公司）	BB＋到 BB−		8.00
	BB−以下		12.00
	未評級的		8.00

---

① 與《巴塞爾協議 II》的標準方法下的信用風險費用一致。

附錄 2

國際清算銀行對不同債券的總體市場風險權數

票面利率在 3% 以上	票面利率在 3% 以下	總體市場風險權數（%）
期限段 1		
小於 1 個月	小於 1 個月	0.00
1～3 月	1～3 月	0.20
3～6 月	3～6 月	0.40
6～12 月	6～12 月	0.70
期限段 2		
1～2 年	1.0～1.9 年	1.25
2～3 年	1.9～2.8 年	1.75
3～4 年	2.8～3.6 年	2.25
期限段 3		
4～5 年	3.6～4.3 年	2.75
5～7 年	4.3～5.7 年	3.25
7～10 年	5.7～7.3 年	3.75
10～15 年	7.3～9.3 年	4.50
16～20 年	9.3～10.6 年	5.25
20 年以上	10.6～12 年	6.00
	12 年～20 年	8.00
	20 年以上	12.50

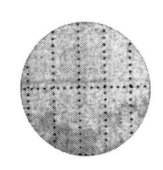

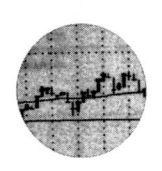

第十二章　操作風險和管理

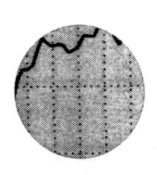

國際銀行業監管的理論與實踐通常將銀行風險分為市場風險、信用風險和操作風險三類，《巴塞爾協議Ⅱ》將操作風險納入風險資本的計算和監管框架。操作風險是銀行面臨的最古老的一種風險，然而對操作風險的界定和管理卻是在《巴塞爾協議Ⅱ》規定以後才引起重視的。如何識別、測定和管理操作風險現已成為金融機構日常管理的一個重要組成部分。隨著中國商業銀行股份制改革的完成，對操作風險的監控也將成為商業銀行的一項日常事務。本章第一、二節將介紹《巴塞爾協議Ⅱ》對操作風險的界定、分類及對其特點的描述等；第三、四節將介紹《巴塞爾協議Ⅱ》提出的對操作風險計量的四種基本方法——基本指標法、標準法、替代標準法及高級計量法以及中國對操作風險的計量規定和監管要求。

第一節　操作風險概述

一、操作風險的界定

操作風險是銀行與生俱來的古老風險，近年來操作風險的管理逐漸受到各國商業銀行的重視，《巴塞爾協議Ⅱ》也把其納入到風險資本管理的範疇。然而，對於操作風險的定義在業內並沒有達成共識。目前，國際上關於操作風險的界定可以歸納為以下三種觀點：

（1）廣義的操作風險是指除市場風險和信用風險以外的所有風險。這種定義過於籠統，無法計量。

（2）狹義的操作風險是指只與金融機構中運營部門相關的風險才是操作風險，即由於控製、系統及運營過程中的錯誤或疏忽而可能導致潛在損失的風險。最狹義的定義是將操作風險定義為與操作部門相關的風險，或稱作操作性風險。

（3）《巴塞爾協議Ⅱ》（2004年）的定義是指由於不完善或有問題的內部程序、人員及系統或外部事件所造成損失的風險。這一定義包括法律風險，但不包括策略風險和聲譽風險。這是因為，法律風險是由於銀行在經營活動中對所涉及的法律問題處理不當或由於外部法律環境的變化而導致銀行遭受損失的風險。銀行的法律活動是銀行為完成經營任務而採取的手段之一，基本上是操作性質的活動。而策略風險和聲譽風險則是由於銀行董事會對銀行的重大發展方向和目標的決策失誤而導致銀行損失的風險，這是決策性質的風險而不是操作風險。而且，從為風險配置

資本的角度講，對策略風險和聲譽風險進行測定並配置資本幾乎是不可能做到的。

《巴塞爾協議Ⅱ》的定義是介於廣義與狹義之間的操作風險的定義，這種定義以狹義的操作風險界定為基礎並對其所涵蓋的風險內容進行擴展，尋求內涵的完備性與計量管理之間的平衡。

二、操作風險的分類

巴塞爾委員會按照導致操作風險發生的事件因素，將操作風險分為七類，參見表12.1。

表12.1　　　　　　　　　操作風險損失事件分類詳表

事件類型 (1級目錄)	定義	2級目錄	業務舉例（3級目錄）
內部欺詐	故意騙取、盜用財產或違反監管規章、法律或公司政策導致的損失，此類事件至少涉及內部一方，但不包括性別/種族歧視事件	未經授權的活動	交易不報告（故意） 交易品種未經授權（存在資金損失） 頭寸計價錯誤（故意）
		盜竊和欺詐	欺詐/信貸欺詐/假存款 盜竊/勒索/挪用公款/搶劫 盜用資產 惡意損毀資產 偽造 多戶頭支票欺詐 走私 竊取帳戶資金/假冒開戶人，等等 違規納稅/逃稅（故意） 賄賂/回扣 內幕交易（不用企業的帳戶）
外部欺詐	第三方故意騙取、盜用財產或逃避法律導致的損失	盜竊和欺詐	盜竊/搶劫 偽造 多戶頭支票欺詐
		系統安全性	黑客攻擊損失 盜竊訊息（存在資金損失）
就業政策和工作場所安全性	違反就業、健康或安全方面的法律或協議，個人工傷賠付或者因性別/種族歧視事件導致的損失	勞資關係	薪酬，福利，雇傭合同終止後的安排 有組織的勞工行動
		安全性環境	一般責任（滑倒和墜落，等等） 違反員工健康及安全規定事件 工人的勞保開支
		性別及種族歧視事件	所有涉及歧視的事件

表 12.1（續）

事件類型 (1級目錄)	定義	2級目錄	業務舉例（3級目錄）
客戶、產品及業務操作	因疏忽未對特定客戶履行份內義務（如信託責任和適當性要求）或產品性質或設計缺陷導致的損失	適當性、披露和信託責任	違背信託責任/違反規章制度 適當性/披露問題(瞭解你的客戶等) 違規披露零售客戶訊息 洩露私密 冒險銷售 為多收手續費反覆操作客戶帳戶 保密訊息使用不當 貸款人責任（Lender Liability）
		不良的業務或市場行為	反壟斷 不良交易/市場行為 操縱市場 內幕交易（不用企業的帳戶） 未經當局批准的業務活動 洗錢
		產品瑕疵	產品缺陷（未經授權等） 模型誤差
		客戶選擇、業務提起和風險暴露	未按規定審查客戶 超過客戶的風險限額
		諮詢業務	諮詢業務產生的糾紛
實體資產損壞	實體資產因自然災害或其他事件丟失或毀壞導致的損失	災害和其他事件	自然災害損失 外部原因（恐怖襲擊、故意破壞）造成的人員傷亡
業務中斷和系統失敗	業務中斷或系統失敗導致的損失	系統	軟體 硬體 電信 動力輸送損耗/中斷
執行、交割及流程管理	交易處理或流程管理失敗和因交易對手方及外部銷售商關係導致的損失	交易認定、執行和維持	錯誤傳達訊息 數據錄入、維護或登載錯誤 超過最後期限或未履行義務 模型/系統誤操作 會計錯誤/交易方認定記錄錯誤 其他任務履行失誤 交割失敗 擔保品管理失敗 交易相關數據維護
		監控和報告	未履行強制報告職責 外部報告失準（導致損失）
		招攬客戶和文件記錄	客戶許可/免則聲明缺失 法律文件缺失/不完備

第十二章 操作風險和管理

表 12.1（續）

事件類型 (1級目錄)	定義	2級目錄	業務舉例（3級目錄）
		個人/企業客戶帳戶管理	未經批准登錄帳戶 客戶記錄錯誤（導致損失） (客戶資產因疏忽導致的損失或毀壞)
		交易對手方	非客戶對手方的失誤 與非客戶對手方的糾紛
		外部銷售商和供應商	外包 與外部銷售商的糾紛

資料來源：《巴塞爾協議 II》（徵求意見稿第三稿）中文版。

巴塞爾委員會選擇按操作風險損失事件進行分類，主要是從商業銀行監管的角度出發，以風險計量和資本配置為目標，使得分類結果與歷史數據相互對應，在實務操作中便於數據的獲取和操作風險的計量。

三、操作風險的特點

（1）操作風險大都為內生性風險，具有不易計量性。除自然災害以及外部衝擊等一些不可預測的事件外，大部分的操作風險是一種內生性風險，而且單個操作風險因素與操作性損失之間並不存在清晰的、可以用數量界定的關係。只要銀行業務沒有中斷，操作風險將永遠存在，並成為銀行業務經營中的重要組成部分，銀行只能對操作風險進行管理，而不能消除操作風險。

（2）操作風險與預期收益之間具有弱相關性。操作風險是一種純粹的風險，承擔這種風險不能帶來任何收入，而信用風險和市場風險卻存在風險與報酬的一一對應關係，風險越大，可能獲得的收益也越大。

（3）覆蓋面廣。從廣義上講，操作風險實際上覆蓋了商業銀行在經營方面除信用風險、市場風險與決策風險之外的所有風險。從業務流程上看，操作風險包括後臺業務、中間業務，也包括前臺業務和面對客戶的服務；從業務種類上看，操作風險不僅涉及系統、模型、信息傳遞等管理技術問題，也包括憑證填報、實物傳送等實際操作問題；從風險的嚴重性看，工作疏忽等小問題與惡意欺詐等犯罪行為都屬於操作風險的範疇。所以，操作風險幾乎存在於商業銀行日常業務經營管理的每一個方面。

（4）較強的人為性。操作風險主要來自於商業銀行的日常營運，因此，人為因

素對於操作風險的形成有著重要影響。只要是與人員相關的業務，都存在著操作風險。如果說市場風險來自金融市場上金融產品價格的波動，信用風險來自於借款人的違約，那麼大多數的操作風險則來自於銀行內部的人為失誤。

四、操作風險與信用風險和市場風險的比較

操作風險與信用風險、市場風險在表現形式上相互交織，但是三者在產生機制和管理模式上差異較大。單個的操作風險因素與操作風險損失之間沒有清晰明確的數量關係。因為在銀行的業務鏈中，任何一個環節出現操作失誤，都有可能通過業務鏈的傳遞而被層層放大。

（1）操作風險與信用風險。信用風險是指商業銀行的交易對手違約的潛在可能性。商業銀行長期實踐經驗表明，信貸風險是最大的，最明顯的信用風險。在中國，商業銀行風險管理一直以信用風險管理為核心。無論對方違約是什麼原因，交易時銀行是否已經進行資信審查，都籠統歸入了信用風險中。可是對信用風險管理的過程本來就屬於操作風險的範疇，換句話說，商業銀行很難區分客戶不能償還貸款是由於信用風險導致的，還是由於信貸人員沒有履行審查程序而產生的。

表 12.2　　　　　　　　操作風險與市場風險、信用風險的區別表

	操作風險	市場風險	信用風險
風險類型	內部操作風險	利率風險	違約風險
	人的風險	匯率風險	集中決策風險
	體制風險	股東權益風險	信用惡化風險
	外部事件風險	存貨風險	授信風險
風險因素	內部欺詐	基本點價值及其時間波動曲線	信用狀況變動矩陣
	外部欺詐		
	就業政策和工作場所安全性		
	客戶、產品及業務操作		違約率
	實體資產損失		
	業務中斷和系統失敗		違約損失率
	執行、交割及流程管理		

（2）操作風險與市場風險。市場風險是指由於市場價格波動而導致銀行可交易產品頭寸遭受損失的風險。操作風險和市場風險有高度的相關性。銀行利用複雜的金融模型對金融資產進行定價時，模型缺陷或選取參數的偏差將會導致運算結果失

真。若以此結果為依據管理市場風險，未必達到理想的效果，甚至有可能演變成以市場風險形式表現出來的操作風險。表 12.2 對操作風險、市場風險和信用風險之間的區別進行了總結。

從表 12.2 可以看出，操作風險與信用風險和市場風險相互交織而又有區別，這就導致了操作風險在測定和管理上的困難。所以，如何測定操作風險並將其納入整個銀行體系的風險管理，是每家銀行所面臨的難題。

第二節　《巴塞爾協議Ⅱ》對操作風險管理的建議

2004 年 6 月，巴塞爾委員會正式發布了歷經六年時間制定的《巴塞爾協議Ⅱ》，並於 2006 年年底在十國集團實施。從 1975 年 9 月巴塞爾委員會的成立到 2004 年 6 月正式發布的《巴塞爾協議Ⅱ》，再到 2006 年年底《巴塞爾協議Ⅱ》的正式實施的 30 年歷程中，《巴塞爾協議》的思想在實踐中不斷得到完善，逐漸成為銀行業監管的國際規則。《巴塞爾協議Ⅱ》提出的「以全面的方法管理操作風險」的理念，表明了國際銀行業監管機構開始將操作風險提升到和市場風險及信用風險同樣重要的高度來加以控製和監督。

一、《巴塞爾協議》與巴塞爾委員會

1974 年，聯邦德國赫爾斯塔銀行和美國富蘭克林國民銀行相繼倒閉，令整個國際金融界非常震驚。監管機構在驚愕之餘開始全面審視擁有廣泛國際業務的商業銀行的監管問題。1974 年，在國際清算銀行的發起下，來自美國、英國、法國、德國、義大利、日本、荷蘭、比利時、加拿大和瑞典 10 國的中央銀行代表於巴塞爾開會討論跨國銀行的國際監管問題。1975 年，成立了常設監督機構，即巴塞爾委員會。

1975 年，一些大型銀行的海外分行由於管理不嚴和監管疏忽，不斷引發金融混亂。在此背景下，巴塞爾委員會頒布了《對外國銀行機構監管的原則》。其主要內容是按股權原則確定分行、多數股附屬銀行、少數股附屬銀行以及監管銀行的流動性、清償性、外匯活動和頭寸等。

20 世紀 80 年代的拉美債務危機對西方商業銀行產生了巨大衝擊。為此，1988 年巴塞爾會議通過了具有里程碑意義的《統一國際銀行資本衡量和資本標準的國際協議》，即《巴塞爾協議Ⅰ》。它針對國際化程度較高的銀行提出了最低資本充足

率的要求，即包括資本的定義、風險資產的計算及8%的最低資本充足率要求等三個方面的內容。

1988年《巴塞爾協議Ⅰ》的目標是設定一個公平的銀行監管環境，確保全球銀行業的資本額維持在一個適當的水平。隨後，該協議逐漸成為銀行業資本監管的一個全球性標準。但是隨著全球資本市場不斷發生變化，尤其是衍生工具的快速增長，原有的協議內容已經經歷了多次修訂。

20世紀90年代後期，亞洲金融危機的爆發使金融監管當局和國際銀行業感到有必要重新制定新的國際金融監管標準。2004年6月，巴塞爾委員會推出了《巴塞爾協議Ⅱ》，並於2006年12月正式在10國集團實施。《巴塞爾協議Ⅱ》全面修訂和補充了《巴塞爾協議Ⅰ》的資本充足衡量標準和風險資本要求，引進了新穎的資產評級和風險測度方法，是對跨國銀行資本充足性監管規則一次根本性的改革。

二、《巴塞爾協議Ⅱ》對操作風險的定義與解釋

2001年《巴塞爾協議Ⅱ》的初稿沿用了英國銀行家協會（BBA）在1997年對操作風險的界定，即「由於內部程序、人員、系統的不完善或失誤造成直接或間接損失的風險」。2004年《巴塞爾協議Ⅱ》最終稿將操作風險定義為：「由於不完善或有問題的內部程序、人員及系統或外部事件所造成損失的風險。」出於使操作風險資本費用最小化的目的，這一界定包含了法律風險，但策略風險和聲譽風險並不包含其中。《巴塞爾協議Ⅱ》對操作風險的定義具有以下特點：

（1）定義以操作風險形成的不同原因為基礎。與市場風險和信用風險都具有某種共性不同，操作風險的異質性使得很難形成對它的一致的定義。所以，操作風險定義包含了人員、程序和技術三方面的內部因素和外部事件。

人員：由當前或過去雇員故意違反內部政策而導致的損失，未授權的操作行為導致的損失以及對關鍵員工的過度依賴可能導致的直接和間接損失。

程序：由於現存程序的缺陷或缺乏而招致的損失。這種損失可能源於人們對當前程序錯誤的領悟。與程序相關的損失是非故意的。

技術：由於現存系統或技術的故障引起的損失，這種損失是非故意的。如果與技術相關的故意損失發生，那麼它們將被歸入人員或外部損失類。實際上，「技術」要比定義中的「系統」更寬泛更準確，因為技術包含IT的基礎結構和應用以及通信設備等。

外部事件：源於自然或人為暴力的損失，或直接源於第三方的行為而引起的損

失。外部事件包括：自然災害、恐怖襲擊、外部法律問題、外部供給者和業務外包等。

然而，實際上操作風險源自哪裡是很難分割的，例如人力資源的質量可能是根本原因而非直接原因；交易程序或管理程序的不完善都可能是未授權交易發生的原因。而且，大多數操作失敗的重大案例是許多操作領域同時失敗的結果。

（2）操作風險的定義明確指出包括法律風險，但不包括策略風險和聲譽風險。將後兩種風險從操作風險範圍中排除的根本理由，主要是從確定所遭受經濟損失的困難和監管成本最小化兩方面考慮。這也反應了操作風險可能導致的間接損失不容易量化的事實，所以，《巴塞爾協議Ⅱ》最後在操作風險的界定中取消了「直接或間接損失」的描述。

然而，實際上策略風險和聲譽風險很難從操作風險中分割出來。其中特別是聲譽風險，它通常是操作風險導致的間接損失的一部分。因為聲譽風險包括源自交易採用的程序失敗而導致的機構聲譽或業務特許權損壞的損失。而且，除了金融損失對公司的直接影響外，操作損失事件可能通過聲譽風險間接影響公司。公司的欺詐行為或不適當業務行為的披露，可能會通過消費者、持股人以及合夥人而影響公司的聲譽。

（3）操作風險的定義體現了操作風險的內生性和環境依賴性特點。正是因為操作風險的內生性決定了操作風險通常是隱性事件，而且它常常與信用風險或市場風險聯繫在一起。例如，巴林銀行源於欺詐交易員的損失而倒閉。雖然一名交易員的欺詐通常被認為是操作風險，但最終的失敗卻是由於市場低迷導致欺詐交易員帳戶損失了巨額資金，即市場風險。實際上，交易員的欺詐是巴林銀行倒閉的根本源由，而市場環境變化又是倒閉不可或缺的催化劑。因而，這既說明了操作風險的內生性和決定性，也說明了操作風險具有環境依賴性。

但是，這個定義仍然沒有明確操作風險最根本的風險源——人。實踐中的程序和系統更多是通過雇員才具有生命力的，所以內部操作通常就是員工的作為或不作為。而高級管理層的管理方法和態度，如內部控製和「激勵機制」等制度，能夠直接或間接的影響員工的工作態度，對員工的作為或不作為施加影響，進而影響銀行的操作風險管理能力。由此，操作風險的定義側重於操作風險的產生原因。

三、《巴塞爾協議Ⅱ》有關操作風險的規定

《巴塞爾協議Ⅱ》確定了銀行業風險管理的三大支柱：監管資本最低要求（即

資本充足率）、監管部門的監督檢查和市場紀律。

1. 第一支柱是指《巴塞爾協議Ⅱ》中的最低資本要求

巴塞爾委員會給出三種複雜性和風險敏感度漸次加強的方法來計算操作風險資本：基本指標法、標準化法和高級計量法。基本指標法按照操作風險暴露的一定比例（如總收入的15%）來提取覆蓋操作風險所需資本金的大小。標準化法將資本金的計提建立在總收入的基礎上，根據不同業務線的相對風險，確定相應的百分比，將不同的指標運用於不同的業務線，提高了對風險的敏感性。高級計量法採用一系列可靠方法來測量較常出現的、用單一方法無法界定的操作風險，其目的是為銀行提供評估自身操作風險的框架。

2. 第二支柱是指監管當局的監督檢查

監管當局的監督檢查是最低資本要求和市場紀律的重要補充。《巴塞爾協議Ⅱ》認為，對於操作風險的管理應比照其他重大銀行業風險的管理嚴格進行。如未能對操作風險實施適當的管理，可能導致對一個銀行資產組合的錯誤描述，並可能造成銀行的重大損失。為了促使銀行的資本狀況與總體風險相匹配，監管當局可以採用現場檢查、非現場稽核及與銀行管理部門座談等方法審核銀行的資本充足狀況。

3. 第三支柱是指市場紀律

市場紀律要求將操作風險及化解措施和損失狀況公之於眾。關於操作風險，銀行必須披露的內容有：操作風險管理的策略和過程；風險管理的結構與組織；風險報告或者風險測量系統的範圍和內涵；對沖或化解風險的政策；檢測對沖或化解風險的方式和過程；銀行還應披露使用的計算規範資本的方法以及計提的操作風險資本金。

第三節　操作風險管理的度量方法

一、目前對操作風險度量的主要方法

關於操作風險的度量方法，巴塞爾委員會在《巴塞爾協議Ⅱ》中提供了一套由簡單到複雜的方法來量化操作風險，它包括四種計算其資本金的方法：基本指標法、標準法、替代標準法和高級計量法。

1. 基本指標法

基本指標法是巴塞爾委員會所確定的用於初始階段度量操作風險的方法。它不區分商業銀行的經營範圍與業務類型，而是把操作風險的資本要求同代表銀行總體

風險的總收入聯繫在一起，統一使用一個風險指標。採用基本指標法的銀行所持有的操作風險資本等於前三年中各年正的總收入乘上一個固定比例（用 α 表示）並加總後的平均值。如果某年的總收入為零或負值，在計算平均值時，就不應在分子和分母中包含這項數據。① 資本計算公式如下：

$$K_{BIA} = [\sum (GI_{1...n}) \times \alpha]/n$$

式中：

K_{BIA} = 基本指標法要求的資本；

GI = 前三年中各年為正的總收入；

n = 前三年中總收入為正數的年數；

α = 15%，由巴塞爾委員會設定，將行業範圍的監管資本要求與行業範圍的指標聯繫起來。

其中，總收入定義為：淨利息收入加上非利息收入。② 這種計算方法旨在：①反映所有準備（例如，未付利息的準備）的總額；③ ②不包括銀行帳戶上出售證券的現實盈利（或損失）；④ ③不包括特殊項目和保險收入。

由於基本指標法是計算操作風險資本要求最簡單的方法，《巴塞爾協議Ⅱ》中未對銀行採用該方法提出具體要求。但是，巴塞爾委員會鼓勵採用此法的銀行遵循委員會於 2003 年 2 月發布的《操作風險管理和監管的穩健實踐》指引。

2. 標準法

標準法是基本指標法的一種改進方法。它的基本思路是根據巴塞爾委員會所提出的八個業務線，將銀行的業務分解為眾多的業務單位和經營類別，將操作風險按照不同的業務類別分別計算。每一業務的操作風險等於各類別業務的總收入乘以一個該業務類別適用的系數（用 β 值表示）。β 值代表行業在特定產品線的操作風險損失經驗值與該產品線總收入之間的關係。表 12.3 列出了八個業務線的具體劃分情況。

---

① 如果總收入為負值，扭曲了銀行按第一支柱提取的資本，監管當局將根據第二支柱的要求採取適當的監管措施。

② 以各國的監管當局和各國會計規定為準。

③ 與支付服務外包費不同，銀行收取的外包服務費應加入總收入。

④ 收入定義中也不包括「持有至到期日」和「可供出售」證券實現的盈利（損失），這兩個科目一般是銀行帳戶的科目（例如根據有關會計標準）。

表 12.3　　　　　　　　　　　業務部門業務線表

1 級目錄	2 級目錄	業務群組
公司金融	公司金融	兼併與收購、承銷、私有化、證券化、研究、債務（政府、高收益）、股本、銀團、首次公開發行上市、配股
	市政/政府金融	
	商人銀行	
	諮詢服務	
交易與銷售	銷售	固定收入、股權、外匯、商品、信貸、融資、自營證券頭寸、貸款和回購、經紀、債務、經紀人業務
	做市	
	自營頭寸	
	資金業務	
零售銀行業務	零售銀行業務	零售貸款和存款、銀行服務、信託和不動產
	私人銀行業務	私人貸款和存款、銀行服務、信託和不動產、投資諮詢
	銀行卡業務	商戶/商業/公司卡，零售店品牌（private labels）和零售業務
商業銀行業務	商業銀行業務	項目融資、不動產、出口融資、貿易融資、保理、租賃、貸款、擔保、匯票
支付和結算	外部客戶	支付和托收、資金轉帳、清算和結算
代理服務	託管	第三方帳戶託管、存托憑證、證券貸出（消費者）、公司行為（Corporate actions）
	公司代理	發行和支付代理
	公司信託	
資產管理	可支配基金管理	集合、分散、零售、機構、封閉式、開放式、私募基金
	非可支配基金管理	集合、分散、零售、機構、封閉式、開放式
零售經紀	零售經紀業務	執行指令等全套服務

資料來源：《巴塞爾協議Ⅱ》（徵求意見稿第三稿）中文版。

總資本要求等於每個產品線監管資本按年簡單加總後取三年的平均值。在任何一年，任何產品線負的資本要求（由負的總收入所造成）在不加限制的情況下，可用以抵消其他產品線正的資本要求。但如果給定年份，按產品線加總的資本要求為負值，則當年分子項為零。總資本要求如下所示：

$$K_{TSA} = \left\{ \sum_{year1-3} \max\left[\sum (GI_{1-8} \times \beta_{1-8}), 0 \right] \right\} / 3$$

式中：

K_{TSA} = 用標準法計算的資本要求；

GI_{1-8}＝按基本指標法的定義，8個產品線中各產品線當年的總收入；①

β_{1-8}＝由委員會設定的固定百分數，建立8個產品線中各產品線的總收入與資本要求之間的聯繫，各業務線β值參見表12.4。

表12.4　　　　　　　　　不同業務線的操作風險資本要求系數表

業務線	指標	β值（%）
公司金融	公司金融總收入	18
交易與銷售	交易和銷售總收入	18
零售銀行業務	零售銀行總收入	12
商業銀行業務	商業銀行總收入	15
支付和清算	支付和清算總收入	18
代理服務	代理服務總收入	15
資產管理	資產管理總收入	12
零售經紀	零售經紀總收入	12

資料來源：《巴塞爾協議Ⅱ》（徵求意見稿第三稿）中文版。

不同於基本指標法，標準法並非對任何銀行適用，只有滿足一定的標準時，銀行才被允許使用。這些標準包括：

（1）一般標準，它們是銀行實施標準法的最低資格要求。

①銀行的董事會和高級管理層適當積極參與操作風險管理框架的管理；

②銀行的風險管理系統概念穩健，執行正確有效；

③有充足的資源支持在主要產品線上和控製及審計領域採用該方法。

---

① 銀行對應總收入時可能採用的方法舉例：

零售銀行業務的總收入包括對零售客戶和按零售客戶對待的中小企業放貸和墊款產生的淨利息收入，再加上傳統零售業務收費、用於零售銀行帳戶保值的互換和衍生產品淨收入、收購的零售客戶應收帳款產生的收入。在計算零售銀行業務的淨利息收入時，銀行把貸款和墊款利息收入減去貸款資金的加權平均成本（任何資金來源——無論零售存款還是其他存款）。

與此類似，商業銀行業務的總收入包括向公司（及按公司對待的中小企業）、銀行同業、主權客戶放貸和墊款產生的淨利息收入和收購的公司應收帳款產生的收入，再加上傳統商業銀行業務的收費（包括承諾、擔保、匯票），銀行帳戶持有證券的收入，擁有商業銀行業務帳戶保值的互換和衍生產品損益。同理，淨利息收入等於向公司、銀行同業和主權客戶放貸和墊款產生的利息收入減去貸款資金加權平均成本（任何資金來源）。

交易和銷售業務——總收入等於因交易而持有的工具的損益（在按市場價格計價的帳戶下），減去資金成本，加上批發經紀業務的收費。

其他5個產品線——總收入主要包括各類產品線的淨收費/佣金收入。支付和結算收入包括為批發業務對手方提供支付/結算服務的收費。資產管理收入是為他人管理資產的收入。

總收入中不應忽略營運開支。

（2）鑒於一些國際活躍銀行希望採用標準法，而具備足夠的操作風險管理系統尤為重要。因此，國際活躍銀行採用標準法必須符合如下標準：

①銀行的操作風險管理系統必須對操作風險管理功能進行明確的職責界定。操作風險管理功能用於開發出識別、監測、控製/緩釋操作風險的策略；制定銀行全行的操作風險管理和控製政策和程序；設計並實施銀行的操作風險評估方法；設計並實施操作風險報告系統。

②作為銀行內部操作風險評估系統的一部分，銀行必須系統地跟蹤與操作風險相關的數據，包括各產品線發生的巨額損失。必須將操作風險評估系統整合入銀行的風險管理流程。評估結果必須成為銀行操作風險狀況監測和控製流程的有機組成部分。例如，該信息必須在風險報告、管理報告和風險分析中發揮重要作用。銀行必須在全行範圍採取激勵手段鼓勵改進操作風險管理。

③必須定期向業務管理層、高級管理層和董事會報告操作風險暴露情況，包括重大操作損失。銀行必須制定流程，規定如何針對管理報告中反應的信息採取適當行動。

④銀行的操作風險管理系統必須文件齊備。銀行必須有日常程序確保符合操作風險管理系統內部政策、控製和流程等文件的規定，且應規定如何對不符合規定的情況進行處理。

⑤銀行的操作風險管理流程和評估系統必須接受驗證和定期獨立審查。這些審查必須涵蓋業務部門的活動和操作風險管理崗位的情況。

⑥銀行操作風險評估系統（包括內部驗證程序）必須接受外部審計師/或監管當局的定期審查。

3. 替代標準法

《巴塞爾協議Ⅱ》在提出標準法的同時，還指出當各國監管當局認為銀行使用替代標準法會對操作風險的測定有所改善時，就可允許銀行選用替代標準法（ASA）。

除零售銀行業務和商業銀行業務這兩類業務外，用替代標準法計算操作風險資本的方法與上述標準法相同。對於這兩類業務，用貸款和墊款乘以一個固定系數「m」代替總收入作為風險指標。零售銀行業務和商業銀行業務的 β 值也與上述標準法一樣。在替代標準法下計算零售銀行業務（商業銀行業務的基本計算公式相同）的操作風險資本公式為：

$K_{RB} = \beta_{RB} \times m \times LA_{RB}$

式中：

K_{RB} = 零售銀行業務的資本；

β_{RB} = 零售銀行業務的 β 值；

LA_{RB} = 零售貸款和墊款之和的前三年年均餘額（未進行風險加權，準備之和）；

m 等於 0.035。

在使用替代標準法時，零售銀行業務的貸款和墊款總額數從以下信貸業務組合中提取：零售業務、按零售業務處理的中小企業貸款和購入的零售應收帳款。商業銀行業務的貸款和墊款總額則從以下信貸業務組合中提取：公司貸款、主權貸款、向銀行貸款、專業貸款、按公司貸款處理的中小企業貸款和購入的公司應收帳款。銀行帳戶上持有的證券帳面價值也應當包括在內。

根據替代標準法，銀行（如果願意的話）可以將零售銀行業務和商業銀行業務的總收入加總，並令其對應的 β 值等於 15%。另外，當銀行無法將總收入歸入其他六類業務時，可以將除零售銀行業務和商業銀行業務以外的總收入加總，並令其對應的 β 值等於 18%。

與標準法一樣，替代標準法將 8 個產品線的資本要求簡單加總得出資本總額。

4. 高級計量法

高級計量法對風險的敏感性進一步加強，巴塞爾委員會對實施高級計量法提出了具體標準，包括資格要求、定性標準、定量標準、內部數據要求、外部數據要求、業務經營環境和內部控製因素等。在現階段，各資本的計提方法尚未採用，主要是因為各商業銀行關於損失數據容量有限，而且巴塞爾委員會要求運用高級計量法計提資本的底線是利用標準法所計提資本的 75%。關於高級計量法，《巴塞爾協議Ⅱ》並沒有提出具體方法，但思路是明確的：建立計量模型，力求估計操作風險在一定時間段（通常是一年）內的概率分佈。所以，雖然高級計量法沒有標準性的做法，但巴塞爾委員會的指導性意見為商業銀行創造了極大的發揮空間。各商業銀行可以根據自身經營結構和風險管理水平，開發自己的操作風險計量方法。目前採用或研發的計量方法有：內部衡量法、損失分佈法、極值理論法、記分卡法等。關於上述高級計量法的具體應用可參見其他有關著作（如劉明彥 2008 年所著的《商業銀行操作風險管理》一書）。

《巴塞爾協議Ⅱ》對於銀行運用高級衡量法有嚴格的標準要求，除滿足標準法的一般規定外還必須滿足定性標準和定量標準，具體標準如下：

（1）定性標準

①銀行必須具備獨立的操作風險管理崗位，用於設計和實施銀行的操作風險管理框架。操作風險管理功能用於制定銀行一級的操作風險管理和控製政策和程序；設計並實施銀行的操作風險計量方法；設計並實施操作風險報告系統；開發識別、計量、監測、控製/緩釋操作風險的策略。

②銀行必須將操作風險評估系統整合入銀行的日常風險管理流程。評估結果必須成為銀行操作風險輪廓監測和控製流程的有機組成部分。例如，這類信息必須在風險報告、管理報告、內部資本分配和風險分析中發揮重要作用。銀行必須在全行範圍具備對主要產品線分配操作風險資本的技術，並採取激勵手段鼓勵改進操作風險管理。

③必須定期向業務管理層、高級管理層和董事會報告操作風險暴露和損失情況。銀行必須制定流程，規定如何針對管理報告中反應的信息採取適當行動。

④銀行的風險管理系統必須文件齊備。銀行必須有日常程序確保符合操作風險管理系統內部政策、控製和流程等文件的規定，且應規定如何對不符合規定的情況進行處理。

⑤銀行的操作風險管理流程和計量系統必須定期接受內部和/或外部審計師的審查。這些審查必須涵蓋業務部門的活動和操作風險管理崗位情況。

⑥外部審計師和/或監管當局對銀行操作風險計量系統的驗證必須包括如下內容：核實內部驗證程序運轉正常；確保風險計量系統的數據流和流程透明且使用方便。

（2）定量標準

鑒於操作風險計量方法處於不斷演進之中，巴塞爾委員會並未規定用於操作風險計量和計算監管資本所需的具體方法和統計分佈假設。但銀行必須表明所採用的方法考慮到了潛在較嚴重的概率分佈「尾部」損失事件。無論採用哪種方法，銀行必須表明，操作風險計量方式符合與信用風險 IRB 法相當的穩健標準（例如，相當於 IRB 法，持有期 1 年，99.9% 的置信區間）。

高級計量法穩健標準賦予銀行在開發操作風險計量和管理方面很大的靈活性。但銀行在開發系統的過程中，必須有操作風險模型開發和模型獨立驗證的嚴格程序。

銀行採用高級衡量法的具體定量標準如下：

①任何操作風險內部計量系統必須與委員會所規定的操作風險範圍（即操作風

險的定義）和新資本協議規定的損失事件類型一致。

②監管當局要求銀行通過加總預期損失（EL）和非預期損失（UL）得出監管資本要求，除非銀行表明在內部業務實踐中能足以準確計算出預期損失，即，若要只基於非預期損失得出最低監管資本，銀行必須說服向所在國監管當局自己已計算並包括了預期損失。

③銀行的風險計量系統必須足夠「分散」，以將影響損失估計分佈尾部形態的主要操作風險因素考慮在內。

④在計算最低監管資本要求時，應將不同操作風險估計的計量結果加總。只要銀行表明其系統能在估計各項操作風險損失之間相關係數方面計算準確、實施合理有效、考慮到了此類相關性估計的不確定性（尤其是在壓力情形出現時），且高度可信，並符合監管當局要求，監管當局就允許銀行在計算操作風險損失時，使用內部確定的相關係數。銀行必須驗證其相關性假設。

⑤任何風險計量系統必須具備某些關鍵要素，以滿足協議規定的監管當局的穩健標準。這些要素包括內部數據的使用、相關的外部數據、情景分析和反應銀行經營環境和內部控制系統情況的其他因素。銀行需要在總體操作風險計量系統中擁有一個可信、透明、文件齊備且可驗證的流程，以確定各基本要素的相關重要程度。該方法應在內部保持一致並避免對定性評估或風險緩釋工具的重複計算。

第四節　中國對操作風險的計量監管要求

為了規範商業銀行操作風險監管資本的計量，2007年5月中國銀行業監督管理委員會頒布了《商業銀行操作風險監管資本計量指引》（以下簡稱《指引》）。其中就操作風險的定義、計量方法以及採用各方法所需滿足的條件做出了明確規定。

《指引》將操作風險定義為：操作風險是指由不完善或有問題的內部程序、員工、信息科技系統以及外部事件所造成損失的風險。這一定義所指操作風險包括法律風險，但不包括策略風險和聲譽風險。同時，《指引》規定商業銀行應選擇下列方法之一計量操作風險監管資本：標準法、替代標準法、高級計量法。在該《指引》中並未提及《巴塞爾協議Ⅱ》中所列示的基本指標法。

一、標準法

商業銀行在使用標準法計量操作風險監管資本時應滿足《指引》規定的條件，

經中國銀行業監督管理委員會批准後才可以實施。未經銀監會批准，商業銀行不得變更操作風險監管資本計量方法。商業銀行使用標準法應符合如下具體條件：

（1）商業銀行董事會應承擔監控操作風險管理有效性的最終責任，高級管理層應負責執行董事會批准的操作風險管理策略、總體政策及體系。

（2）商業銀行應建立與本行的業務性質、規模和產品複雜程度相適應的操作風險管理系統。該管理系統應能夠記錄和存儲與操作風險損失相關的數據和操作風險事件信息，能夠支持操作風險及控製措施的自我評估和對關鍵風險指標的監測，能夠幫助商業銀行有效地識別、評估、監測、控製、緩釋操作風險。該管理系統應配備完整的制度文件，規定對未遵守制度的情況進行合理的處置和補救。

（3）商業銀行應系統性地收集、整理、跟蹤和分析操作風險相關數據，包括業務條線的操作風險損失金額和損失頻率，定期根據損失數據進行風險評估，並將評估結果納入操作風險監測和控製。商業銀行負責操作風險管理的部門應定期向高級管理層和董事會提交全行的操作風險管理報告，報告中應包括操作風險及控製措施的評估結果、關鍵風險指標、主要操作風險事件、已確認或潛在的重大操作風險損失等信息，並對報告中反應的信息採取有效舉措。

（4）商業銀行應建立清晰的操作風險內部報告路線。

（5）商業銀行應投入充足的人力和物力支持在業務條線實施操作風險管理，並確保內部控製和內部審計的有效性。

（6）商業銀行的操作風險管理系統和流程應接受驗證和審查，驗證和審查應覆蓋業務條線和全行的操作風險管理。

（7）商業銀行的操作風險管理系統及其驗證情況應接受銀監會的監督檢查。

商業銀行在滿足以上規定條件後，才可使用標準法計量操作風險監管資本，其計量的監管資本等於前三年監管資本的算術平均數。

前三年中每年的操作風險監管資本等於當年以下業務條線監管資本的總和：公司金融、交易和銷售、零售銀行、商業銀行、支付和清算、代理服務、資產管理、零售經紀、其他業務條線，詳細業務條線參見表12.5。若以上各業務條線監管資本相加為負數的，當年的操作風險監管資本用零表示。

每年各業務條線的監管資本等於當年該業務條線的總收入與該業務條線對應 β 系數的乘積，業務條線對應 β 系數參見表12.6。其中業務條線的總收入等於該業務條線的淨利息收入與淨非利息收入之和。

表 12.5　　　　　　　　　　　業務條線歸類目錄表

1級目錄	2級目錄	業務種類示例
公司金融	公司和機構金融	併購重組服務、包銷、承銷、上市服務、退市服務、證券化、研究和訊息服務、債務融資、股權融資、銀團貸款安排服務、公開發行新股服務、配股及定向增發服務、諮詢見證、債務重組服務、其他公司金融服務等
	政府融資	
	投資銀行	
	諮詢服務	
交易和銷售	銷售	交易帳戶人民幣理財產品、外幣理財產品、在銀行間債券市場做市、自營貴金屬買賣業務、自營衍生金融工具買賣業務、外匯買賣業務、存放同業、證券回購、資金拆借、外資金融機構客戶融資、貴金屬租賃業務、資產支持證券、遠期利率合約、貨幣利率掉期、利率期權、遠期匯率合約、利率掉期、掉期期權、外匯期權、遠期結售匯、債券投資、現金及銀行存款、中央銀行往來、系統內往來、其他資金管理，等等
	做市商交易	
	自營業務	
	資金管理	
零售銀行	零售業務	零售貸款、零售存款、個人收入證明、個人結售匯、其他零售服務
	私人銀行業務	高端貸款、高端客戶存款收費、高端客戶理財、投資諮詢、其他私人銀行服務
	銀行卡業務	信用卡、借記卡、其他銀行卡服務
商業銀行	商業銀行業務	單位貸款、單位存款、項目融資、貼現、信貸資產買斷賣斷、擔保、保函、承兌、信用證、委託貸款、進出口貿易融資、不動產服務、保理、租賃、單位存款證明、轉貸款服務、其他商業銀行業務
支付和結算*	客戶	債券結算代理、代理外資金融機構外匯清算、代理政策性銀行貸款資金結算、銀證轉帳、代理其他商業銀行辦理銀行匯票、代理外資金融機構人民幣清算、支票、企業電子銀行、商業匯票、結售匯、證券資金清算、彩票資金結算、黃金交易資金清算、期貨交易資金清算、個人電子匯款、其他支付結算業務
代理服務	託管	證券投資基金託管、QFII、QDII託管、企業年金託管、其他各項資產託管、交易資金第三方帳戶託管、代保管、保管箱業務、其他相關業務
	公司代理服務	代收代扣業務、代客外匯買賣、代客衍生金融工具業務、代理證券業務、代理買賣貴金屬業務、代理保險業務、代收稅款、代發工資、代理企業年金業務、其他對公代理業務
	公司受託業務	企業年金受託人業務、其他受託代理業務

表 12.5（續）

1 級目錄	2 級目錄	業務種類示例
資產管理	全權委託的資金管理	投資基金管理、委託資產管理、私募股權基金、其他全權委託的資金管理
	非全權委託的資金管理	投資基金管理、委託資產管理、企業年金管理、其他全權委託的資金管理
零售經紀	零售經紀業務	執行指令服務、代銷基金、代理保險、個人理財、其他零售經紀業務
其他業務	其他業務	無法歸入以上八個業務條線的業務種類

＊：為銀行自身業務提供支付結算服務時產生的操作風險損失，歸入行內接受支付結算服務的業務條線。
資料來源：商業銀行操作風險監管資本計量指引，www.cbrc.gov.cn。

表 12.6　　　　　　　　　業務線條對應 β 系數表

業務線條	指標	β 系數（%）
公司金融	公司金融總收入	18
交易和銷售	交易和銷售總收入	18
零售銀行	零售銀行總收入	12
商業銀行	商業銀行總收入	15
支付和清算	支付和清算總收入	18
代理服務	代理服務總收入	15
資產管理	資產管理總收入	12
零售經紀	零售經紀總收入	12
其他業務條線	未能劃入上述 8 類業務條線的其他業務總收入	18

資料來源：商業銀行操作風險監管資本計量指引，www.cbrc.gov.cn。

把中國對商業銀行業務條線的劃分與《巴塞爾協議 II》對商業銀行業務條線的劃分相比較，可以發現中國把商業銀行業務條線劃分為 9 類，比《巴塞爾協議 II》多一類——其他業務。劃分這一業務條線主要是為了處理某一業務種類無法歸入其他八個業務條線的情況。在交易和銷售業務條線上，中國詳細列出了與衍生金融工具相關的業務。

用標準法計算操作風險監管資本的公式為：

$$K_{TSA} = \{\Sigma_{1-3年} \max[\sum(GI_{1-9} \times \beta_{1-9}), 0]\}/3$$

式中：

K_{TSA} 為商業銀行用標準法計算的操作風險資本要求；

$\{\sum_{1-3年} \max[\sum(GI_{1-9} \times \beta_{1-9}), 0]\}/3$ 的含義是前三年操作風險監管資本的算術平均數；

$\max[\sum(GI_{1-9} \times \beta_{1-9}), 0]$ 的含義是當年的操作風險資本要求為負數的，用零表示；

GI_{1-9} = 各業務條線當年的總收入；

β_{1-9} = 各業務條線對應的 β 系數。

二、替代標準法

商業銀行在使用替代標準法計算監管資本要求時應符合商業銀行使用標準法的條件，並應向銀監會書面證明與使用標準法相比，使用替代標準法能夠減緩風險重複計量的程度。除零售銀行和商業銀行業務條線的總收入用前三年貸款餘額的算術平均數與 3.5% 的乘積替代外，替代標準法的業務條線歸類原則、對應系數和計算方法與標準法相同。零售銀行和商業銀行業務條線的監管資本計算公式分別為：

零售銀行業務條線的監管資本 = 3.5% × 前三年零售銀行業務條線貸款餘額的算術平均數 × 12%

商業銀行業務條線的監管資本 = 3.5% × 前三年商業銀行業務條線貸款餘額的算術平均數 × 15%

商業銀行業務條線的貸款餘額中還應包括銀行帳戶證券的帳面價值。除零售銀行和商業銀行以外的業務條線的監管資本，各商業銀行可以按照標準法計算，也可以用其他業務條線的總收入之和與 18% 的乘積代替。

三、高級計量法

高級計量法是商業銀行通過內部操作風險計量系統計算監管資本的方法。該《指引》對商業銀行實施高級計量法提出了具體的要求。首先，各商業銀行應滿足使用標準法的條件。其次，各商業銀行應符合定性要求、定量要求、內部損失數據要求、外部數據要求等。另外，商業銀行的操作風險內部損失數據收集情況及評估結果、對外部數據的使用情況，必須接受銀監會的監督檢查。由於受到中國商業銀行發展水平的制約，中國商業銀行在現階段就運用高級計量法來計量操作風險存在著較大困難。因此，在該《指引》中只是提出了高級計量法的主要思路並鼓勵各商

業銀行積極嘗試應用高級計量法，但並沒有提出具體方法以及明確規定中國商業銀行必須運用高級計量法來計量操作風險。

復習思考題

1. 《巴塞爾協議Ⅱ》關於操作風險的定義是什麼？如何理解？
2. 《巴塞爾協議Ⅱ》按照業務種類和損失事件如何分類操作風險？
3. 操作風險與市場風險和信用風險相比，其特點是什麼？
4. 巴塞爾委員會在新資本協議中量化操作風險的具體方法是什麼？如何操作？
5. 中國商業銀行計量操作風險時，標準法和替代標準法具體如何應用？

參考文獻

［1］巴塞爾銀行監管委員會. 統一資本計量和資本標準的國際協議：修訂框架［M］. 中國銀行業監督管理委員會，譯. 北京：中國金融出版社，2004.

［2］Carol Alexander，等. 商業銀行操作風險［M］. 陳林龍，譯. 北京：中國金融出版社，2005.

［3］呂香茹. 商業銀行全面風險管理［M］. 北京：中國金融出版社，2009.

［4］劉明彥. 商業銀行操作風險管理［M］. 北京：中國經濟出版社，2008.

［5］徐剛. 商業銀行操作風險成因及控制研究［M］. 北京：中國金融出版社，2004.

［6］吳慧琴. 國際經濟與金融案例評析［M］. 廣州：廣東經濟出版社，2000.

國家圖書館出版品預行編目(CIP)資料

金融風險管理 / 鄒宏元 主編. -- 第四版.
-- 臺北市：崧博出版：崧燁文化發行, 2018.09
　面；　公分
ISBN 978-957-735-433-4(平裝)
1.金融管理 2.風險管理
561　　107014896

書　　名：金融風險管理
作　　者：鄒宏元 主編
發行人：黃振庭
出版者：崧博出版事業有限公司
發行者：崧燁文化事業有限公司
E-mail：sonbookservice@gmail.com
粉絲頁　　　　　　網　址：
地　　址：台北市中正區重慶南路一段六十一號八樓 815 室
8F.-815, No.61, Sec. 1, Chongqing S. Rd., Zhongzheng Dist., Taipei City 100, Taiwan (R.O.C.)
電　話：(02)2370-3310　傳　真：(02) 2370-3210
總經銷：紅螞蟻圖書有限公司
地　　址：台北市內湖區舊宗路二段 121 巷 19 號
電　話：02-2795-3656　　傳真：02-2795-4100　網址：
印　　刷：京峯彩色印刷有限公司（京峰數位）

　本書版權為西南財經大學出版社所有授權崧博出版事業有限公司獨家發行電子書繁體字版。若有其他相關權利及授權需求請與本公司聯繫。

定價：550 元
發行日期：2018 年 9 月第四版
◎ 本書以POD印製發行